国家社科基金项目（项目号 13CGL142）成果

国家社科基金丛书
GUOJIA SHEKE JIJIN CONGSHU

中国保障性住房的
退出机制研究

A Study on China's Exit Mechanism
of Public Housing

胡晶晶 著

人民出版社

目　　录

第一章 绪 论

第一节 研究背景与意义

一、 研究背景

住房作为人类生存发展最基本的物质条件之一,是人类生存和发展的基本权利和需要。作为社会保障体系的重要组成部分之一,住房保障制度是一项关系国计民生的惠民工程,已经成为一个关系到经济发展和社会稳定的重要问题。

1998 年,国务院发布了《关于进一步深化城镇住房制度改革加快住房建设的通知》,这标志着以市场化、货币化、商品化为基本导向的城镇住房制度改革全面启动。逐步完善的市场机制在解决住房资源配置效率方面取得了重大进展,较好地满足了多样化的居民家庭住房需求。但是,由于种种先天、后天的因素,居民收入状况是千差万别的,对于广大中低收入阶层特别是贫困阶层来说,仅靠市场机制下自身的收入无法满足住房需求,市场机制无法解决其住房问题。因此,在实行住房制度改革以来,中国政府为了改善中低收入居民的居住条件已经采取了一系列政策措施。比如,建立旨在解决中低收入阶层住房问题的经济适用住房制度、旨在解决低收入阶层住房问题的廉租住房制度和旨在解决"夹心层"住房问题的公共租赁住房制度等。特别是21世纪以来,从党的十七大报告提出的"住有所居"[1],到党的十八大报告提出的"完善符合国情的住房体制机制和政策体系","加快构建以政府为主提供基本保障、以市场为主满足多层次需求的住房供应体系"[2],再到党的十九大报告提出的"加快建立多主体供给、多渠道保障、租购并举的住房制度,让全体人民住有所居"[3],充分反映了中央政府对解决中低收入居民的住房困难问题的高度重视。

为实现"住有所居"的目标,近年来全国各地不断加大保障性住房建设和对住房保障的资金投入。据统计,"'十一五'期间,全国开工建设各类保障性住房和棚户区改造住房1630万套,基本建成1100万套。到2010年底,全国累计用实物方式解决了近2200万户城镇低收入和部分中等偏下收入家庭的住房困难,实物住房保障受益户数占城镇家庭总户数的比例达到9.4%,还有近400万户城镇低收入住房困难家庭享受廉租住房租赁补贴"[4]。"十二五"期间,全国累计开工建设城镇保障性安居工程4013万套、基本建成2860万套;全国累计开工改造棚户区住房2191万套、基本建成1398万套;全国累计开工建设公共租赁住房(含廉租住房)1359万套,基本建成1086万套。[5] 应该说,"十一五"以来,我国保障性住房供应量大幅度增长,对解决城镇中低收入家庭住房困难问题发挥了十分重要的作用。但是,由于我国正处于城镇化快速发展时期,人口迅速集中于城市,推动了住房价格持续上涨,进一步降低了中低收入居民家庭的住房承受能力。因此,我国住房保障仍然面临着巨大

---

[1] 胡锦涛:《高举中国特色社会主义伟大旗帜 为夺取全面建设小康社会新胜利而奋斗——在中国共产党第十七次全国代表大会上的报告》,人民出版社2007年版。

[2] 胡锦涛:《坚定不移沿着中国特色社会主义道路前进 为全面建成小康社会而奋斗——在中国共产党第十八次全国代表大会上的报告》,人民出版社2012年版。

[3] 习近平:《决胜全面建成小康社会 夺取新时代中国特色社会主义伟大胜利——在中国共产党第十九次全国代表大会上的报告》,人民出版社2017年版。

[4] 《国务院关于城镇保障性住房建设和管理工作情况的报告》,2011年10月25日,中国政府网,见 http://www.npc.gov.cn/wxzl/gongbao/2011-12/30/content_1686369.htm。

[5] 《住房城乡建设事业"十三五"规划纲要》,《居业》2016年第9期。

的需求压力,住房保障工作任务仍然非常艰巨。

在此背景下,保障性住房退出问题日益成为社会关注的焦点问题。在现实生活中,保障性住房在入住以后鲜有退出,保障性住房运行中的"骗租"、转租、"赖租",以及改变保障性住房用途、霸占社会福利等状况层出不穷。保障性住房的"退出难"既浪费了有限的住房保障资源,也损害了住房保障制度的公平公正,引起了社会各界的强烈不满。全国政协委员、成都市政协副主席李铀指出,"当前保障性住房管理中,人民群众反映最多、相关部门最头疼的问题是'不该住的住了''该出的没有出'"①。原住建部部长姜伟新也指出,"在保障房运营管理方面,家庭和个人住房、收入以及金融资产等情况基础信息不足,核定有一定难度,一些地方出现'骗租''骗购'的情况。有的家庭收入增加了,但仍然不退出保障性住房,群众意见很大"②。

目前,我国保障性住房的退出制度建设相对滞后,虽然廉租住房、经济适用住房、公共租赁住房等都有相应的退出管理规定,但在退出条件、退出方式、退出激励机制、退出程序等方面都还存在诸多问题,并且到目前为止并未建立起统一的完整的退出管理制度。可以说,保障性住房的退出制度建设尚处在摸索阶段,在制度不完善的情况下,如此大规模地推进保障性住房建设存在一定的风险,如果缺少有效的退出制度,随着住房保障制度的运行,各种矛盾和问题将逐渐暴露,不但会对保障性住房的保障功能带来消极影响,还将产生一系列新的社会矛盾。原住建部部长姜伟新指出,"保障性住房退出机制的不完善已成为推进住房保障制度的一大瓶颈","保障性安居工程工作的一个新任务,是研究、制定、规范保障性住房退出模式"。③ 2011 年,时任国务院总理温家宝指出,"对于保障性住房建设以后,管理和退出机制现在就要着手制定

---

① 徐日丹:《保障房立法:守住公平分配生命线》,《检察日报》2012 年 3 月 11 日。
② 房泓、王逸吟:《住建部将研究保障房退出机制》,《光明日报》2011 年 10 月 26 日。
③ 房泓等:《住建部将研究保障房退出机制》,《光明日报》2011 年 10 月 26 日。

规则","实行一个完整的从建设到管理,到退出这样一个完整机制"。① 2012年,时任国务院副总理李克强亲自主持保障性住房分配工作座谈会,指出"公平分配是保障性安居工程成败乃至于持续发展的生命线","要做到公平公正,关键是完善准入退出机制,……合理确定保障房'退出'的条件和办法,增强政策执行力,使入住者不符合保障条件后能及时退出,使有限的保障房实现良性循环,惠及更多群众"。② 2013年,习近平总书记指出,"保障性住房建设是一件利国利民的大好事,但要把这件好事办好、真正使需要帮助的住房困难群众受益,就必须加强管理,在准入、使用、退出等方面建立规范机制,实现公共资源公平善用。要坚持公平分配,使该保障的群众真正受益。要对非法占有保障性住房行为进行有效治理,同时要从制度上堵塞漏洞、加以防范。对非法占有保障性住房的,要依法依规惩处"③。可见,保障性住房的退出问题不仅关系到住房保障资源分配的公平性,也影响到住房保障资源的利用效率,建立科学、合理、高效的保障性住房退出机制已经成为保障性住房管理面临的迫切任务。因此,对保障性住房退出机制进行专门、系统的研究具有重要的现实意义和理论意义。

二、 研究意义

(一)理论意义

有关保障性住房退出机制的研究在理论界尚处于起步阶段,缺乏系统、深入的研究分析,目前的许多探索大都集中在实践领域,因而对保障性住房退出

---

① 《温家宝:保障房建设以后着手制定管理和退出机制》,2011年3月14日,中国网,见 http://www.china.com.cn/2011/2011-03/14/content_22133728.htm。

② 《李克强主持保障性住房公平分配工作座谈会并讲话》,2012年2月7日,中国政府网,见 http://www.gov.cn/ldhd/2012-02/07/content_2060768.htm。

③ 《习近平:要为困难群众提供基本住房保障》,2013年10月31日,中国网,见 http://finance.china.com.cn/news/gnjj/20131031/1928729.shtml。

机制的概念、特征、地位、具体操作等均没有一个统一的说法,并且在认知上还存在不少分歧,这种局面对于实践工作的开展无疑是很不利的。因此,在理论上对保障性住房的退出机制进行专门系统的研究,可以促进住房保障理论(尤其是住房保障分配理论)的发展和完善,有助于更好地指导实践。住房保障是社会保障的重要组成部分,对保障性住房的退出机制进行系统的研究对于促进和完善社会保障相关理论无疑也具有重要意义。同时,也能丰富社会主义市场经济条件下的社会保障理论及住房保障理论。

(二)实践意义

安居才能乐业,住房保障制度的完善是解决中低收入阶层住房问题的主要途径之一。保障性住房退出政策的实施效果直接关系到国家住房保障体系的完善,关系到社会的和谐稳定,人民的安居乐业,关系到中等偏下收入阶层的切身利益,因此,对保障性住房退出机制进行研究具有很强的现实意义。保障性住房退出机制是整个住房保障制度建设的重要内容,是非常重要的一环。因此,对其进行专门和系统的研究,不仅对于指导保障性住房的分配与管理实践,促进分配公平,提高分配效率,推动保障性住房的可持续发展有重要的现实意义,而且可以促进保障性住房管理制度的建设和完善,同时,也可以为政府部门制定合理的保障性住房退出政策提供有益参考。

第二节　国内外研究综述

一、 国内研究综述

目前,国内理论界对于保障性住房的研究成果比较丰富,但专门研究退出机制的却很少。随着近年来中国的住房保障制度逐渐发展,部分学者才开始关注这一问题,相关研究主要涉及以下几个方面。

(一)关于保障性住房退出(机制)含义及分类的研究

1. 关于保障性住房退出(机制)的含义

到目前为止,很多学者只是从保障性住房退出(机制)的某一个方面对其含义进行了相关的阐述,理论界对保障性住房退出(机制)的内涵也并未形成统一认识。

有些学者将保障性住房退出机制等同于保障性住房的退出标准。例如,罗应光等(2011)认为,保障性住房的"退出机制是指对住房保障体系内不符合标准的对象所设立的必须退出的各种标准"[①]。有些学者则将保障性住房退出机制理解为保障性住房的退出方式或退出途径。例如,王郅强等(2012)认为,"保障性住房的退出制度是对不符合认定标准或不再符合保障条件的居民,在保障房体系内提供经济可行的退出选择"[②]。陈耀东等(2014)学者则将保障性住房的退出机制界定为政府"让不再符合保障条件的住房保障对象退出住房保障体系的制度和程序"[③]。廖希飞(2011)还进一步区分了公共住房退出机制的狭义概念和广义概念,他认为"狭义的退出是指申请人入住公共住房后,因条件改善不再符合规定条件或者因违规操作而退出;广义的退出则还包括申请人在获得保障资格后入住公共住房前,包括轮候期间,因条件改善不再符合规定条件或者因违规操作而被取消资格"[④]。

同时,很多学者也对某些特定类型的保障性住房的退出概念进行了专门的界定。比如,张波等(2008)认为"资源获利"的经济适用住房退出是关键

[①] 罗应光等:《住有所居——中国保障性住房建设的理论与实践》,中共中央党校出版社2011年版,第201页。

[②] 王郅强等:《我国保障性住房分配中的准入与退出机制研究——以 C 市为例》,《当代经济研究》2012年第8期,第62—67页。

[③] 陈耀东等:《我国保障房退出机制的法律检视——以产权型保障房与租赁型保障房界分为标准》,《天津法学》2014年第1期,第31—38页。

[④] 廖希飞:《我国公共住房保障法律制度研究》,博士学位论文,中国政法大学宪法学与行政法学专业,2011年。

点,并指出"对经适房这类政策性住宅的退出有两个层面的含义:一是实际使用的退出,二是资源获利的退出。前者只是一种形式上的退出,如不能从产权方面进行约束,房主同样可以在市场上占有政策性住宅,获得由公共资源带来的货币收益,这不是真正的退出。所以,经适房的退出机制应当特别关注资源获利的退出,即真实的社会福利和收益权利的退出,而不只是简单的形式上的放弃使用"①。任容庆(2015)对产权型保障性住房的退出机制进行了界定,他认为产权型保障房的退出机制"是指依据法律规定的条件和程序,购房者自愿或被迫退出所居住的产权型保障房",并进一步指出,"产权型保障房的退出既有保障房有限产权人依法律行为取得保障房的完全产权或者自愿消灭其有限产权,还有因保障对象不符合法定条件丧失其保障房有限产权"。② 马智利(2010)则专门定义了公共租赁住房的退出机制,他认为公共租赁住房的退出机制是指,"政府为了实现有限住房资源得到合理使用,设置专门的行政管理机构进行审核工作,由工作人员对受保障对象进行资格审查,如果他们的收入增加或生活状况改善不再符合保障标准,那么就会采取一定的方式使其退出保障性住房,退出机制的建立需要完整的制度安排、规范化的执行程序以及相配套的措施等"③。

2. 关于保障性住房退出的分类

基于对保障性住房退出机制含义的理解不同,理论界对保障性住房的退出分类也较为混乱。廖希飞(2011)根据退出原因的不同将公共住房的退出分为常态退出和非常态退出。④ 方永恒等(2013)将保障性住房的退出分为自

---

① 张波等:《经济适用住房退出机制的构建》,《经济理论与经济管理》2008 年第 7 期,第34—40 页。

② 任容庆:《产权型保障房退出机制论——基于"有限产权"向"共有产权"理论变迁的分析》,《政法学刊》2015 年第 3 期,第 45—51 页。

③ 马智利:《我国保障性住房运作机制及其政策研究》,重庆大学出版社 2010 年版,第156 页。

④ 廖希飞:《我国公共住房保障法律制度研究》,博士学位论文,中国政法大学宪法学与行政法学专业,2011 年。

我主动、部门审查、他人检举三种类型。① 李光(2012)根据住房保障对象在退出管理中的行为将廉租住房的退出形式分为主动退出与强制退出。② 任容庆(2015)认为根据权利主体的主观意愿和客观现状的不同,可以将产权型保障房的退出分为主动退出与强制退出两类。主动退出属于交易行为之一种,包含"买"和"卖"两种情形;强制退出是指当出现某些法定事由时,相关部门强制购房者退出产权型保障房的方式。③

(二)关于中国建立和完善保障性住房退出机制必要性的研究

国内学术界对于建立和完善保障性住房退出机制的必要性认识基本一致,并从保障性住房的性质、对象的动态性、资源配置的效率和公平、保障性住房的可持续发展等诸多方面阐述了退出的必要性。魏杰等(2007)认为,在我国住房制度改革中,住房交易和产权转移具有"一次性完成的静态特征",这与"居民收入水平的动态变化特征之间具有显著的不一致性"。缺乏静态交易与动态调整的有效衔接机制是"我国住房生产和分配不公正的重要根源,这一点突出体现在经济适用房的产权和交易制度设计方面"。经济适用住房退出机制的失效"直接导致了静态交易和收入动态调整间的失衡"④。杨继瑞(2007)认为"廉租房退出机制的建立和完善,可以形成多层次的住房供应体系,使不同收入水平的城镇居民都能有与其收入水平适应的住房供应渠道,对于房地产市场的稳健运作和防止利用廉租房名义进行寻租行为等不良倾向,

① 方永恒等:《保障房退出机制存在的问题及其解决途径》,《城市问题》2013 年第 11 期,第 79—83 页。
② 李光:《保障性住房"退出难"的破解之道——以"杭州市廉租住房为样本"》,《中国房地产》2012 年第 2 期,第 51—59 页。
③ 任容庆:《产权型保障房退出机制论——基于"有限产权"向"共有产权"理论变迁的分析》,《政法学刊》2015 年第 3 期,第 45—51 页。
④ 魏杰等:《我国住房制度的改革路径:基于住房商品的特殊性质》,《经济体制改革》2007 年第 2 期,第 5—11 页。

都会有积极的作用"①。贾康等(2008)认为,"由于住房保障制度的退出机制不完善或难于执行,特别是以获得产权为主的保障形式,容易产生福利固化的问题","导致保障制度成效降低"。② 陈杰(2009)认为,经济适用住房"没有一个有效的'退出机制',政府的财政资源因此沉淀下来,不能循环利用起来给真正需要帮助的人",会带来"动态不平衡"问题,"不但没有体现现代社会福利制度所应该有的临时救济本质,反而构成了'贫困陷阱'"。③ 蔡玉峰(2009)从"政府住房保障是一种有限行为","政府保障对象有特定的群体","政府保障对象的动态特征","廉租房保障政策实施的可持续性"四个方面论证了退出的必要性。刘洪玉(2009)则指出,"鉴于住房保障对象的收入水平会随时间发生变化,保障性住房又占用了公共资源,因此从住房保障的政策目标,以及对公共政策的公平性和效率要求出发,必须要建立保障性住房的退出机制"④。魏丽艳(2012)认为,"退出机制是保障性住房公平分配的有效约束机制",并从国家政策的要求、操作细则急需制定、制度缺失弊端逐步显现等三个方面阐述了现阶段建立健全退出机制的必要性。⑤

(三)关于中国保障性住房退出实践中存在问题的研究

国内很多学者从保障性住房退出机制的设计漏洞、立法不完善、个人信用体系缺失、管理不力等方面探讨了我国现阶段保障性住房退出实践中存在的主要问题。杨玲(2011)认为,由于政府和申请者的信息不对称以及违规处罚

---

① 杨继瑞:《和谐社会廉租房制度重构的思考与对策》,《高校理论战线》2007 年第 5 期,第 24—29 页。

② 贾康等:《优化与强化政府职能建立和完善分层次住房保障体系》,《财贸经济》2008 年第 1 期,第 27—36 页。

③ 陈杰:《经适房应并入廉租房和公共租房体系》,《消费日报》2009 年 5 月 28 日,第 A01 版。

④ 刘洪玉:《保障房怎样能进也能出》,《人民日报》2009 年 12 月 15 日,第 12 版。

⑤ 魏丽艳:《保障性住房公平分配的准入退出机制研究》,《东南学术》2012 年第 3 期,第 40—48 页。

力度相对较小、缺乏有力手段等原因使得保障性住房退出监督管理非常难。①
巴曙松(2012)认为,保障性住房退出中主要存在两方面问题:一是退出程序
设计不合理,例如,缺少合理的退出期限,退出期间缺乏详细的退出措施用于
平滑受保家庭因退出后产生的福利减少、退出后没有相应的配套制度,缺少与
其他保障体系有效衔接,等等;二是无法对受保家庭收入的动态进行监管。②
方永恒等(2013)认为,保障性住房退出中存在的主要问题在于:一是政府与
住户间信息不对称;二是退出监管主体设置不具体;三是惩罚力度不够严厉;
四是退出机制缺乏激励效应。③ 陈耀东等(2014)则分别梳理了产权型保障房
与租赁型保障房退出中存在的主要问题,他们认为,对于产权型保障房而言,
在主动退出情形下存在交易对象限制过少、交易利润收取混乱、政府回购力度
较小等问题,在强制退出情形下则存在退出事由设定不一、退出措施过于单一
等问题;对于租赁型保障房而言,退出事由设定不一、退出措施过于单一是目
前退出机制中存在的主要问题。④

　　还有很多学者专门研究了某一种类型的保障性住房退出中存在的主要问
题。例如,何灵(2010)研究了经济适用住房退出管理中主要存在的问题:一
是退出条件单一,经济利益排挤"目标群体"导致"逆向选择";二是家庭在未
取得完全产权前发生的各类违规行为得不到处罚或处罚不严,诱发"道德风
险";三是退出制度缺失,保障家庭的有限产权被无限放大,政府财政收益流
失严重。⑤ 刘黎辉等(2008)研究了廉租住房保障退出中存在的主要问题:一

---

① 杨玲:《我国保障性住房管理现状与完善》,《西部论坛》2011 年第 5 期,第 35—43 页。
② 巴曙松:《中国保障性住房进入与退出机制研究》,《金融理论与实践》2012 年第 11 期,第 80—83 页。
③ 方永恒等:《保障房退出机制存在的问题及其解决途径》,《城市问题》2013 年第 11 期,第 79—83 页。
④ 陈耀东等:《我国保障房退出机制的法律检视——以产权型保障房与租赁型保障房界分为标准》,《天津法学》2014 年第 1 期,第 31—38 页。
⑤ 何灵:《经济适用住房制度:改革路径探析——以退出管理为分析视角》,《经济体制改革》2010 年第 1 期,第 149—153 页。

是住房保障对象退出条件的政策设计单一;二是城市低收入群体对退出廉租住房的认同度不高;三是缺乏有效的居民收入统计与监管机制,对住房保障对象收入变动情况的跟踪管理较为困难;四是对廉租住房使用情况的监管难度大;五是缺乏系统完善的住房保障退出法律制度和惩戒机制。① 曾国安等(2010)认为,目前我国廉租住房腾退方式的针对性、多元化和灵活性方面都存在问题,此外,还存在激励机制缺失、经济激励方式单一、制度设计不合理等问题。② 何灵等(2010)则进一步指出,"廉租住房与经济适用房等保障制度间衔接不畅,缺乏激励效应"也是廉租住房保障退出中存在的一个主要问题。③ 陈淑云等(2014)则研究了公租房退出中的主要问题:一是缺乏动态监管机制;二是退出标准缺乏弹性,制度设计缺乏柔性;三是退出机制中只有"人"的退出,没有"物"的退出。④

(四)关于保障性住房退出条件的研究

学者们从不同的角度探讨了保障性住房的退出条件(退出标准)问题。胡晶晶等(2012)认为,"租赁式保障性住房退出对象的确定应综合考虑租户的收入、财产和住房等基本情况,所有超过规定标准的租户均不应享受住房保障待遇",具体包括以下三种类型:一是租户申请时信息失真或者审核不严而享受保障待遇的;二是租户的收入、财产和住房条件等得到了改善不应再享受保障待遇的;三是因为享受保障待遇的标准进行调整导致租户不应享受保障待遇的。此外,"那些虽符合标准,但违法或者违规使用保障性住房的租户也

---

① 刘黎辉等:《城市廉租住房保障的退出机制》,《中国房地产》2008 年第 6 期,第 57—59 页。

② 曾国安等:《论廉租住房腾退方式与激励机制存在的问题及解决思路》,《开发研究》2010 年第 3 期,第 133—137 页。

③ 何灵等:《廉租住房保障退出机制:现状、问题与对策——以上海市为例》,《华东经济管理》2010 年第 2 期,第 1—4 页。

④ 陈淑云等:《公租房的后期管理问题及其解决方略——以武汉市为例》,《城市问题》2014 年第 9 期,第 81—86 页。

应纳入退出对象之列"。① 罗婷(2012)认为,公共租赁住房的强制退出条件"应当包括租赁期间发现承租人申请阶段行为违法、承租阶段行为违约及违法这三类主要情形,以使公租房退出条件尽可能覆盖实际情况"②。唐旭君等(2014)提出,"以差异化、人性化和动态化的设计理念,构建动态定量模型测算被保障家庭的收入与资产退出标准,从而改变目前简单将退出与准入标准挂钩的做法"③。常志朋等(2014)根据廉租住房刚性退出机制失灵的原因建立了以个人申报和社区评估为主的保障对象收入二元评估机制,并利用模糊隶属度函数将二者的刚性退出边界进行模糊化,实现了对退出对象的柔性划分。④ 还有学者(刘云,2008)甚至提出由于难以掌握保障对象的真实收入情况,可以"对经适房、廉租房参照住房面积和户口人数的多少实行最严格、最低限度的水、电、气供应定额指标",若保障家庭的水、电、气超过该定额指标则不属于中低收入者,应该退出保障性住房。⑤

(五)关于保障性住房退出方式的研究

租赁型保障性住房与产权型保障性住房在权利属性上存在较大差异,因此,两者的退出方式也各不相同。学者们分别对不同类型的保障性住房的退出方式进行了研究。

1. 关于租赁型保障性住房的退出方式

不同的学者对租赁型保障性住房的退出方式存在不同的看法。刘黎辉等

---

① 胡晶晶等:《关于租赁式保障性住房退出问题的思考》,《光明日报》(理论版)2012 年 11 月 4 日。

② 罗婷:《公租房退出机制的地方立法分析——以北京等 11 省市的政府规章为分析样本》,《西南政法大学学报》2012 年第 4 期,第 51—57 页。

③ 唐旭君等:《城镇廉租住房退出机制的重新构建——以上海为例》,《经济与管理研究》2014 年第 3 期,第 66—71 页。

④ 常志朋等:《廉租房柔性退出机制研究》,《华南理工大学学报(社会科学版)》2014 年第 2 期,第 42—47 页。

⑤ 刘云:《节能与防止骗购骗租》,《现代物业》2010 年第 5 期,第 71—73 页。

(2008)将廉租住房保障对象的退出方式归纳为退出廉租住房、提租和停发补贴三种,并认为"随着我国廉租住房保障制度的不断探索和发展,停发补贴将成为一种最有效的退出方式"①。而胡晶晶等(2012)则将租赁式保障性住房的退出方式归纳为收回住房、停止发放住房补贴、收取市场化租金和对租户出售公共住房四大类型,并指出"由于我国各地租赁式保障性住房供求状况、政府财政状况等存在着差别,同时应退租户的境况也可能不同,因此退出方式应该是多种方式并存的。特别是要考虑租赁式保障性住房供求状况"②。陈耀东等(2014)认为,租赁型保障房的退出方式只有强制退出,"即依据法律设定的条件和程序,出现法定的事由,租赁型保障房的承租人被强行退出所承租的保障房"③。

2. 关于产权型保障性住房的退出方式

与租赁型保障性住房相比,产权型保障性住房的退出方式则更为复杂。最初,很多学者认为经济适用住房的退出适宜采取"封闭性回购"及"内循环"的方式。例如,王宏新等(2007)分析了经济适用住房的"内循环"制度的涵义及意义,认为"经济适用房的'内循环'制度可以有效解决低收入家庭的住房问题以及经济适用房的产权问题,使经济适用房政策的社会属性得到回归"④。

近年来,越来越多的学者认为产权型保障性住房退出方式应该多样化。陈耀东等(2014)将产权型保障性住房的强制退出方式界定为"当出现某些法定事由时,相关部门强制保障房居住人退出产权型保障房";主动退出方式则

---

① 刘黎辉等:《城市廉租住房保障的退出机制》,《中国房地产》2008年第6期,第57—59页。

② 胡晶晶等:《关于租赁式保障性住房退出问题的思考》,《光明日报》2012年11月4日。

③ 陈耀东等:《我国保障房退出机制的法律检视——以产权型保障房与租赁型保障房界分为标准》,《天津法学》2014年第1期,第31—38页。

④ 王宏新等:《经济适用房"内循环"制度探析》,《北京房地产》2007年第3期,第75—77页。

包含"买"和"卖"两种交易行为。① 郭伟明(2017)认为,对于经济适用住房骗购行为后的退出除了政府按规定价格收回和按同地段普通商品房价格补足购房款这两种方式之外,还可以采取一种新的经济适用住房退出形式——以租代退,"即政府按规定收回经济适用住房,再向原购房人提供公共租赁住房,原购房人根据收入标准按公共租赁住房租金标准或市场房屋租金标准交纳房屋租金",并分析了这种新的退出方式的优势与局限性。②

还有一些学者对"共有产权制度"在产权型保障性住房退出机制中的运用展开了深入的研究。秦虹等(2006)认为,经济适用住房产权应明确为"共有产权",政府拥有的部分产权应确定为"特殊产权",并提出了经济适用住房收益分配建议方案。③ 张波等(2008)认为,基于共有产权的"合同回购权"是政府规制的法理和经济基础。他们进一步研究了退出经济适用住房的家庭收入标准门槛和回购价格与收益分配方式,并指出"提供'基本型'产品等内容是经济适用住房退出机制构建的关键领域"④。陈淑云等(2010)研究了经济适用住房共享式产权比例的划分标准、分担形式及合理退出等问题。⑤ 申卫星(2013)认为,"经济适用房共有产权的提出,既有利于节制在申请保障房时的投机心理,使保障房真正落实到需要保障的对象上,又能满足共同出资共同发展的需求。该制度理论上具有正当性,现实中有着广泛的实践基础",并指出在未来的基本住房保障制度设计中,经济适用房共有产权"要正确处理好

① 陈耀东等:《我国保障房退出机制的法律检视——以产权型保障房与租赁型保障房界分为标准》,《天津法学》2014 年第 1 期,第 31—38 页。
② 郭伟明:《经济适用住房以租代退方式初探住房保障》,《上海房地》2017 年第 6 期,第 30—34 页。
③ 秦虹等:《经济适用房产权与收益问题研究》,《城市开发》2006 年第 11 期,第 27—28 页。
④ 张波等:《经济适用住房退出机制的构建》,《经济理论与经济管理》2008 年第 7 期,第 34—40 页。
⑤ 陈淑云等:《经济适用房共享式产权比例的确定及退出》,《商业研究》2010 年第 10 期,第 208—212 页。

经济适用房对内份额的分出、抵押、出质、出租的特殊性,并在对外承担物业费、物业管理投票权分配以及房屋所可能产生侵权损害的政府责任,消除其副作用"①。韦海民等(2015)对连云港、上海、南京和淮安的共有产权房退出模式进行了比较研究,指出了各个城市退出模式的优点及不足之处,并提出了具体的改进建议。②

(六)关于保障性住房退出激励机制的研究

学者们一致认为应该建立奖惩兼备的退出激励机制。赵伟等(2010)、陈俊华等(2012)提出了建立奖惩兼备的保障性住房退出机制的具体做法,认为应该"以配套机制和利好措施鼓励主动退出公租房的家庭,以经济和法律手段打击滥用公共资源者"③。胡晶晶等(2012)进一步指出可以通过实行租金累进、罚金累进以及对守法守规的租户提供优惠政策等三种经济激励办法推动租赁型保障性住房的退出,并指出"运用经济激励机制可以减少退出阻力,对形成良性的退出机制发挥积极的作用"④。

由于保障性住房的"退"与"不退"是一个典型的博弈问题,近年来,一些学者开始尝试利用博弈论相关工具研究保障性住房的退出激励机制问题。张津君等(2013)在"经济人"假设下,通过构建政府与承租户之间的完全信息静态博弈模型得出了"引入奖励机制能有效规避承租户不良行为,降低政府监

---

① 申卫星:《经济适用房共有产权论——基本住房保障制度的物权法之维》,《政治与法律》2013 年第 1 期,第 2—11 页。

② 韦海民等:《共有产权保障房退出模式比较分析——以我国试点城市为例》,《建筑经济》2015 年第 11 期,第 78—82 页。

③ 赵伟等:《我国住房保障体系的症结与改革思路》,《甘肃社会科学》2010 年第 4 期,第 78—81 页;陈俊华等:《公租房准入与退出的政策匹配:北京例证》,《改革》2012 年第 1 期,第 75—80 页。

④ 胡晶晶等:《关于租赁式保障性住房退出问题的思考》,《光明日报》(理论版)2012 年 11 月 4 日。

管成本的结论"①。艾建国等(2012)、邓宏乾等(2015)则通过建立演化博弈模型对保障性住房的退出机制进行均衡分析,论证了建立科学合理的激励退出机制是解决保障住房退出难的有效手段,也为合理制定奖惩标准提供了思路。②

(七)关于完善保障性住房退出机制对策的研究

针对我国保障性住房退出实践中的诸多问题,学者们还从多个角度提出了建立和完善中国保障性住房退出机制的对策。除了前文已经提及的创新退出方式、建立退出激励机制之外,还包括完善社会信用体系、健全相关法律法规、建立监督机构等。李素贞(2010)从"加强事后监管,做到'应退则退'"和"禁止保障性住房租售,加强政府回购"两个方面提出了完善保障性住房退出机制的政策建议。③ 巴曙松(2012)提出,"建立居民经济状况核对系统对保障性住房申请家庭进行审核,加大对虚假信息申报和寻租现象的处罚力度,加强对受保家庭收入动态监管,构建各类型保障性住房有效衔接的退出机制"④。曾国安等(2010)认为,应该建立起包括住房腾退的立法保障机制、行政保障机制、经济保障机制、司法保障机制和社会保障机制在内的五大保障机制来确保廉租住房保障家庭的顺利退出。⑤ 胡晶晶等(2012)认为,由于租赁式保障性住房的退出涉及多方面的复杂的权益关系,必须通过建立和完善个人征信

---

① 张津君等:《城市廉租住房退出机制的博弈分析》,《工程管理学报》2013 年第 1 期,第73—77 页。

② 艾建国等:《保障房退出机制研究》,《城市问题》2012 年第 2 期,第 76—80 页;邓宏乾等:《租赁型保障住房退出机制研究——基于进化博弈论的视角》,《贵州社会科学》2015 年第 3期,第 123—127 页。

③ 李素贞:《完善退出机制,实现保障性住房的动态管理》,《经济研究参考》2010 年第 6期,第 32 页。

④ 巴曙松:《中国保障性住房进入与退出机制研究》,《金融理论与实践》2012 年第 11 期,第 80—83 页。

⑤ 曾国安等:《论建立廉租住房保障家庭腾退住房保障机制的必要性及基本构想》,《山东经济》2010 年第 6 期,第 14—18 页。

体系、相关法律体系、行政管理体系和社会舆论监督等全方位的支撑体系来确保退出的顺利运行。① 刘洪玉(2013)也认为,应该"通过建立监督机构、社会信用体系以及法律法规等方式"建立和完善我国保障性住房退出机制。② 陈耀东、任容庆(2014)认为,应该从明确并统一保障房退出事由、建立政府对产权型保障房的回购体系、推行可循环的产权型保障房交易机制等方面完善保障性住房的退出机制,同时从更新完善保障性住房资源数据库等方面构建起保障性住房退出的长效监控制度。③ 丁晓欣等(2015)则认为,应当通过建立"阶梯式"保障制度来促进保障性住房的顺利退出。④ 李宝龙(2016)进一步通过构建公租房主管部门与承租人之间的多阶段博弈模型,确定了公租房退出管理中的两个关键影响因素——承租人的信用水平和公共租赁住房的主管部门对承租人隐藏行动的查获概率,并在此基础上从提高承租人的信用水平和加强公租房主管部门的监督检查两个角度提出了完善公共租赁住房退出机制的对策建议。⑤

近年来,一些学者开始尝试在对影响保障性住房退出的因素进行定量分析的基础上提出相应的对策建议。何灵等(2010)在对上海市廉租住房退出意愿调查数据进行分析的基础上,提出了建立公平与效率相结合的激励机制等对策措施。⑥ 赵凤(2015)以杭州为例,通过问卷调研和专家座谈会收集大数据,在分析公共租赁群体住房满意度和退出意愿的量化信息的基础上,提出

---

① 胡晶晶等:《关于租赁式保障性住房退出问题的思考》,《光明日报》(理论版)2012 年 11 月 4 日。

② 《习近平:要为困难群众提供基本住房保障》,2013 年 10 月 31 日,见 http://finance. china.com.cn/news/gnjj/20131031/1928729. shtml。

③ 陈耀东等:《我国保障房退出机制的法律检视——以产权型保障房与租赁型保障房界分为标准》,《天津法学》2014 年第 1 期,第 31—38 页。

④ 丁晓欣等:《吉林省保障性住房准入退出制度研究》,《吉林建筑大学学报》2015 年第 4 期,第 81—83 页。

⑤ 李宝龙:《博弈视角下公租房退出机制研究》,《建筑经济》2016 年第 1 期,第 75—78 页。

⑥ 何灵等:《廉租住房保障退出机制:现状、问题与对策——以上海市为例》,《华东经济管理》2010 年第 2 期,第 1—4 页。

了"效率优先、兼顾公平,统筹规划、分类实施,定性指导、量化推进,强制为主、激励为辅"的公共租赁住房退出机制设计的原则和具体的退出管理设计。① 潘雨红等(2015)通过对重庆市公共租赁住房承租人的腾退意愿进行问卷调查数据,运用二项 Logistic 模型对影响承租人腾退意愿的各因素进行了实证分析,发现弹性的租金政策和激励政策是影响承租人退出意愿的关键因素,进而"从完善租金制度、惩戒违规行为、建立激励机制等方面"提出了"促进退出程序的公正有序开展,以确保公租房运营机制的可持续发展"的对策建议。② 李进涛等(2016)在对武汉市公共租赁住房家庭进行问卷调研的基础上,通过有序 Logistic 模型从租户个体特征及政策认知等方面对公共租赁住房退出意愿的影响因素进行了实证研究,进而得出了"应考虑提高租户家庭收入、构建渐退机制、严格执行退出政策、宣传退出政策等办法,提高租户退出意愿,促进公租房有序退出"的政策建议。③

总体而言,对于我国保障性住房退出机制问题的相关研究已取得了一定的成果,既有来自经济学的分析,也有来自社会学、法学、政治学视角的研究,这些研究成果为我国建立科学的保障性住房退出机制提供了很好的见解和参考。但是,仍存在一些问题:第一,研究尚缺乏系统性和完整性,大多集中于对某种退出方式的研究或对某类保障性住房的退出机制的研究;第二,许多问题的研究尚未形成共识,例如,经济适用住房是否应该实行"内循环"等;第三,有些问题鲜有研究者涉足,例如,产权型保障性住房与租赁型保障性住房的衔接问题等;第四,在研究方法上,多只进行定性研究,定量或者定性与定量相结合的研究尚不多见;第五,在研究视角上,大多数研究都是从宏观出发,对微观

---

① 赵凤:《公共租赁住房退出机制分析——以杭州市公共租赁住房为例》,《中国乡镇企业会计》2015 年第 2 期,第 180—182 页。

② 潘雨红等:《公共租赁房腾退意愿研究及政策建议——以重庆为例》,《建筑经济》2015 年第 1 期,第 103—107 页。

③ 李进涛等:《计划行为视角的公共租赁住房退出意愿研究——以武汉市为例》,《社会保障研究》2016 年第 5 期,第 63—72 页。

主体的行为及行为背后的利益关系的研究相对欠缺,导致现行保障性住房的退出政策多出于主观意志。

二、 国外研究综述

保障性住房的退出问题是一个世界性的难题。从国外的实践情况来看,保障性住房的退出也是一项非常艰巨工作,因此,国外理论界也对此进行了广泛的研究,主要集中于以下几个方面。

(一)关于公共住房退出必要性的研究

Sahlin(1995)提出应该对公共住房(社会住房)实行严格的"边界控制"(Border Control),认为这"与住房保障资源的定量配给密切相关"[1]。Burnham(1998)较早就提出在保障性住房的分配中要有效平衡公平与效率之间的关系。[2] Rachelle(2000)提出要按照"财政资源最大化原则"来解决低收入人群住房困难问题,应当尽力去拓宽住房保障资金的来源,寻找有效利用这些资金的方式,并促进住房保障资金的回流。Howard(2013)研究了美国公共住房分配情况,发现美国存在大量收入超过公共住房入住条件的家庭仍然享受公共住房待遇,另一方面美国还有成千上万的家庭处在轮候的队伍中,这种现象极其不公平。[3]

(二)关于公共住房退出条件的研究

国外学者大多主张根据家庭的住房支付能力来确定是否应该对其继续给予住房援助。Bramley 和 Karley(2005)认为政府在制定公共住房政策的时候,

---

[1] Sahlin, I., "Strategies for Exclusion from Social Housing", *Housing Studies*, Vol. 10, No. 4 (1995), pp.381–401.

[2] Burnham, R., *Housing Ourselves: Creating Affordable, Sustainable Shelter*, McGraw-Hill Professional, 1998.

[3] Howard, M., "Subsidized Housing Policy: Defining the Family", *Berkeley Journal of Gender Law & Justice*, Vol.22, No.1(2007), pp.97–134.

一定要考虑家庭的收入水平,严格控制住房支出在整个家庭支出中所占的比重。[1] 国外学者也对住房支付能力的评价方法进行了深入研究。传统的评价指标是租金与收入比率(RIR),但许多学者都指出了其作为评估家庭支付租金能力或者住房补贴定位标准的缺陷(例如,Whitehead,1991;Hancock,1993;Hulchanski,1995;Bogdon & Can,1997)[2]。本世纪以来,利用剩余收入衡量法对家庭的住房支付能力进行评价逐渐在理论界成为主流,虽然不同学者的具体方法存在差异(例如,Rakodi,1995;Amin Y.Kamete,2001;Eric Moore & Andrejs Skaburskis,2004;Michael E.Stone,2006)[3],但总体思路是一致的,即考察住户租赁住房开支以外的收入是否低于社会福利制度所规定的最低水平。

Lidstone(1994)等学者还对应该被"驱逐"的各种"不正当行为"进行了研究。[4] Leigh 和 Mitchell(1980)认为政府有权对拒绝支付或拖欠租金的租户执行驱逐政策,同时,也指出"驱逐政策"的实际操作比较困难,时间周期长、耗费成本高,而且还面临如何安置那些无家可归的租户的难题。[5]

---

[1]　Bramley,G.,Karley,N.K.,"How Much Extra Affordable Housing is Needed in England?", *Housing Studies*,Vol.20,No.5(2005),pp.685–715.

[2]　Whitehead,C.M.E.,"From Need to Affordability:An Analysis of UK Housing Objectives", *Urban Studies*,Vol.28,No.6(1991),pp.871–887;Hancock,K.E.,"'Can Pay? Won't Pay?' or Economic Principles of 'Affordability'", *Urban Studies*, Vol.30,No.1(1993),pp.127–145;Hulchanski J.David,"The Concept of Housing Affordability:Six Contemporary Uses of the Housing Expenditure-to-Income Ratio", *Housing Studies*,Vol.10,No.4(1995),pp.471–491;Bogdon,A.S.,Can,A.,"Indicators of Local Housing Affordability:Comparative and Spatial Approaches", *Real Estate Economics*,Vol.25,No.1(1997),pp.43–80.

[3]　Rakodi,C."Housing Finance for Lower-income Urban Households in Zimbabwe", *Housing Studies*,Vol.10,No.2(1995),pp.199–227;Kamete,A.Y.,"The Quest for Affordable Urban Housing:A Study of Approaches and Results in Harare,Zimbabwe", *Development Southern Africa*, Vol.18,No.1(2001),pp.31–44;Moore,E.,Skaburskis,A.,"Canada's Increasing Housing Affordability Burdens", *Housing Studies*,Vol.19,No.3(2004),pp.395–413;Stone,M.E.,"What is Housing Affordability? The Case for the Residual Income Approach", *Housing Policy Debate*,Vol.17,No.1(2006),pp.151–184.

[4]　Lidstone,P.,"Rationing Housing to the Homeless Applicant", *Housing Studies*,Vol.9,No.4(1994),pp.459–472.

[5]　Leigh,W.A.,Mitchell,M.O.,"Public Housing and the Black Community", *Review of Black Political Economy*,Vol.11,No.1(1980),pp.53–75.

当然,国外学者们也指出退出标准应该人性化。Miles(2003)提出要关注低收入阶层中的特殊人群(包括单亲家庭、老人、残疾人、外来移民家庭以及无家可归者)的一些特殊需要。①

(三)关于公共住房的退出方式的研究

在实践中,由于各国的经济发展状况、公共住房的供求状况、住房市场情况以及历史传统不同,公共住房的退出方式也有很大的差异。有些国家对不再符合公共住房享受条件的家庭严格执行"驱逐政策",但也有一些学者(Boelhouwer,1999)认为,承租人流动性太大对于房东来说是个问题,因此,应该允许继续租住,但需提高租金。②

自20世纪80年代开始,西方国家经历了大规模的住房私有化浪潮,出售公共住房也随之成为一种备受瞩目的退出方式。理论界的焦点主要在对公共住房的出售上。Clay(1990)认为美国的公共住房出售政策并不成功,原因在于:对于大部分公共住房的承租人而言,承担食品、衣服、医疗、交通等最基本的需求都比较困难,让他们购买公共住房基本不太可能。③ Harloe(1994)在分析了英国公共住房的私有化过程之后,认为出售社会住房减少了政府开支,但由于收入较高的租户买走了质量较好的房子,留下的都是贫困家庭和条件较差的住房,提高了政府管理难度。④ Grange(1998)认为英国的公共住房售价很低,因此,加剧了住房资源的分配不公问题。⑤ Lee 和 Hong(2007)认为韩

① Miles,M.C.,"Development and Change:Issues of Housing for Women in Post-Colonial Swaziland",in *Issues in the Economy and Politics of Swaziland Since* 1968,Kanduza,Ackson M.and Mkhonza, Sarah T.(eds.),Kwaluseni,Swaziland:University of Swaziland,2003,pp.30-42.

② Boelhouwer,P.,"International Comparison of Social Housing Management in Western Europe",*Netherlands Journal of Housing & the Built Environment*,Vol.14,No.3(1999),pp.225-240.

③ Clay,W.L.,"Don't Sell Public Housing!",*Journal of Housing*,No.7(1990),pp.189-194.

④ Harloe,M.,*The People's Homes? Social Rented Housing in Europe and America*,New Jersey: Wiley-Blackwell,1995,pp.31-32.

⑤ Grange,A.L.,"Privatising Public Housing in Hong Kong:Its Impact on Equity",*Housing Studies*,Vol.13,No.4(1998),pp.507-525.

国出售公共住房的实践也存在很多问题,实际上许多承租人都无力承担购房成本,这些公共住房最终都被中等收入群体和投机者买走。① Deng 等(2013)针对新加坡的公共住房情况,提出政府不仅应该鼓励租户购买组屋,也应当鼓励租户通过出租组屋获得增值收益,这些都可以增加租户的财富积累进而有能力购买商品房。②

还有一些学者(Bramley & Dunmore,1996;Christine,2007;Cho,Y.& Whitehead,2010)对与共有产权公共住房相关的住房形式(如共有产权住房、共享权益住房、有限权益住房等)都进行了深入广泛的研究,包括共有产权的优势、对住房市场的影响、各类共有产权模式下权利主体关于住房占有和处分上的权利义务分配、各类模式之间的横向评估与比较、如何吸引私营机构参与等。③

(四)关于公共住房退出激励机制的研究

各国政府普遍对不再符合条件的住户采取了租金累进、住房补贴"逆向递减"以及对低收入家庭购置房产提供优惠政策等多种经济激励措施以引导其退出。学术界也对这些方式进行了探讨。Hirayama(2010)认为日本《住房修正案》(1996 年)提出的新的公营住房租金模式使得一些收入增加后的租户

---

① Lee H.,Hong H.,"An Examination of Housing Policy for Low-income Households in Korea", in Paper Presented at the Asia-Pacific Network for Housing Research(APNHR)conference-Transformation in Housing,Urban Life,and Public Policy,August,Seoul National University,South Korea,2007.

② Deng Y.,Sing T.F.,Ren C.,"The Story of Singapore's Public Housing:from a Nation of Home-seekers to a Nation of Homeowners",*Springer Berlin Heidelberg*,Vol.100,No.6(2013),pp.607-608.

③ Bramley,G.,Dunmore,K.,"Shared Ownership:Short-term Expedient or Long-term Major Tenure?",Housing Studies,Vol.11,No.1(1996),pp.105-131;Whitehead,C.,Yates,J.,"Is there a Role for Shared Equity Products in Twenty-First Century Housing? Experience in Australia and the UK",in *The Blackwell Companion to the Economics of Housing:the Housing Wealth of Nations*,Susan J.Smith and Beverley A.Searle(eds.),2010,pp.481-498;Whitehead,C.M.E.,"Planning Policies and Affordable Housing:England as a Successful Case Study?",Housing Studies,Vol.22,No.1(2007),pp.25-44.

的租金水平达到甚至超过市场租金,因继续租住公营住房无利可图从而间接促进了高收入租户主动腾退。[①] Bramley(1991)、Glennerster(2000)等学者也认为应该根据租户的支付能力来设置梯度租金,并对设定方法进行了深入研究。[②] 此外,Lawrence 等(1998)、Kahan(2000)以及 Ong(2000)等研究了对低收入家庭购置房产提供金融支持或优先购买权的影响。[③]

国外学者的研究成果为研究我国保障性住房的退出机制提供了重要基础。但是,各国在经济体制、经济发展水平、住房供求状况、住房(保障)制度及其发展阶段等方面与我国存在着差异,因此,如何构建中国的保障性住房退出机制仍需我们进行全面和系统的研究。

第三节　保障性住房退出机制的相关理论基础

一项制度设计往往需要各种理论的支撑。保障性住房的退出是一项长期且复杂的实践工程,必须以科学的理论为指导,才能做到有的放矢见成效。学术界从不同的学科视角出发,提出了公共物品理论、需求层次理论、住房阶层理论、住房过滤理论、住房公平分配理论、理性选择理论、机制设计理论等众多理论,从不同角度为我国保障性住房退出机制设计奠定了理论基础。

---

① Hirayama,Y.,"Neoliberal Policy and the Housing Safety Net in Japan",*City Culture & Society*,Vol.1,No.3(2010),pp.119-126.

② Bramley,G.,"Public Sector Housing Rents and Subsidies:Alternative Approaches and Their Applications to Selected Localities",*School for Advanced Urban Studies*,University of Bristol Working Paper No.92,1991;Glennerster,H.,Hills,J.,Travers,T.,*Paying for Health,Education,and Housing:How does the Centre Pull the Purse Strings?* New York:Oxford University Press,2000,pp.34-48.

③ Lawrence,J.V.,"Public Housing and the American Dream:Residents' Views on Buying into 'the Projects'",*Housing Policy Debate*,Vol.9,No.2(1998),pp.267-298;Kahan,M.,"An Economic Analysis of Rights of First Refusal",New York University Center for Law and Business Working Paper CLB-99-009,1999;Seow Eng Ong,"Housing Affordability and Upward Mobility from Public to Private Housing in Singapore",*International Real Estate Review*,Vol.3,No.1(2000),pp.49-64.

一、 公共物品理论

公共物品理论是现代西方财政理论的核心,经过几百年的发展与积淀,逐步形成了比较完善的理论体系。公共物品理论将社会物品分为公共物品和私人物品两大类型。美国经济学家保罗·萨缪尔森(Paul A.Samuelson)首次将公共物品和私人物品明确地区分开来。他认为公共物品与私人物品相比,具有以下两个基本特征:消费的非竞争性和受益的非排他性。[1] 虽然上述分类方法被广泛接受和传播,但是也受到了不少学者的质疑,主要原因在于:如果严格按照非排他性和非竞争性两个标准来评判,教育、医疗保障、公共住房等人们公认的"公共产品"事实上都不是经典定义上的公共产品,因为它们或多或少都同时存在着消费上的排他性和受益上的竞争性。美国经济学家布坎南(James M.Buchanan)、澳洲经济学家史卓顿(Hugh Stretton)和奥查德(Lionel Orchard)等人则进一步扩展了公共物品的定义[2],即"从'供给主体'(政府还是市场)和'决策机制'(集体的政治选择决定)来确定"公共物品[3]。他们并没有否定经典的公共产品理论,因为相关主体在决策是否由政府来提供某一类产品时自然会考虑该物品消费上的非竞争性和受益上的非排他性。同时,他们将那些"虽然不存在由市场提供的技术或成本障碍,但出于某种共同的关于公民权利的价值观或政治伦理,经集体决策程序认定'应该'由政府提供

---

① Samuelson,P.A.,"The Pure Theory of Public Expenditures",*Review of Economics and Statistics*,Vol.36,No.4,(1954),pp.387-389;Samuelson,P.A.,"Diagrammatic Exposition of a Theory of Public Expenditures",*Review of Economics and Statistics*,Vol.37,No.4(1955),pp.350-356.

② 参见[美]詹姆斯·M.布坎南:《民主过程中的财政》,穆怀朋译,商务印书馆2002年版;Malkin J.,Wildavsky A.,"Why the Traditional Distinction between Public and Private Goods Should be Abandoned",*Journal of Theoretical Politics*,Vol.3,No.4(1991),pp.355-378;[澳]休·史卓顿、莱昂内尔·奥查德:《公共物品、公共企业和公共选择》,经济科学出版社2000年版,第67—69页。

③ 冯俏彬等:《权益—伦理型公共产品:关于扩展的公共产品定义及其阐释》,《经济学动态》2010年第7期,第34—42页。

的产品"①也归为了公共物品,因此,我们可以将布坎南等人对公共物品的定义称为"扩展的公共物品定义"。

从经典的公共物品标准来看,保障性住房具有一定的准公共物品的特征。因为,保障性住房在消费上具有一定的非竞争性。一个经济体当前能提供的住房保障最大规模将是保障性住房供应的"拥挤点"。当需要保障的家庭数量少于该"拥挤点"时,保障性住房的供给可以满足需求,每个家庭享受住房保障待遇都不会影响其他待保障家庭享受同样的住房保障,此时,保障性住房在消费上具有非竞争性;但是,当需要保障的家庭数量多于该"拥挤点"时,保障性住房会出现供不应求的局面,某些家庭享受住房保障会使另一部分待保障家庭无法享受该保障,待保障家庭之间会形成消费上的竞争关系,此时,保障性住房在消费上是具有竞争性的。从扩展的公共产品定义来看,保障性住房虽然没有直观地具有经典公共物品的基本特征,但是,随着社会的发展和人类文明的进步,获得适当的住房(公民住房权)被视为公民的一种基本人权,"这种价值观在得到广泛的共识后,经过公共选择的程序,转化为现实的社会政策"②。按照这一定义,保障性住房也属于广义公共物品的范畴。

明晰保障性住房的公共物品或准公共物品的属性,对于建立和完善保障性住房的退出机制具有重要意义。政府应当以政府主导、政府和市场相结合的方式来供应保障性住房,并通过市场作用和政府行政手段,引导原保障家庭实现多途径退出,促进住房保障资源的合理利用,实现公平和效率的统一。

二、 需求层次理论

1943 年,美国心理学家亚伯拉罕·马斯洛(Abraham H. Maslow)在其论文

---

① 冯俏彬等:《权益—伦理型公共产品:关于扩展的公共产品定义及其阐释》,《经济学动态》2010 年第 7 期,第 34—42 页。

② 冯俏彬等:《权益—伦理型公共产品:关于扩展的公共产品定义及其阐释》,《经济学动态》2010 年第 7 期,第 34—42 页。

《人类激励理论》中提出了需求层次理论。该理论将人类的需求像阶梯一样自下而上按层次分为五个等级——生理需求(physiological needs)、安全需求(safety needs)、社交需求(love and belonging needs)、尊重需求(esteem needs)和自我实现需求(self-actualization needs)。其中,生理需求是由人类的自然属性而产生的需要,是人类为维持生命而产生的最基本的需要,例如,人类对呼吸、水、食物、睡眠、分泌、性等方面的需求;安全需求是生理需要的延伸,是人类生存所需要的身体和心理上的安全感,包括人身安全、财产安全、生活环境和社会治安良好稳定、保障和救助体系健全等;社交需求是指个人归属感方面的需求,即一个人出于情感和信任的需要希望得到某一或某些群体的认可,例如对友谊、爱情以及隶属关系的需求,这是自然人属性向社会人属性转变的一个重要表现,体现了个人对人际关系的需要;尊重需求属于较高层次的需求,是人类普遍希望获得自我和他人的正面评价的需要,既包括人的自尊,即希望自己在各种不同情境中有实力、能胜任、充满信心、能独立自主,也包括外部尊重,即希望自己有地位、有威信,受到别人的尊重、信赖和高度评价;自我实现需求属于最高层次的需求,是指个体向上发展和充分运用自身才能、品质、能力倾向、实现自身理想和价值的需要。马斯洛认为,这五个层次的需求是从低到高逐级递升的。当低层次的需求得到满足之后,人的需求就会向更高一层次发展。而人的需求又会直接影响其行为。那些已经基本得到满足的需求不再成为激励因素,追求更高一层次的需求则成为推动人们行动的首要驱动力。换言之,只有未满足的需求才能够影响行为,而已经得到满足的需求则不能充当激励工具。①

马斯洛的需求层次理论通过构建人类的需求层次揭示了社会安定和谐发展的基本条件。解决贫困人群的基本生理需要和安全需要、培养和发展其更高层次的需要,不仅是社会进步文明的重要标志,更是国家长治久安的重要保

---

① 参见 Maslow, A. H., "A Theory of Human Motivation", *Psychological Review*, Vol. 50, No. 4 (1943), pp.370-396。

障。因此,马斯洛的需求层次理论是住房保障制度建立的理论基础之一,也是保障性住房退出问题的理论基础。

住房保障只解决中低收入住房困难群体最基本的住房问题,保障性住房也只是为这类人群提供的最基本的住房。按照马斯洛的需求层次理论,保障性住房只能满足人类在住房问题上最低层次的需求:对于租赁型保障性住房而言,承租人只能暂时居住,不享有房屋的产权,难以满足人类对住房安全感的需求;对于产权型保障性住房而言,由于其建设标准、面积等都受到严格限制,也只能满足居住者基本的住房需求。当这类人群在住房问题上最低层次的需求得到满足之后,他们会自然而然地产生改善居住条件和居住环境的更高层次的住房需求。这种需求不需要通过规章制度来刺激,是人类自发产生的,它会激励人们更加努力地提高改善居住条件和居住环境的能力。当原住房保障对象有能力实现更高层次的住房需求时,他们会有退出保障性住房的动力。从需求层次角度来看,只要制度设计合理,保障性住房退出是完全可行的。因此,在进行保障性住房的退出机制设计时,应当根据不同保障对象的需求及其需求层次的变化来制定相对应的策略,引导住房保障对象有序退出。

三、 住房阶层理论

住房阶层理论是由社会分层理论发展而来。人类个体之间的差异导致其在社会分工的大潮中不断分化,最终一些人处在了较高的阶层,而另外一些人则处于较低的阶层。马克斯·韦伯(Max Weber)按照财富、权力和声望对社会阶层进行了划分。1967 年,雷克斯(Rex)等学者首次提出"住房阶层"(Housing Class)理论。该理论指出城市居民面对住房资源有着共同的价值取向——希望拥有一套优质住房,但优质住房资源又具有稀缺性,因此,城市的住房分配体系创造出新的阶层划分标准,即依据是否拥有住房以及通过何种途径获得稀缺性住房资源将城市居民划分为六个不同的住房阶层:(1)完全拥有整套房屋的所有者;(2)拥有完整房屋,但需要偿还抵押贷款的住房所有者;(3)租赁公共住房者;(4)租赁私人房屋的房客;(5)用短期贷款购买房屋,并被迫出租该房屋从而用租金来偿还房屋贷款的房屋所有者;(6)临时住所的房客。[1] 城市居民会依据自身收入阶层所决定的消费能力来最终获取与其收入水平相适应的住房,从而形成不同的住房阶层。住房阶层理论首次将社会分层理论与住房消费结合起来,为不同收入水平的居民的层次化住房消费奠定了理论基础。

同时,社会分层理论还认为,社会分层既非与生俱来,也非一成不变。尽管社会出现阶层分化是人类社会发展不可避免的过程,但随着社会生产力的发展,新兴行业不断涌现,适应时代发展的新兴阶层也随之出现,人们原有阶层地位会发生改变。特别是当某些内部或外部条件发生变化时,人的社会分层属性可能会发生跃迁或者下降。在这一过程中,城市居民的住房阶层也会随之发生变化。这为研究保障性住房的退出问题提供了理论基础。

保障性住房属于准公共物品,其保障对象是社会中低收入阶层。显然,这一阶层的经济收入和社会地位不会一直不变。当前符合条件的住房保障对象在未来很可能会通过提高自己的社会资源占有水平来提升自己在住房分层中的位置。而一旦原来的中低收入阶层收入提升,具备了能够通过住房市场解决住房问题的能力之后,就理应退出住房保障体系,将有限的住房保障资源用于真正需要扶助的人。这也是制定和完善保障性住房退出机制的基本出发点。

四、 住房过滤理论

住房过滤是指随着时间的推移,住房本身价值和住房主体收入的变化导致住房在其生命周期内从高收入居民流向低收入居民的过程。住房的耐用性

---

① 参见 Rex, J., Moore, R., Shuttleworth, A., Williams, J., "Race, Community and Conflict: a Study of Sparkbrook", *American Sociological Review*, Vol.32, No.6(1967), p.1029。

和异质性等特征使其能够在动态住房市场中形成过滤。

　　住房过滤理论最初是美国社会学家伯吉斯(E.W.Burgess)在 20 世纪 20 年代初研究芝加哥的住宅格局时提出的。伯吉斯认为,城市地域由内向外发展"同心圆式结构体系",由内而外依次分为中心商务区、过渡带、工人居住区、高级住宅区、通勤居住区。随着收入水平的提高,人们居住的地域会离真正的市中心区域越来越遥远。由于 19 世纪工业的迅速发展,新的住宅越来越远离市中心,那些收入越高的家庭就住在离市中心越远越新的住宅中,他们以前的住宅就留下来由那些收入较低的家庭来居住,因此,收入越低的家庭住得越来越靠近市中心。当最低收入家庭搬离市中心区域之后,那些最旧的住宅才会被腾空、拆除,最终由中央商务区(CBD)所取代。[1] 20 世纪 60 年代,经济学家劳瑞(Lowry)对过滤现象做了更为清晰的表述:住宅过滤就是在统一价格指数下,原有住宅的实际价值的变化。过滤的主体是住宅而非各收入阶层,过滤产生的原因在于住宅生命周期内价值的变化。在住宅市场中,高品质住宅会随着时间的推移逐渐老化,其价值也逐渐下降,较高收入家庭会搬离旧的住房去新建的住宅,从而获得更好的住房条件,而旧的房屋就过滤给了较低收入家庭。[2] 20 世纪 70 年代,理论界开始运用数学模型对住房过滤现象进行定量研究。1974 年,斯维尼(Sweeney)建立了第一个经典的住房过滤模型。该模型指出,消费群体需要对服务质量,而不是服务数量进行选择。考虑住房使用的耐久性以及住房质量的等级,新住房的高品质会驱动高收入阶层搬向新的城郊,原住房会被较低收入阶层取代。[3] 此后,Ohls(1975)、Anas(1997)、O'Flaherty(1995)等学者也提出了各种不同的住房过滤模型,实现了对住房

---

　　① 参见郭士征主编:《社会保障学》,上海财经大学出版社 2009 年版,第 379 页。

　　② 参见 Lowry, I. S., " Filtering and Housing Standards: A Conceptual Analysis ", *Land Economics*, Vol.36, No.4(1960), pp.362-370。

　　③ 参见 Sweeney, J., "Quality Commodity Hierarchies and Housing Markets", *Econometrica*, Vol. 42, No.1(1974), pp.147-167。

市场结构化的定量分析。[①]

住房过滤理论揭示了住房市场发展的潜在规律,对保障性住房退出制度的设计具有极大的启发性。首先,住房的顺利过滤要以成熟的住房市场为前提,即住房市场能够提供不同的住宅产品去满足不同收入居民的不同居住需求,并且在数量上各种住宅产品的供应量能够满足相应收入阶层的住房需求量。这就要求政府不仅要依据居民收入水平的差异建立多层次的住房保障制度,也应当依据保障对象的收入水平差异建立多元化的保障性住房退出方式体系,引导保障对象实现顺利退出。其次,按照质量水平划分,保障性住房在住房过滤系统中属于较低等级的住房,其使用退出是一种客观规律。保障对象在保障性住房与市场住房之间进入与退出必然会产生住房的过滤问题。因此,保障性住房的退出机制设计需要充分考虑住房过滤的规律,最终实现住房市场供应链条的连续性,将住房资源的利用率发挥到最佳,减少社会保障资源的浪费。

五、 住房公平分配理论

公平正义是人类追求的一个永恒主题,如何实现公平与效率之间的有效协调是现代社会中公平分配理论的研究重点。住房分配问题往往也会关系到社会公正。伦德(Lund)认为,若在住房分配上的不公平阻碍了弱势群体利益的实现,那么,就是一个社会问题。他指出:"住房是一种资源,这种资源的分配及分配结果毫无疑问要同社会公平公正相联系,这种住房资源分配的不平等可能就直接影响到住房者受教育水平或者身体健康程度等等,而与那些拥

---

① 参见 Ohls, J.C., "Public Policy Toward Low Income Housing and Filtering in Housing Markets", *Journal of Urban Economics*, Vol.2, No.2 (1975), pp.144-171; Anas, A., Arnott, R.J., "The Chicago Prototype Housing Market Model with Tenure Choice and Its Policy Applications", *Journal of Housing Research*, Vol. 5, No. 1 (1994), pp. 23-89; O'Flaherty, B., "An Economic Theory of Homelessness and Housing", *Journal of Housing Economics*, Vol.4, No.1 (2012), pp.13-49。

有富足住房资源的富有者相比就会在市场竞争中处于不利地位,这种不利情况可能会因同样的原因而延续到下一代。"①关于公平分配的标准,美国政治哲学家、伦理学家约翰·罗尔斯(John Rawls)在其著作《正义论》中提出了关于公平的两个原则:"第一,每个人都与其他人一样,以最大程度享受着基本相同的自由权利,所谓正义的核心就是平等;第二,在整个的社会经济发展过程中,只有当受惠最少群体的利益获得弥补时才是真正的公平。一个真正公平的社会分配制度不是以牺牲一些人的利益为代价来使得其他人的利益增加,而是在社会竞争、社会分配中最大限度地维护弱势群体的权益。"②黑登(Heady)则提出了垂直公平和水平公平理论,"垂直公平是指各家庭从计划中获得的收入分配程度不同。垂直公平和积极计划是使低收入家庭获得额外的好处,消极计划是使富裕的家庭获得额外好处,而中立的计划是各阶层的受益相同;水平公平是指家庭收入分配在计划中受到平等对待"③。

住房公平分配理论为政府建立和完善住房保障制度解决中低收入居民的住房困难问题提供了有力的理论支撑。作为住房保障制度的重要组成部分,保障性住房退出机制的建立和完善也符合住房公平分配的内在要求。

六、 理性选择理论

理性选择理论是 20 世纪 80 年代兴起的西方社会学理论学派,在当代西方社会学研究中具有非常重要的影响。"理性人"假设,也称"经济人"假设,是经济学中最基本的逻辑前提。它认为人们的一切经济行为都是受到物质利益驱动的,每个人的经济行为都以自己最小代价取得最大收益为目标,即所有的经济主体都具有追求行为效果最大化的倾向。它是对在经济活动中所有人的基本特征的一个一般性抽象。经济学中的"理性人"假说为理性选择理论

---

① Lund,B.,*Understanding Housing Policy*,Bristol:Policy Press,2006,p.75.
② [美]罗尔斯:《正义论》,中国社会科学出版社 1988 年版。
③ 姚玲珍:《中国公共住房政策》,上海财经大学出版社 2009 年版,第 21 页。

提供了基础。美国社会学家科尔曼(Coleman,J.)、贝克尔(Becker,G.S.)等借鉴和扩展了经济学中的理性选择理论,不仅将其用于分析人们的经济行为,还试图解释更广泛的社会行动。他们认为,所谓"理性行为"就是为了达到一定目的、通过社会交换或人际交往所表现出来的社会性行动。在行动中,理性行为人需要计算或考虑影响其行为目的的各种因素。人们不仅在经济活动中是理性人,而且在政治活动和其他社会行为中也符合理性行为人的特征。①

按照理性选择理论,保障性住房分配及退出过程所涉及的相关利益相关者,尤其是保障性住房的购买者或承租人,会根据已知信息权衡自己行为的利弊,理性地做出能够使自身利益最大化的选择。因此,在制定保障性住房的退出政策时,必须全面细致地研究该制度将涉及的利益相关者的利益及其可能的理性行为。在保障性住房的退出问题上,只要违规收益大于违规成本,既得利益者(保障性住房的购买者或承租人)就有可能理性地选择违规行为,但这种理性选择违规行为并不是必然会发生,因为既得利益者的文化水平、社会责任、个人喜好等存在差异,在此基础上仍然可能会做出不同的选择。因此,在制度设计时,除了要考虑利益相关者行为的成本和收益之外,政府还应当加大宣传住房保障对象的责任和义务,树立正确的价值观,降低住房保障既得利益者理性选择违规行为的可能性。

---

① 丘海雄等:《理性选择理论述评》,《中山大学学报(社会科学版)》1998年第1期,第117—123页。

第二章　保障性住房退出机制的含义、必要性、目标及基本原则

第一节　保障性住房及其退出机制的含义和基本内容

一、中国保障性住房的含义及基本内容

（一）中国市场经济体制下城镇住房保障制度的确立及发展

1994年，国务院下发的《国务院关于深化城镇住房制度改革的决定》（国发〔1994〕43号）明确提出，"城镇住房制度改革作为经济体制改革的重要组成部分，其根本目的是：建立与社会主义市场经济体制相适应的新的城镇住房制度，实现住房商品化、社会化；加快住房建设，改善居住条件，满足城镇居民不断增长的住房需求"[1]。我国以市场化为取向的城镇住房制度改革拉开了序幕。此后，各大城市加快了公有住房出售的速度，并先后建立了住房公积金制度，住房自有率迅速提高。但是，我国的住房商品市场并未随即发展起来，

---

[1]　《国务院关于深化城镇住房制度改革的决定》（国发〔1994〕43号），1994年7月18日，中国政府网，见 http://www.gov.cn/zhuanti/2015-06/13/content_2878960.htm。

在现实改革中,福利住房产权化①与住房商品化②一直并存。相当一大部分"商品"住房实际上是被单位购买再作为福利分配给职工,真正由居民个人出资购买的比重很小。这种住房体制"双轨并行"③的局面严重制约了城镇住房制度改革的步伐。直至 1998 年 7 月,国务院发布了《国务院关于进一步深化城镇住房制度改革加快住房建设的通知》(国发〔1998〕23 号),明确提出"停止住房实物分配,逐步实现住房分配货币化的目标"④。至此,中国彻底开始告别旧的福利分房时代,中国房地产业也随之进入了黄金时代。

以市场化为取向的城镇住房制度改革在促进我国房地产行业迅速发展、使居民的居住水平和居住条件得到整体改善的同时,也改变了传统全民保障型住房保障制度运行的基础,一些新的社会问题也逐步显露出来。一方面,由于城镇居民收入水平存在较大的差异性,随着商品住房价格的持续上涨,不同收入家庭对住房的承受能力的分化也越来越明显,一定收入以下的群体因无力承担住房支出被动地退出住房市场;另一方面,改革开放以来城镇化的快速发展也加剧了新移民、新就业群体的住房困难问题。因此,单纯通过住宅市场来满足全部居民的住房需求在实践中表现出很大的局限性。在此背景下,中国住房保障制度的建设问题逐渐得到了政府的重视,中国住房保障制度不断得到发展和完善。

1. 城镇住房保障制度的初步建立时期(1994—2002 年)

1994 年国发 43 号文首次在国家住房制度改革中提出了住房保障的问

---

① 福利住房产权化是指改革福利住房制度,通过房改售房将福利住房产权由单位转移给职工家庭。

② 住房商品化是指允许私人建房或私建公助,鼓励外商和房地产企业开发商品住房,住房作为一种商品在住房市场上按照等价交换的原则进行出租或买卖。

③ 辜胜阻等:《住房双轨制改革与住宅市场启动》,《社会学研究》1998 年第 6 期,第 103—110 页。

④ 《国务院关于进一步深化城镇住房制度改革加快住房建设的通知》(国发〔1998〕23 号),1998 年 7 月 3 日,中国网,见 http://www.china.com.cn/law/flfg/txt/2006 – 08/08/content_7058347.htm。

题。该文件明确指出"建立以中低收入家庭为对象、具有社会保障性质的经济适用住房供应体系和以高收入家庭为对象的商品房供应体系"①。这也是国家首次提出加快建设经济适用住房的政策。同年 12 月,建设部、国务院住房制度改革领导小组、财政部发布了《城镇经济适用住房建设管理办法》(建房〔1994〕761 号),规定地方政府必须对经济适用住房建设给予包括划拨土地、拆迁、金融、税费等在内的一系列政策性支持。② 此后,作为住房保障制度的核心的经济适用住房的建设在全国平稳推进。

1995 年出台的《国家安居工程实施方案》提出要建设"直接以成本价向中低收入家庭出售"的安居房。③ 国家安居工程可以被视为现行保障性安居工程的雏形。

1998 年国发 23 号文首次提出了"建立和完善以经济适用住房为主的多层次城镇住房供应体"④,最低收入家庭可以租赁由政府或单位提供的廉租住房;中低收入家庭可以购买经济适用住房;其他高收入家庭则可以租赁或购买商品住房。

1999 年国家出台了《城镇廉租住房管理办法》(建设部令第 70 号),明确规定廉租住房的保障对象是"具有城镇常住居民户口的最低收入家庭"⑤。

总体而言,从 1994 年到 2003 年,我国初步确立了以廉租住房和经济适用住房为主体的住房保障制度体系。由于同期住房价格上涨的态势还比较平

---

① 《国务院关于深化城镇住房制度改革的决定》(国发〔1994〕43 号),1994 年 7 月 18 日,中国政府网,见 http://www.gov.cn/zhuanti/2015-06/13/content_2878960.htm。

② 《城镇经济适用住房建设管理办法》(建房〔1994〕761 号),1994 年 12 月 15 日,住房和城乡建设部网站,见 http://www.mohurd.gov.cn/wjfb/200611/t20061101_157519.html。

③ 《国家安居工程实施方案》,1995 年 1 月 20 日,中国政府网,见 http://www.gov.cn/zhengce/content/2016-10/18/content_5120850.htm。

④ 《国务院关于进一步深化城镇住房制度改革加快住房建设的通知》(国发〔1998〕23 号),1998 年 7 月 3 日,中国网,见 http://www.china.com.cn/law/flfg/txt/2006-08/08/content_7058347.htm。

⑤ 《城镇廉租住房管理办法》(建设部令第 70 号,目前已废止),《中国房地产》1999 年第 6 期,第 3—5 页。

缓,这一阶段的中国住房保障制度的初步确立在一定程度上为中低收入家庭的住房需求提供了保障。

2. 城镇住房保障制度的缓慢发展时期(2003—2006 年)

2003 年国务院出台的《关于促进房地产市场持续健康发展的通知》(国发〔2003〕18 号)将房地产业确立为"国民经济支柱产业",并从 1998 年国发 23 号文中"建立和完善以经济适用房为主的多层次城镇住房供应体系"的政策导向转变为"完善住房供应政策,调整住房供应结构,逐步实现多数家庭购买或承租普通商品住房"①的政策导向。

此后,虽然政府先后出台了《城镇最低收入家庭廉租住房管理办法》(建设部令第 120 号)、《经济适用住房管理办法》(建住房〔2004〕77 号)、《城镇廉租房租金管理办法》(发改价格〔2005〕405 号)、《城镇最低收入家庭廉租房申请、审核及退出管理办法》(建设部、民政部以建住房〔2005〕122 号)等一系列政策规则,我国住房保障制度得到了进一步的发展,但从总体而言,随着 2003 年《关于促进房地产市场持续健康发展的通知》(国发〔2003〕18 号)的实施,全国经济适用住房建设规模开始放缓,城镇住房保障制度在保障范围大大缩小的同时也被边缘化,大多数的家庭被推向了商品房市场。而从 2003 年开始住房价格持续快速上涨进一步恶化了中低收入居民住房困难问题,使之成为一个严重影响社会民生的问题。

3. 城镇住房保障制度的加速发展时期(2007 年至今)

为了解决日益突出的中低收入家庭住房困难问题,2007 年国务院发布了《关于解决城市低收入家庭住房困难的若干意见》(国发〔2007〕24 号)。该《意见》开始把对城市低收入家庭的住房保障提升为住房政策的主要内容,并第一次明确提出把廉租房作为住房保障体系的中心,同时对经济适用住房实

---

① 《国务院关于促进房地产市场持续健康发展的通知》(国发〔2003〕18 号),2003 年 8 月 12 日,中国政府网,见 http://www.gov.cn/zwgk/2005-08/13/content_22259.htm。

行有限产权。① 同年 10 月召开的党的十七大也提出要实现"住有所居"和"健全廉租住房制度,加快解决城市低收入家庭住房问题"。② 随后,建设部等九部门联合发布的《廉租住房保障办法》(建设部令第 162 号)和建设部等七部门联合发布的新的《经济适用住房管理办法》(建住房〔2007〕258 号)等一系列政策规则的出台,标志着我国保障性住房政策体系逐步趋于完善。

为了解决广泛存在的"夹心层"住房问题,2010 年 6 月 12 日,由住建部等七部门联合发布了《关于加快发展公共租赁住房的指导意见》(建保〔2010〕87 号)。该《意见》将公共租赁住房的保障对象界定为"城市中等偏下收入住房困难家庭、新就业职工和有稳定职业并在城市居住一定年限的外来务工人员"③。2012 年 7 月,《公共租赁住房管理办法》正式开始实施。此时,公共租赁住房仅仅还只是与经济适用住房和廉租住房并立的、专门解决新就业职工等"夹心层"群体住房困难的一个保障性住房产品。

由于廉租住房和公共租赁住房本质上都属于租赁型的保障性房,在两者并立运行的过程中也遇到了一些问题:第一,这两类住房的保障群体有差异,不同的保障对象需要分别申请、分别排队, 些申请人难以弄清自己究竟适用哪种保障方式,导致申请不够方便。第二,有些地区的廉租住房或公共租赁住房的房源在满足了其规定的保障对象需求后仍有剩余,但是受限于两项制度准入退出门槛、保障标准等不同,不能够调剂使用,在一定程度上造成了住房保障资源的闲置浪费。第三,对于那些因收入等发生变化而需要从廉租住房保障转换成公共租赁住房保障的保障对象,必须退出原廉租住房保障后再申请新的公共租赁住房保障,反之亦然,这也给保障对象带来了不必要的麻烦。

---

① 《国务院关于解决城市低收入家庭住房困难的若干意见》(国发〔2007〕24 号),2007 年 8 月 7 日,中国政府网,见 http://www.gov.cn/zwgk/2007-08/13/content_714481.htm。

② 胡锦涛:《高举中国特色社会主义伟大旗帜　为夺取全面建设小康社会新胜利而奋斗——在中国共产党第十七次全国代表大会上的报告》,人民出版社 2007 年版。

③ 《关于加快发展公共租赁住房的指导意见》(建保〔2010〕87 号),2010 年 6 月 13 日,中国政府网,见 http://www.gov.cn/gzdt/2010-06/13/content_1627138.htm。

为了解决这些问题,2013 年 12 月 2 日,住建部等三部委联合发布了《关于公共租赁住房和廉租住房并轨运行的通知》(建保〔2013〕178 号),明确了从 2014 年起,廉租住房(含购改租等筹集方式)将并入公共租赁住房,合并后统称公共租赁住房。① 这意味着廉租住房已经不再是与经济适用住房和公共租赁住房并立的一种保障性住房,而成为公共租赁住房的重要部分之一。公共租赁住房已经成为租赁型保障性住房的统称。

2016 年,国务院发布了《关于加快培育和发展住房租赁市场的若干意见》(国办发〔2016〕39 号)。该《意见》指出要"完善公共租赁住房",并且"以建立购租并举的住房制度为主要方向,健全以市场配置为主、政府提供基本保障的住房租赁体系,支持住房租赁消费,促进住房租赁市场健康发展"。② 2017 年 10 月召开的党的十九大指出,"坚持房子是用来住的、不是用来炒的定位,加快建立多主体供给、多渠道保障、租购并举的住房制度,让全体人民住有所居"③。这意味着中国的城镇住房保障制度已经开始朝着"以租为主""租售并举"方向逐步迈进。

(二)保障性住房的含义及分类

1. 保障性住房的含义及特征

所谓保障性住房是指"政府直接投资建造,或者政府通过补助给建房组织建造价格低廉,面向中低收入家庭出售或出租的住房,目的是解决中低收入

---

① 《住房城乡建设部、财政部、国家发展改革委关于公共租赁住房和廉租住房并轨运行的通知》,2013 年 12 月 2 日,住房和城乡建设部网站,见 http://www.mohurd.gov.cn/wjfb/201312/t20131206_216468.html。

② 《国务院办公厅关于加快培育和发展住房租赁市场的若干意见》(国办发〔2016〕39 号),2016 年 5 月 17 日,中国政府网,见 http://www.gov.cn/zhengce/content/2016-06/03/content_5079330.htm。

③ 习近平:《决胜全面建成小康社会 夺取新时代中国特色社会主义伟大胜利——在中国共产党第十九次全国代表大会上的报告》,人民出版社 2017 年版。

家庭的住房困难"①。在国外,此类住房一般也被称为"公共住房"或"社会住房"。与商品住房相比,保障性住房存在以下主要特征:

第一,政府是保障性住房的责任主体。政府职能的重要内容之一就是提供社会保障,而住房保障是社会保障制度的重要组成部分,因此,政府应该成为保障性住房责任的主体。政府是保障性住房的政策实施者,对保障性住房的规划、用地、资金、建设、房源、分配、退出及后期管理的一系列问题都有直接的控制权。一方面,市场缺乏有效的机制和动力来向社会供给中低价位的普通住房,尤其是在近年来住房价格快速上涨的背景下,部分群体的普通住房需求,特别是低收入阶层的基本住房需求无法完全通过市场得到满足。为无力通过市场解决住房问题的低收入家庭提供保障性住房,是政府作为国家的宏观调控者理应承担的责任。另一方面,作为一种带有福利性质的住房,保障性住房有着特定的供应对象——中低收入家庭,只有政府作为其责任主体,严格对其用地、规划、分配、退出等环节进行管理和监督,才能真正有效解决中低收入阶层的住房困难问题。

第二,保障性住房的供应对象是中低收入住房困难居民。住房是一种基本的生活必需品,带有很强的道义产品的特征,无家可归通常是不能被社会所接受的。国际上将公民住房权(居住权)视为一种基本人权。保障性住房被视为是一种政府为了保障居民的基本居住权利而提供的准公共物品。现实中,中高收入居民的住房问题可以依靠自身积累在住房市场得到有效解决,因此,政府提供保障性住房的目的事实上是帮助那些没有能力通过市场解决住房问题的中低收入居民实现其基本的居住权。因此,鉴于保障性住房的准公共物品性质及社会保障资源的稀缺性,政府不可能、也不应该为全社会所有公民提供住房,保障性住房的供应对象必须具备一定的条件,受法律法规的约束,一般限定为中低收入住房困难家庭。地方政府可以根据自身经济发展水

---

① 姚玲珍:《中国公共住房模式研究》,上海财经大学出版社 2003 年版,第 12—13 页。

平、住房市场状况等因素确定当地保障性住房的具体准入条件。

第三,保障性住房体现了一定的经济福利性。保障性住房的准公共物品属性决定了其无法依靠市场机制来提供,政府必须采取特定的土地、资金、税收等优惠政策来增加其供应。政府既可以利用财政资金直接兴建保障性住房,也可以通过建立完善的补助体系,鼓励私人部门建造或提供保障性住房。正是由于政府的各类政策补贴,保障性住房可以以低于市场售价或租金的价格向中低收入居民供应,因此,从本质上讲,保障性住房就是政府通过住房这一载体向中低收入住房困难群体提供的一种经济福利。

第四,保障性住房的房屋产权具有有限性。由于保障性住房的准公共物品性质,其物权处于"限制物权"状态,购房人或使用人是没有取得其完全物权①的。对于廉租住房、公共租赁住房等租赁型保障性住房的保障对象而言,他们仅享有保障性住房的占有、使用的权利,而收益、处分的权利则由政府(或者出租人)享有。对于经济适用住房等产权型保障性住房的保障对象而言,他们在购买该保障性住房的一定年限内只能拥有占有权、使用权、部分收益权,而没有处分的权利。保障性住房的购房人需要在满足一定的条件、且经过严格步骤的情况下,才能取得所购住房的完全产权。②

2. 保障性住房的分类

如前所述,由于我国城镇住房保障制度正处于逐步确立、不断完善的阶段,保障性住房的具体形式变化很快,曾经出现过经济适用住房、廉租住房、公共租赁房三种主要形式的保障性住房。

经济适用住房,简称"经适房",是指"政府提供政策优惠,限定套型面积和销售价格,按照合理标准建设,面向城市低收入住房困难家庭供应,具有保

---

① 完全产权是指购房者拥有对住房的全部支配权利(占有、使用、收益和处分等),也叫百分之百产权,普通商品住房和二手商品住房都属于完全产权。

② 参见《经济适用住房管理办法》,2007 年 11 月 19 日,中国政府网,见 http://www.gov.cn/zwgk/2007-12/01/content_822414.htm。

障性质的政策性住房。其中,单位集资合作建房也是经济适用住房的组成部分,其建设标准、优惠政策、供应对象、产权关系等与经济适用住房相同"①。1994 年,《国务院关于深化城镇住房制度改革的决定》首次提出用"具有社会保障性质的经济适用住房"②来解决中低收入家庭的住房困难问题。此后,政府对经济适用住房又先后出台了《城镇经济适用住房建设管理办法》(建房〔1994〕761 号)、《经济适用住房管理办法》(建住房〔2004〕77 号)等一系列规章制度。按照规定,经济适用住房建设用地以划拨方式供应,只向符合条件的购买者以政府指导价进行出售。

廉租住房是指"政府(单位)在住房领域实施社会保障职能,向具有本市非农业常住户口的最低收入家庭和其他需要保障的特殊家庭提供租金补贴或以低廉租金配租的具有社会保障性质的住宅"③。1998 年国发 23 号文首次提出通过"租赁由政府或单位提供的廉租住房"④来解决最低收入家庭的住房困难问题。2003 年,建设部等五部委联合出台了《城镇最低收入家庭廉租住房管理办法》,对廉租住房的资金来源、保障方式等进行了规范。2007 年,建设部等九部委又联合出台了《廉租住房保障办法》,该《办法》规定,廉租住房只能出租不能出售,配租方式主要有三种类型——租金补贴、实物配租和租金减免。根据住建部等三部委联合印发的《关于公共租赁住房和廉租住房并轨运行的通知》的规定,从 2014 年起,各地廉租住房并入公共租赁住房,合并后统称公共租赁住房。廉租住房这一概念正式退出历史舞台。

---

①　《经济适用住房管理办法》,2007 年 11 月 19 日,中国政府网,见 http://www.gov.cn/zwgk/2007-12/01/content_822414.htm。

②　《国务院关于深化城镇住房制度改革的决定》(国发〔1994〕43 号),1994 年 7 月 18 日,中国政府网,见 http://www.gov.cn/zhuanti/2015-06/13/content_2878960.htm。

③　陈海航等主编:《中国保障性住房政策与法律实物应用工具箱》,法律出版社 2010 年版,第 183 页。

④　《国务院关于进一步深化城镇住房制度改革加快住房建设的通知》(国发〔1998〕23 号),1998 年 7 月 3 日,中国网,见 http://www.china.com.cn/law/flfg/txt/2006-08/08/content_7058347.htm。

公共租赁住房,简称"公租房",其含义有狭义和广义之分。2010年住建部等七部门联合制定的《关于加快发展公共租赁住房的指导意见》正式对外发布,该《意见》将公共租赁住房定义为"由政府提供的面向城市中等偏下收入住房困难家庭、新就业职工和有稳定职业并在城市居住一定年限的外来务工人员出租的保障性住房"[1]。有些地方也将其称为"租赁型经济适用住房"或"经济租赁住房"。从公共租赁住房的产生背景和官方给出的定义来看,在"公共租赁住房"这一概念提出的初期,政府只是将其视为与经济适用住房和廉租住房并立的、专门解决新就业职工等"夹心层"群体住房困难的一个保障性住房产品。这只是一个狭义的公共租赁住房概念。随着2013年《关于公共租赁住房和廉租住房并轨运行的通知》的发布,各地公共租赁住房和廉租住房开始并轨运行,并轨后统称为公共租赁住房。至此,公共租赁住房的含义有了极大的扩大。广义的公共租赁住房是指政府以实物配租或货币补贴方式向住房困难居民提供租赁优惠政策的住房保障形式。各类保障性质的租赁住房,例如,廉租住房、租赁型经济适用住房、经济租赁住房、农民工公寓(集体宿舍)等,都应包含在广义的公共租赁住房之中。

近年来,共有产权住房开始登上历史舞台。2007年,江苏淮安市率先开始共有产权经济适用住房的试点。2014年,政府工作报告中首次提出了"增加中小套型商品房和共有产权住房供应"[2]。2016年,北京、上海、深圳、成都、黄石、淮安等6个城市被住建部列为全国共有产权住房试点城市。共有产权住房是指地方政府让渡部分土地出让收益,以低价配售给符合相应条件的购房者,政府与购房者按出资比例共同拥有产权份额的政策性商品住房。未来购房者可以按照双方约定的价格(或定价方式)购买政府产权份额而获得

---

[1] 《关于加快发展公共租赁住房的指导意见》(建保[2010]87号),2010年6月13日,中国政府网,见 http://www.gov.cn/gzdt/2010-06/13/content_1627138.htm。

[2] 《2014年政府工作报告》,2014年3月5日,中国政府网,见 http://www.gov.cn/zhuan-ti/2014gzbg_yw.htm。

全部产权,也可以将自己拥有的产权份额出售给政府或其他购房者。共有产权住房具备某些保障性住房的属性:一是其出售对象主要是中低收入住房困难家庭,旨在满足其基本住房需求;二是政府"将部分当期土地收入以补贴形式给予购房者,并在未来若干年内逐步收回先期投入"[①],从而降低了中低收入住房困难家庭的购房门槛。但是,与经济适用住房不同,共有产权住房的用地性质为出让用地,开发方式与商品住房相同,且定价机制也遵循市场化原则,因此,从本质上讲,共有产权住房属于商品住房。而且,共有产权住房的购房人所享受的住房保障福利非常有限,且共有产权制度本身就是一种非常有利于退出的制度安排,因此,共有产权住房的退出难度不大,基于此,本书中所涉及的"保障性住房的退出"虽未包含共有产权住房的退出问题,但是,仍然借鉴了共有产权住房的相关做法和思路。

此外,限价商品房也被普遍视为保障性住房的一种类型。限价商品房,也称"两限房",是指"经城市人民政府批准,在限制套数比例、限定销售价格的基础上,以竞地价、竞房价的方式,招标确定住宅项目开发建设单位,由中标单位按照约定标准建设,按照约定价面向符合条件的居民销售的中低价、中小套型普通商品住房"[②]。与普通商品住房一样,限价商品房的用地性质也是出让土地,从本质上讲,限价商品房仍然属于商品住房。我国各城市对于限价商品房的退出安排存在较大差异,有些城市对其上市交易存在限制性安排,有些城市则允许直接上市交易。基于此,本书并未对限价商品房的退出问题进行专门研究,但在实践中,限价商品房的退出机制设计亦可参照本书关于产权型保障性住房的退出机制进行。

目前,我国正处于城镇住房保障制度的快速发展时期,保障性住房类型也

[①]　马辉民等:《我国共有产权住房政策的探索与实践》,《中国行政管理》2016 年第 1 期,第145—149 页。

[②]　陈海航等主编:《中国保障性住房政策与法律实物应用工具箱》,法律出版社 2010 年版,第 318 页。

显得纷繁复杂,但无论其名称如何,从本质上都可以归为两大类型:

一是租赁型保障性住房,即广义的公共租赁住房,是指政府以实物配租或货币补贴方式向住房困难居民提供租赁优惠政策的住房保障形式,包括廉租住房、租赁型经济适用住房、经济租赁住房、农民工公寓(集体宿舍)等各类保障性质的租赁住房。租赁型保障性住房旨在保障中低收入群体实现"住有所居",因此只租不售,即只为保障对象提供住房的使用权,不提供所有权。配租模式包括实物配租和货币补贴两种类型。实物配租是指由通过政府直接建造或者开发商接受政府提供的优惠政策建造,向保障对象提供符合基本居住功能要求和面积标准的租赁型保障性住房;而货币补贴则是指政府向保障对象发放租金补贴或住房优惠券,使其在私人租赁市场上自主选择住房。

二是产权型保障性住房,即政府以较低的价格向有一定支付能力的中低收入居民出售的保障性住房,旨在为保障对象提供住房的所有权,即保障"居者有其屋"。保障对象购买产权型保障性住房只能拥有有限产权,即购房者仅拥有占有权和使用权,不具有收益权和处分权,但可以通过补缴市场差价(例如,土地收益等价款)使有限产权转变为完全产权,实现变产权型保障性住房为普通商品住房的目的。经济适用住房就属于此类保障性住房。

本书将在这一分类基础上,研究保障性住房的退出问题。

二、 中国保障性住房退出的含义及分类

科学界定保障性住房退出机制的含义是研究中国保障性住房退出机制问题的前提所在。

(一)保障性住房退出的含义

所谓保障性住房的退出是指原住房保障对象退出住房保障体系的行为。从狭义上讲,保障性住房的退出是指不符合或不再符合享受保障性住房资格的原住房保障对象在保障性住房实际使用上的退出,即原住房保障对象退出

所租赁的或退还所购买的保障性住房。从广义上讲,保障性住房的退出则是指原住房保障对象在其获得的真实住房保障福利和收益权利上的退出,即"在住房保障资源获利上的退出"①。广义上的保障性住房退出的核心不在于原住房保障对象在形式上放弃使用保障性住房,而是强调在不损害原保障对象合法利益的条件下通过各种退出方式使其不再继续享受住房保障资源,从而促进社会保障资源的回流。本书是对广义的保障性住房退出问题进行研究。

(二)保障性住房退出的分类

根据不同的标准,保障性住房的退出可以划分为不同的类型。

1. 按照保障性住房性质划分

按照保障性住房性质的不同,保障性住房的退出可划分为以下两种类型:

(1)租赁型保障性住房的退出。如前所述,租赁型保障性住房的配租模式包括实物配租和货币补贴两种类型。对于享受实物配租的家庭而言,其对租赁型保障性住房的财产权利是以租赁合同为基础建立的,其退出主要包含以下两种情况:一是退出所租住的保障性住房而终止租赁合同的行为;二是原保障对象以市场租金继续租赁原住房的行为。在后一种情形中,原保障对象虽然没有腾退保障性住房,但是通过缴纳市场租金也实现了社会保障资源的回流。对于享受货币补贴的家庭而言,退出保障性住房体系即意味着停止享受住房租金的货币补贴。

(2)产权型保障性住房的退出。保障对象对产权型保障性住房仅拥有有限产权,因此,其退出主要包含以下两种情况:一是原保障对象退还所购买的保障性住房从而消灭其有限产权的行为;二是原保障对象依法依规将原购保障性住房的有限产权转化为完全产权从而使住房保障资金得以回流的行为。

---

① 张波等:《经济适用住房退出机制的构建》,《经济理论与经济管理》2008 年第 7 期,第34—40 页。

2. 按照退出的客体划分

按照退出客体的不同,保障性住房的退出可划分为以下两种类型:

(1)保障性住房的退出。保障性住房退出的客体是保障性住房本身。对于享受租赁型保障性住房的家庭而言,这类退出意味着其从原租住的保障性住房中搬离;对于享受产权型保障性住房的家庭而言,这类退出意味着其退还原购保障性住房。

(2)住房保障资源的退出。住房保障资源退出的客体是住房保障资金。保障性住房资源的退出客观上有利于政府已经投入到保障性住房建设、运营的资金重新进入到新的住房保障项目之中,实现住房保障资源的循环利用,促进保障性住房供给和运营的可持续性。对于享受货币补贴的家庭而言,这类退出就是停止享受住房租金的货币补贴;对于享受实物配租的家庭而言,这类退出不仅包括其从原租住的保障性住房中搬离,也包括其以市场租金继续租赁原住房的行为;对于享受产权型保障性住房的家庭而言,这类退出不仅包括其退还原购保障性住房,也包括其依法依规通过增补市场差价将原购保障性住房的有限产权转化为完全产权的行为。

3. 按照原保障对象的退出意愿划分

保障性住房的退出可以按照原保障对象退出意愿的不同分为以下两种类型:

(1)主动退出,即原住房保障对象自行退出住房保障体系的行为。当原住房保障对象在其经济条件或住房条件得到改善后,自动申请退出住房保障体系的行为。相较于被动退出,主动退出是原保障对象的自愿行为,更有利于降低政府的行政执法成本,因此,政府应该通过设计合理的激励机制来引导和鼓励原住房保障对象的主动退出行为。

(2)被动退出,即在外力作用下原住房保障对象退出住房保障体系的行为。由于保障性住房体现了一定的经济福利性,大多数保障对象都不愿意主动退出保障性住房,而是等待被动退出。被动退出保障性住房主要包括以下两种情况:第一,原保障对象由于经济条件或住房条件得到改善已经不再符合享受保障性住房资格,但在主管部门对其进行定期审核之前并未主动提出退出申请,在主管部门对其进行定期审核并作出取消其保障资格的决定之后被迫退出住房保障体系;第二,原保障对象由于存在违反了合同约定或法律规定的行为而被迫退出住房保障体系,比如,不定期汇报家庭收入情况、改变保障性住房的用途、利用保障性住房从事违法活动等。

4. 按照原保障对象退出的原因划分

按照退出的原因不同,保障性住房的退出可划分为以下两种类型:

(1)常规性退出,即原住房保障对象在退出过程中,不存在主观恶意或违法行为,而是按照法律规定或合同约定,退出住房保障体系的过程。一般而言,此类退出是住房保障对象在合法取得住房保障资格后,因经济条件改善或住房条件改善等原因不再符合住房保障的规定条件而主动或被动地遵循法律规定或合同约定退出住房保障体系的行为。

(2)非常规退出,即在保障房退出过程中,原住房保障对象存在主观过失或者恶意,违反了合同约定或法律规定,必须腾退保障住房并承担一定责任而退出住房保障体系的过程。主要包括以下几种情况:第一,原保障对象通过欺骗的手段取得保障性住房,经他人举报或被主管部门发现后,主管部门依法强制实行退出;第二,原保障对象存在违反合同约定或法律规定的行为,主管部门依法强制进行的腾退;第三,主管部门已经对原保障对象作出取消其保障资格的决定,原保障对象逾期拒不退出的,主管部门依法采取强制手段迫使其退出保障性住房。一般而言,由于在非常规退出过程中,原住房保障对象都或多或少存在主观过失或者恶意,政府还应根据具体情况对其进行一定的处罚;如果原住房保障对象存在犯罪行为的,还要承担相应的刑事责任。

5. 按照退出过程划分

按照退出过程的差异,保障性住房的退出可划分为以下两种类型:

(1)一次性退出,即原住房保障对象在某一个时点上一次性完全退出住房保障体系,包括享受实物配租的住房保障家庭腾退其所租住的保障性住房、已购产权型保障性住房的家庭退还其所购保障性住房、已购产权型保障性住房的家庭通过一次性增补市场差价获得原保障性住房的完全产权等情况。

(2)梯度退出,即随着住房保障对象经济状况的逐渐改善,逐步减少其能够享受的住房保障资源获利并最终使其退出住房保障体系,包括对享受租赁型保障性住房的家庭实行租金累进或租金补贴累退、对已购产权型保障性住房的家庭实行"共有产权"并鼓励其逐步购买剩余产权等行为。梯度退出不仅有利于降低最终退出的执行难度,也可以消除住房保障福利的"悬崖效应",因此,与一次性退出相比,梯度退出是一个更好的制度选择。

三、 中国保障性住房退出机制的含义及基本内容

(一)中国保障性住房退出机制的含义及特征

"机制"一词最早源于希腊文,原指机器的构造和动作原理,后被人们引入社会科学的研究。简单地讲,机制就是制度加方法或者制度化了的方法。

本书中"保障性住房退出机制"是指为了有效地配置有限的住房保障资源,政府让不符合或者不再符合享受住房保障资格的原保障对象退出住房保障体系的一系列政策制度。对于保障性住房退出机制的含义必须明确以下几点:

第一,保障性住房退出机制的目的是为了让住房需求最紧迫的困难家庭得到保障,避免中高收入家庭侵占住房保障资源,从而保证住房保障资源的合理有效利用、更好地实现社会公平和正义。

第二,保障性住房退出机制的核心不在于政府如何让不符合或者不再符合享受住房保障资格的原保障对象退出所租赁的保障性住房或退还所购买的保障性住房,而是在于政府如何通过经济、行政、法律等手段引导或强制其退出整个住房保障体系、不再继续享受政府提供的住房福利。

第三,对于常规性退出对象而言,保障性住房退出机制不仅包括政府在不损害其合法利益的条件下引导或强制其退出住房保障体系的政策制度安排,还应该包括如何满足其退出住房保障体系后的住房需求的一系列配套措施。

第四,保障性住房的退出机制与保障性住房的准入机制是相互依存、不可分割的。完善的保障性住房准入机制可以为原保障对象顺利地退出提供科学的标准,而合理的保障性住房退出机制又可以促进保障性住房的可持续发展,有利于需要保障的家庭顺利地进入住房保障体系。尤其是对于享受租赁型住房保障的家庭而言,虽然对其进行定期资格审核是退出机制在发挥作用,但从某种意义上来说,这一过程其实也是保障性住房准入的又一次审核。

第五,从狭义来讲,保障性住房的退出机制是指在以保障对象需要退出的节点为起点与其真正实现退出之间的阶段中,政府引导或强制原保障对象退出住房保障体系的一系列政策制度。但事实上,任何申请人一旦进入住房保障体系之后即面临着退出问题。保障性住房的退出与保障性住房的分配制度密切相关。合理的保障性住房分配制度本身应该能够有效激励住房保障对象的梯度退出,是退出机制的重要组成部分。从这个意义上讲,广义的保障性住房的退出机制是在以住房保障对象的准入为开始节点,直至其真正实现退出之间的阶段中政府引导或强制原保障对象退出住房保障体系的一系列政策制度。

(二)中国保障性住房退出机制的基本内容

保障性住房退出机制的内容非常丰富,主要包括以下几个方面的内容:

第一,保障性住房退出的管理体系。一方面保障性住房责任的主体是政府,另一方面保障性住房退出过程中涉及的主体众多、利益关系复杂,因此,政府必须也应当承担保障性住房退出管理的责任,在保障性住房的退出过程中充分发挥政府的公共服务职能,确保原住房保障对象退出过程能够顺利进行。政府如何设置保障性住房退出的管理机构、赋予管理机构哪些职责等都是退出管理体系的重要内容。

第二,保障性住房的退出对象,即哪些家庭(个人)不具备或不再具备获得住房保障的资格并退出住房保障系统。住房保障制度具有社会救助功能,是政府对社会居民住房基本需求的保障方式。在住房保障资源有限的情况下,住房保障对象必须"有进有出",让那些不具备或不再具备享受住房保障资格的家庭(个人)及时退出这一体系,才能使有限的住房保障资源更好地满足中低收入人群的住房需求,从而实现住房保障资源的有效配置。确定保障性住房退出对象的核心是明确界定保障性住房的退出条件,即针对必须退出住房保障体系的对象所设立的各种标准。笼统地讲,保障性住房的退出对象是不符合或不再符合享受保障性住房资格的原住房保障对象,但全国还没有明确制定一个统一的标准对必须退出住房保障体系的人群进行严格的界定,各地的界定标准也存在很大的差异。如何确定保障性住房的退出对象是保障性住房退出机制的一个重要内容。

第三,保障性住房的退出方式。保障性住房的退出方式是指采取什么途径来退出住房保障体系并不再享受住房保障福利。无论原住房保障对象享受的是产权式住房保障还是租赁式住房保障,其退出方式都应该是多种多样的。究竟有哪些退出方式、不同退出方式的优缺点及适用对象等都是研究保障性住房的退出方式问题的重要内容。

第四,保障性住房退出的激励机制。合理的退出机制不仅反映在退出方式的多样化上,还应对正在享受住房保障的"局内人"产生积极的退出激励。这些激励机制既可以是正向的,也可以是负向的(惩罚机制)。正向激励措施是通过对主动退出的住户给予奖励(或补贴)、对不再符合享受条件的保障家庭退出后的住房消费升级给予优惠政策等,提升住房保障退出对象主动退出的积极性,减少保障性住房的退出阻力。负向激励措施则是通过惩罚各种拒不退出的违规、违法行为,提高退出对象的违法成本和违法压力,使不具备或不再具备享受住房保障条件的住户占有住房资源可能付出的成本要远远高于其获得的收益,从而迫使其主动退出住房保障体系。保障性住房退出激励机制的设计关键在于找到退出对象的利益所在,并进行影响,使其内生作用,从而自主达到退出目标。提供多元化的退出激励方式既可缓解未来的退出阻力,也能有效防止"福利依赖"。可见,保障性住房退出的激励机制对形成良性循环的退出机制起着至关重要的作用,是保障性住房退出机制的核心内容之一。

第五,保障性住房的退出程序。建立和完善保障性住房的退出程序是保证住房保障资源在全社会范围内公平有效分配的关键。不同性质保障性住房的退出方式有极大差异,而在不同退出方式下,原住房保障对象的退出流程也是不一样的。合理安排退出的流程也是保障性住房退出机制的重要组成部分。

第六,保障性住房退出机制的支撑体系。保障性住房的退出涉及多方面的复杂的权益关系,必须通过建立和完善个人征信体系、相关法律体系、行政管理体系和社会舆论监督体系等全方位的支撑体系来确保退出机制的顺利运行。

第二节　建立保障性住房退出机制的必要性及功能

一、建立保障性住房退出机制的必要性

(一)住房保障资源的稀缺性决定了必须建立保障性住房退出机制

随着我国社会主义市场经济的蓬勃发展,越来越多的人口涌入城市。如图 2.1 所示,20 世纪 90 年代中期,中国人口城镇化进程显著加快。从 1978 年至 1995 年,城镇化率仅从 17.9% 上升到 29.0%,平均每年增加 0.65 个百分

点;而从1995年至2017年,城镇化率从29.0%迅速增长到58.5%,平均每年上升1.34个百分点。城镇人口的快速增加,使得我国城市住房总量不足的矛盾在相当长的时期内会存在,而且,新就业、新移民的住房困难问题也日渐突出。在此背景下,居民对城市住房保障资源的需求量很大,我国住房保障面临着巨大的压力。但我国仍然是发展中国家,在住房保障资源的供给方面财政能力依然有限,住房保障资源的供应与需求之间存在着很大的缺口。在住房保障资源稀缺的条件下,建立起合理有效的保障性住房退出机制使住房保障资源分配给最需要得到保障的家庭就显得尤为重要。

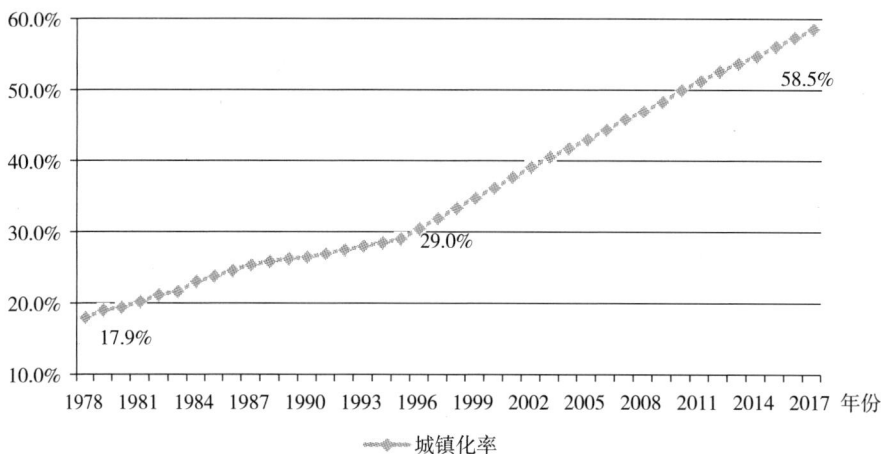

图 2.1 1994 年以来中国城镇化率的历史演变情况

注:城镇化率=城镇人口/年末总人口。

资料来源:国家统计局网站(http://www.stats.gov.cn/tjsj/)。

(二)住房保障对象的特定性决定了应当建立保障性住房退出机制

从本质上看,住房保障是政府对房地产市场的一种干预行为,它虽然满足了部分住房困难者的需要,有助于保持社会稳定,但另一方面,也通过非市场方式增加了住房供给,在一定的程度上对房地产市场产生"挤出效应"。因此,政府的住房保障范围应当是有限的,主要是提供给无法通过房地产市场满足其住房需求的中低收入群体。从世界各国的实践来看,几乎都将住房保障对象限定在中低收入的住房困难家庭。只有符合条件的居民才有权利享受住房保障待遇,不符合或不再符合条件的居民是没有权利享受的。这也决定了应当制定合理的保障性住房退出机制,使不符合条件的住房保障对象退出住房保障体系。

(三)建立保障性住房退出机制是完善住房保障制度的需要

近年来,政府非常重视住房保障制度建设,相继出台了一系列政策措施,在保障性住房的建设上取得了显著成效,在保障性住房的管理上积累了一些经验。但是,在保障性住房的退出问题上一直举步维艰。在制度设计上,保障性住房"重建设、轻流转""重准入、轻退出"的倾向十分明显,即重点关注保障性住房的建设和准入制度,而忽视其退出和交易机制;在实践中,现阶段我国住房保障工作中最难的莫过于保障性住房的退出问题,保障性住房在入住以后鲜有退出。作为住房保障制度的重要组成部分,合理的保障性住房退出制度对住房保障资源的合理化、最大化利用具有极其重要的意义。目前,我国保障性住房退出机制的缺失成为推进住房保障制度的一大瓶颈,因此,完善住房保障制度、进一步发挥其在解决中低收入居民住房困难问题中的作用迫切需要建立和健全保障性住房退出机制。

(四)建立保障性住房退出机制是实现社会公平正义的需要

保障性住房的退出机制缺失或者不合理、不科学,实际上既侵害了住房保障对象的权益,也损害了纳税人的权益,其所造成的不仅仅是直接的分配不公,而且会造成分配秩序和社会运行秩序的失范,侵害分配规则的公平性和社会的公平规则与理念。

二、 保障性住房退出机制的主要功能

合理、科学的保障性住房退出机制,可发挥以下方面的功能:

（一）提升住房保障资源的利用效率,实现住房保障制度的可持续性

住房保障制度旨在解决中低收入住房困难家庭的住房困难问题。合理、科学的保障性住房退出机制可以严格限制保障性住房的违规使用,迫使经济条件或住房条件已经改善且不再符合享受住房保障条件的家庭及时退出住房保障体系,新的符合条件的家庭及时进入住房保障体系,从而提升住房保障资源的利用效率。

同时,合理的保障性住房退出机制所包含的内在激励机制也应当确保住房保障对象所享受的福利水平随着其收入水平的提高而逐渐减少,直至其最终退出住房保障体系,这种科学的退出机制本身也能够提高符合条件的保障家庭与其所享受的住房保障水平之间的匹配程度,促进住房保障资源的合理配置,达到政府实施住房保障制度的社会效应最大化的目标。

总之,只有建立完善的保障性住房退出机制,提高住房资源利用效率,才能确保保障性住房持续发挥社会保障功能。尤其是在我国目前住房保障资源十分紧张的情况下,建立合理的保障性住房退出机制对于实现住房保障制度的可持续发展更是具有非常重要的意义。

（二）缓解政府的财政压力,扩展住房保障资金的来源渠道

建立和完善住房保障制度需要政府投入大量的经济资源。我国政府每年都要投入大量资金进行保障性住房建设和发放住房补贴。如图 2.2 所示,近年来我国财政对住房保障支持力度不断加大,全国财政住房保障支出由 2010年的 2377 亿元快速增加至 2016 年的 6682 亿元。

（亿元）

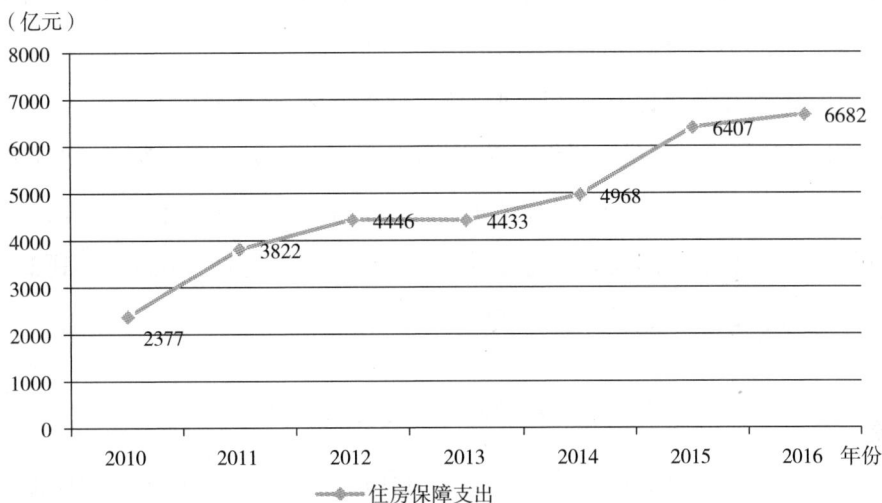

图 2.2 2010—2016 年以来中国财政住房保障支出情况

资料来源:中华人民共和国财政部网站(http://www.mof.gov.cn/zhengwuxinxi/caizhengshuju/)。

但是,目前我国还缺乏科学合理的保障性住房退出机制,产权型保障性住房一旦售出,购房人所享受的住房福利将永不可能收回;租赁型保障性住房只租不售,财政资金前期投入量大、回收时间长且难度大。因此,各级政府在住房保障领域仍然面临较大的财政资金压力。以 2012 年为例,"中央补助公共租赁住房专项资金 660 亿元,而当年计划新增公共租赁住房 230 万套"①。按照平均单套面积 50 平方米、平均建安成本 1500 元/平方米计算,建设 230 万套公共租赁住房需要 1725 亿元左右(还不包括土地费用),资金缺口高达1000 多亿元。缺乏科学合理的保障性住房退出机制,意味着财政的前期投入无法得到循环使用,政府必然要在住房保障领域中投入更多的公共资源,进一步加重政府在住房保障领域的财政负担。而政府所投入的住房保障资源都来自国民收入,来自纳税人以缴税或者其他方式提供的资源。因此,一个科学合

---

① 王丽新:《财政部补助公租房 660 亿元 公租房占保障房比重增至逾三成》,《证券日报》2012 年 5 月 25 日,第 D03 版。

理的保障性住房退出机制不仅能够减少政府保障性住房供应的投入,缓解财政压力,也可以最终减轻纳税人的负担。

同时,为了解决保障性住房建设资金瓶颈问题,在政府的财政投入之外,保障性住房建设需要进一步创新融资机制,吸引社会资金广泛参与。如若没有完善的保障性住房退出机制,保障性住房项目吸引民间投资的能力就要大打折扣,这必然会打击民间资金参与保障性安居工程建设的积极性,不利于建立多元化保障性住房建设融资渠道。

(三)确保住房保障对象的权利,提高住房保障水平

政府实施住房保障政策的基本目标是住房保障的供应对象实行"应保尽保",即只有符合住房保障条件的居民才有资格享受住房保障待遇,且任何符合住房保障条件的居民都有权利要求享受住房保障待遇。在住房保障资源稀缺的情况下,这一目标的实现要以非住房保障对象的"应退尽退"为前提。但是,在实践中,很多获得住房保障福利的家庭在一段时间之后由于经济状况的好转而不再符合享受住房保障的条件了,却并未退出住房保障体系,这就意味着当前的住房保障制度事实上保障了一部分不应该享受住房保障的家庭,真正需要住房保障的家庭却由于住房保障资源的有限性还未得到应有的保障,这无疑是对那些虽然具备资格但却还未享受住房保障待遇的住房保障对象权利的侵害。建立合理的保障性住房退出机制,清退已经不符合受保障条件的群体,使保障政策真正落实到需要住房保障的家庭,是有利于保障住房保障对象的权利的。

同时,通过建立科学合理的保障性住房退出机制促进住房保障资源的回流,不仅可以让更多符合条件的居民能够真正享受到住房保障福利,扩大住房保障的覆盖范围,而且,能够在不增加政府财政负担的情况下,提高保障对象所享受的住房保障待遇,从而促进整个社会住房保障水平的提高。

(四)保证住房保障资源的分配公平,促进社会安定和谐

对于保障性住房,应该明确的是:第一,它具有公共福利产品的性质;第二,它是专门提供给符合住房保障条件的居民的,其供应对象和用途具有特定性质;第三,它是国民收入再分配的一种途径,是政府将一部分由全体国民创造的社会财富转移到中低收入人群的住房消费中,是通过给特定人群提供住房保障的手段来调整居民分配差距,从而促进社会和谐。因此,只有符合住房保障条件的居民享受住房保障待遇才符合社会公平的要求;任何不符合住房保障条件的家庭对住房保障资源的占用不仅是对公共资源的侵占,同时,也损害了社会保障的宗旨和国民收入再分配的目标。

在现实生活中,由于我国保障性住房退出机制的缺失和不完善,部分不再符合保障条件的家庭继续占用住房保障资源,使住房保障制度失去了社会保障的功能,也偏离了政府最初设定的保障目标。而且,住房保障中的各类“应退不退”现象阻碍了其他符合享受住房保障条件的居民获得保障的机会,对于真正需要住房保障的群体来说是不公平的。广大民众对这种“富人住而穷者等”的住房保障资源分配不公现象反响强烈,对社会的安定和谐带来了不利影响。因此,建立科学合理的保障性住房退出机制,对保障性住房的退出进行有效的管理,对于彰显社会分配的公平与正义、实现社会安定和谐显得特别重要。

(五)推动居民的住房消费升级

根据需求层次理论和住房阶层理论,随着社会生产力的发展,当某些内部或外部条件发生变化时,人们原有住房阶层地位会发生改变。随着原住房保障对象自身条件的好转,为了追求更加舒适的居住环境、更多住房投资回报、更高的身份地位认同感,他们会产生内在的脱离现有的保障性住房、向更高的住房层次迈进的愿望。因此,一个合理、科学的保障性住房退出机制,不仅能

够最大限度地发挥保障性住房的托底保障功能,更应该通过合理的经济激励设计帮助原保障对象将住房消费升级的愿望变成现实。例如,从税收、金融、信贷等各个方面对不再符合享受条件的保障家庭退出后的住房消费升级给予积极支持。这些措施不仅能够确保保障性住房退出工作的顺利进行,也推动了居民的住房消费升级。

(六)有助于市场机制在解决居民住房问题中发挥更大的作用

住房保障制度的实施,并不是要替代住房市场,而是旨在弥补市场的不足。由于保障性住房具有公共产品的属性,单纯依靠市场机制必然会带来供应不足的问题,因此,政府必须在保障性住房的供应中发挥积极作用。但是,若在保障性住房退出过程中单纯依靠政府而完全排斥市场机制的作用,又会带来退出的低效率问题;反之,若能够适当地引入市场机制,则有助于提高保障性住房的退出效率。所以,在保障性住房退出机制设计时应该让市场机制在保障性住房的退出过程中发挥更大的作用。同时,合理的保障性住房退出机制可以促使经济条件改善的原住房保障对象通过市场渠道解决住房问题,将住房需求归还给房地产,促进住房市场的健康发展。

第三节 建立和完善保障性住房退出 机制的主要目标和基本原则

一、 建立和完善保障性住房退出机制的主要目标

保障性住房退出机制的构建需要考虑住房保障资源利用的公平、效率等诸多因素,可以将建立和完善保障性住房退出机制的主要目标设定为:遵循社会公平的原则,以实现住房保障投入资金的良性循环、住房保障资源的高利用效率为目标,根据政府的财政能力、住房市场运行状况、保障性住房自身的价

值差异、居民的平均居住水平等因素,构建出一个高效率、多元化、人性化的退出机制。

二、 建立和完善保障性住房退出机制的基本原则

保障性住房退出机制设计应遵循公平与效率兼顾、差异化、动态调整、可持续、激励、以人为本、系统性和可操作等八项基本原则。[①]

(一)公平与效率兼顾原则

公平是保障性住房退出机制设计的首要原则。公平原则应贯穿于保障性住房退出机制设计和运作全过程中。这里的所谓公平包括以下三层含义:第一,住房保障对象之间公平,既包括横向公平,也包括纵向公平。它反映的是保障对象之间获得住房保障福利呈现出的一种相对状况。所谓横向公平是指退出制度设计对所有保障对象一视同仁,无论其选择何种退出方式,退出标准都是一致的,而且,在退出的最后阶段必须设置强制退出程序,将严重违反特定程序规则致使住房保障目的无法实现的主体予以强制退出。所谓纵向公平是指在梯度退出的情况下,退出制度设计要使支付能力越强的保障对象获得的福利收入越低,直至其支付能力超过保障标准从而最终完全退出住房保障体系。第二,市场公平。它反映的是保障对象对不同区位和质量的保障性住房的效用评价问题,它要求当原保障对象选择以全部或部分购买保障性住房的方式实现退出时,区位和质量越好的保障性住房需要支付的价格越高。第三,保障性住房的供给者与需求者之间的公平。它反映了保障性住房的供给者与需求者利益的分配问题。保障性住房既可以由政府来提供,也可以由公共机构或其他社会组织来供应。这些机构都有自己正当的利益诉求,保障性住房的供给与需求双方都不能将不合理的要求和条款强加于对方。除了确

---

① 参见胡晶晶:《公共租赁住房配租机制研究》,人民出版社 2017 年版,第 22—26 页。

保退出机制本身的公平之外,也要确保退出制度执行的公平。

同时,要重视保障性住房退出的效率。不同的退出方式的选择、不同的退出激励措施安排、不同的退出程序和管理制度设计都对保障性住房的退出效率会产生不同的影响。例如,对于保障对象拒不退出的情况,可以采取经济手段、行政手段和司法手段迫使其退出,虽然这几种手段的执行效力逐渐增大,但执行成本也在加大,显然,退出效率也存在很大差异。因此,保障性住房退出的机制设计不仅要重视公平问题,也要充分考虑不同政策安排对效率的影响,坚持公平与效率并重。

（二）差异化原则

在保障住房退出机制的设计中,应充分考虑到以下几个方面的差异:

首先,地区经济发展水平和财政能力的差异。保障性住房的退出标准和退出方式必须与当地的经济发展相适应。由于我国各地经济发展水平的不平衡,政府务必要充分考虑地区差异,制定符合当地当时经济水平的退出标准和可供选择的退出方式。此外,保障性住房的退出标准和退出方式还取决于地方政府的财政能力。政府财政能力强,可适当提高退出标准,且更多地考虑采用以出售的方式实现退出;政府财政能力弱,则可适当降低退出标准,且更多地考虑采用收回保障性住房继续出租的方式实现退出。

其次,退出原因的差异。住房保障对象需要退出住房保障系统的原因非常复杂,有的是由于经济条件改善(如工资性收入增加、财产性收入增加等),不再符合享受住房保障的条件而需要退出;有的是由于住房条件改善(如取得继承房产、子女长大分户后再取得其他住房等),不再符合享受住房保障的条件而需要退出;有的是由于不符合享受住房保障条件的家庭通过虚假材料获得保障性住房之后被查出而需要退出;有的是由于住房保障对象在享受住房保障待遇过程中存在违反合同约定或法律规定的行为(如将保障性住房改变用途、在保障性住房中从事违法行为等)而需要退出。显然,需要退出保障性住房的具体原因不同,保障家庭的行为性质和造成的影响也不同,采用单一的退出途径或退出政策并不合理,因此,应当根据需要退出的具体原因的不同而制定不同的退出方式和退出措施。

最后,需要退出的保障对象的特征差异。即使是需要退出的原因相同的保障对象也可能在现有住房条件、收入水平、家庭结构、享受保障待遇的时间长短等方面存在较大的差异,因此,在保障住房退出机制的设计中,也应充分考虑到保障对象的这些差异化特征。

（三）动态调整原则

保障性住房退出制度要具有稳定性,但具体的退出标准和可供选择的退出方式需要考虑以下因素及时实施动态调整:

第一,经济发展水平、政府财政能力和居民收入水平的变化情况。各地经济发展水平、政府财政能力和居民收入水平等都会不断发生变化,相应地,政府制定的保障性住房的退出标准和可供选择的退出方式也应当根据实际变化及时做出调整。

第二,保障性住房的供求情况。若本地区保障性住房短缺,则应更多地采取行政和法律手段强制不符合或不再符合住房保障条件的家庭腾退原保障性住房;若本地区保障性住房短缺情况并不严重,则并不需要强制退出对象迁出原保障性住房,可以更多地采取收取市场化租金的方法实现退出的目的;若保障性住房供求大体平衡,则可以考虑鼓励经济条件改善的保障对象购买所居住的保障性住房。

第三,住房市场运行状况。保障性住房退出机制设计应与住房市场平稳健康发展相协调。当商品住房供不应求、住房价格快速上涨时,保障性住房的供应应该以租赁型保障性住房为主、产权型保障性住房为辅。此时,在保障性住房退出方式上,对于租赁型保障性住房而言,政府为了确保在住房短缺时能对居民的基本居住需要给予必要的保障,必须持有充足的保障性住房储备,因此,应更多地采取收回住房的退出方式,不宜采取出售住房的退出方式;对于产权型保障性住房而言,在出售退出方式上也应当从严、从紧,因为若此时以过于优惠的政策出售产权型保障性住房很有可能被当作政府释放鼓励购买的信号,加剧住房市场供不应求的状况。当商品住房供求大体平衡、住房价格相对平稳时,应该减少保障性住房的实物配租方式、充分发挥货币化补贴的作用,支持住房保障对象到市场上租赁住房,这也有利于引导保障对象的梯度退出,从而提高保障性住房退出机制的效率。此时,应该鼓励保障性住房退出方式的多样化。对于租赁型保障性住房而言,可以不必强制不再符合住房保障条件的家庭迁出原保障性住房,而是通过停止发放住房补贴、收取市场化租金的方法促使住户腾退住房;对于产权型保障性住房而言,可以鼓励以相对优惠的政策实现出售退出,因为此时鼓励出售不会对房地产市场带来过大的冲击。当商品住房供过于求、住房价格低迷时,政府应当停止建设保障性住房,住房保障以货币化补贴为主。相应地,在保障性住房退出方式上,主要通过停止发放住房补贴、收取市场化租金的方法实现住房保障资源的退出。

(四)可持续原则

确保保障性住房资源的可持续性是建立保障性住房退出机制的一个关键目标。当然,保障性住房资源的可持续发展是整个住房保障制度体系运行的结果,它将取决于政府的财政能力、资本安排、配租机制、提供保障性住房的短期和长期成本等因素之间复杂的相互作用,但毫无疑问的是,保障性住房的退出机制是影响住房保障制度能否可持续的一个主要决定因素。这主要体现在以下两个方面:第一,在以出售方式实现保障性住房退出的过程中,保障性住房出售价格的设定直接关系到住房保障资金投入的可持续性。若保障性住房的售价过低,会给政府带来沉重的财政负担,长此以往必然难以为继。而且,虽然由于保障性住房的公益性质,财政性资金在其供应中起到主导作用,但是,在政府投资之外,以多元化的融资方式推进保障性住房建设也显得至关重要。若保障性住房的售价过低,社会资金投资于保障性住房项目难以在合理期限内收回成本,必然会减少社会资金投资于保障性住房项目的吸引力,不利于保障性住房的可持续发展。因此,保障性住房出售价格应当合理确定。第二,保障性住房的退出方式也会对保障性住房运营的持续性产生重要影响。因此,在退出方式的选择上,要考虑不同退出方式对住房保障资金周转的影响差异,尽量鼓励退出对象以有利于提高保障性住房供应投入资金良性循环的方式实现退出。

(五)激励原则

科学的保障性住房退出机制应当具有良好的内在退出激励机制,可以有效地激励保障对象自愿退出住房保障体系,从而能够以最小的经济成本以及社会成本实现最终的退出目标。这就要求在退出机制设计时,必须找到参与者的利益所在,并通过激励机制对其行为进行影响,使其产生退出的内生作用,自主达到有序退出的目标。一方面,住房保障制度设计本身要能够逐步降低收入状况转好的家庭从政府处得到的住房福利,从而推动住户放弃或腾退保障性住房;另一方面,政府要从税收、金融、信贷等各个方面对不再符合享受条件的保障家庭退出后的住房消费升级给予积极支持,从而拉动其退出保障性住房。

(六)以人为本原则

保障性住房退出机制的运行必须严格依法依规进行,避免随意性,这样才能确保保障性住房退出工作的顺利进行。但同时也要坚持以人为本的原则,刚柔并济,推进保障性住房的退出工作顺利进行。

首先,保障性住房的退出机制不应损害退出对象的合法利益。在制定保障性住房退出政策时,要注意保护保障性住房退出对象的合法利益和正当权益,例如,共享产权住房增值收益如何合理分担问题、为退出对象提供必要的行政救济和司法救济等。只有充分考虑退出对象的合法权益,才能促进退出对象的合理退出。

其次,要考虑退出对象的具体情况,灵活选择退出方式和退出激励方式。鉴于退出对象需要退出住房保障体系的原因各不相同、具体的家庭情况也千差万别,应该在坚持基本原则的条件下,坚持以人为本的原则,根据具体情况选择合适的退出方式和退出激励措施。在退出过程中,必须坚持的基本原则是:不符合或不再符合住房保障条件的家庭就不能再继续享受住房保障待遇。但是,这些退出对象是否必须要迁出原有住房,则可以根据退出对象的具体情况给予其多元化的选择。若其无其他住房,就不能强行驱逐,但可以通过收取市场租金的办法实现退出,这也保障了其基本居住权利。

最后,要考虑退出对象收入增加的可持续性,防止因退返贫现象的发生。这就要求主管机构在取消保障对象的资格之前,应给予足够的观察期来判断其收入的改善是否具有可持续性,这不仅体现了政府的人文关怀,也有利于减轻退出工作的阻力。

（七）系统性原则

在退出机制设计中,必须体现出系统性原则,才能确保整个退出机制的有效运转。系统性原则主要表现在以下两个方面:第一,保障性住房退出机制的设计应当与保障性住房的准入、分配、后期管理等一系列制度结合起来进行系统性研究。保障性住房的退出机制不是孤立存在的,其顺利有效运行需要保障性住房的准入、分配、后期管理等一系列制度的共同配合才能实现。科学完善的准入机制可以为退出机制的顺利进行提供统一的标准,而合理的退出机制又可以促进保障性住房的可持续发展,有利于需要保障的家庭顺利地进入保障性住房体系。同样,科学的保障性住房分配制度和后期管理制度有利于降低退出的管理成本、提高退出的效率,而合理的退出机制设计可以提高保障性住房分配制度的合理性。因此,不能脱离整个住房保障制度而孤立地设计保障性住房的退出机制问题。第二,保障性住房退出管理与运作相关的各部门之间要形成相互作用、相互制约的关系。一方面,保障性住房的退出工作除了涉及住房保障部门之外,还涉及立法、财政、房管、公安、民政、物价、司法等众多部门,因此,保障性住房的退出机制设计必须使各部门形成管理合力;另一方面,由于保障性住房的退出涉及多方面的复杂的权益关系,必须通过建立和完善个人征信体系、相关法律体系、行政管理体系和社会舆论监督等全方位的支撑体系来确保退出的顺利运行。

(八)可操作性原则

从理论上说,保障性住房退出制度的设计所考虑的因素越是全面和细致,确定的制度可能越合理,越有利于实现保障性住房退出的公平和效率。但在实践中,过于复杂的方法往往不可行或者实施成本太高。如果制度设计仅为纸上谈兵,缺乏可操作性,那么不仅不能实现保障性住房顺利退出的政策目标,还可能损害公民利益,所以,在进行保障性住房的退出机制设计时必须要遵循可操作性原则。因此,退出机制设计也不易太过复杂,不能仅从理论上的最优化出发,而应充分考虑到退出方法在实践中的可行性和管理成本,力求简单明了、易于操作。

第三章 主要市场经济国家及地区的公共住房退出政策及经验启示

公共住房的"退出难"现象并非中国经济社会发展中特有的问题,而是一个全球性问题。如何建立有效的退出机制是当今世界各国住房保障制度都长期面临的一个重要挑战。经过多年实践,主要市场经济国家及地区已经形成了一套相对成熟的公共住房①退出制度,可以为我国保障性住房的退出管理提供有益的借鉴和参考。

第一节 经济发达国家及地区公共住房的退出政策

一、 美国公共住房的退出政策

（一）公共住房情况简介

美国的公共住房政策起源于 20 世纪 30 年代。1937 年美国国会通过了

---

① 各国和地区对带有福利性质的住房的称呼略有差别,如公共住房、社会住房、公屋、组屋等,为了表述方便,本章标题将其统称为"公共住房"。

美国住房法案(又称《瓦格纳住房法案》,*Wagner Housing Act*),提出了改变"体面、安全和卫生的住房极度短缺"的状况,标志着美国公共住房政策正式开始实施。此后,美国开始大规模的公共住房建设,联邦政府也先后颁布了一系列与住房相关的立法。但是,由政府直接出资建房的公共住房计划,在实施过程中一波三折,举步维艰。20世纪60年代,房租补贴计划和补贴住房建设计划两种新型的住房保障方式被提出,但后者在实施过程中很快暴露出建设资金被挪用以及监管成本过高等诸多问题,因此在美国的公共住房史上也仅是昙花一现。20世纪70年代以后,房租补贴计划逐渐取代了公共住房建设计划,成为联邦政府解决低收入阶层住房问题的主要方式。

目前,从广义上来讲,美国的公共住房主要包括两类:第一,传统意义上的公共住房(Public Housing),即由政府直接出资建造或收购的用于对符合条件的低收入家庭、老人和残疾人出租的体面、安全且卫生的住房。这类公共住房的面积和户型多样,既有分散的独户住宅,也有老年家庭的高层公寓。目前美国共有大约120万套这类公共住房。① 第二,由政府为低收入家庭、老人和残疾人提供补贴,由他们自行在房屋租赁市场租住的住房。目前美国大约有1100万家庭(个人)享受了各种形式的住房补贴。② 现阶段,这类公共住房保障主要由"住房选择券计划"(Housing Choice Voucher Program)实施,该计划本质上属于一种住房的货币补贴。它将住房的选择权交到了单个家庭手中,接受该项补助者可以自由地在房屋租赁市场选择与他们需求相匹配的住房,而不是仅限于政府所有的传统意义上的公共住房。可以说,前者属于狭义的公共住房(传统意义上的公共住房),类似于实物配租。后者属于广义的公共住房,类似于货币补贴。本书主要介绍美国政府对于这两类公共住房的退出政策。

---

① 数据来源于美国住房与城市发展部网站(http://www.hud.gov)。
② 数据来源于美国住房与城市发展部网站(http://www.hud.gov)。

(二)公共住房退出的管理主体

对于这两种公共住房保障模式,美国专门设立了联邦住房和城市发展部(Department of Housing and Urban Development, HUD),负责执行联邦政府的低收入公共住房计划或与之相关的开发与管理项目。而公共住房配租的具体事务则由地方公共住房管理局(Public Housing Authorities, PHAs)来管理。

PHAs 负责本地区公共住房项目和住房选择券计划的退出管理:第一,PHAs 需要确保租约的签订和遵守,如果业主没有按照租约履行相关义务,PHAs 有权终止支付住房补贴。第二,PHAs 每年会对公共住房承租家庭或住房选择券的持有家庭的收入和构成情况进行重新审核,以确保租户是否有资格继续使用公共住房或者享受租房补贴。第三,PHAs 可以拥有、经营和辅助混合财政项目的开发,以及设计住房所有权项目以便于将公共住房出售给承租人。

(三)公共住房的退出对象

1. 传统公共住房的退出对象

美国公共住房的保障对象是低收入家庭,申请人的家庭收入必须低于政府设立的收入上限标准才能获得入住公共住房的资格。美国《1937 年住房法》规定:申请人家庭净收入不得超过房租的 5 倍(大家庭除外)。[1] 如果公共住房租户的收入超过上限标准,就必须搬离公共住房。[2] 随着时间的推移,公共住房的居民变得越来越贫困,贫困集中现象日益严重。为了促进不同收入群体的融合,改善公共住房的居住环境,美国政府从 1959 年开始调整了公共住房的退出政策。《1959 年住房法》取消了公共住房申请人家庭净收入不得

---

[1] Friedman, L. M., "Public Housing and the Poor: An Overview", *California Law Review*, Vol. 54, No.2(1966), pp.642-669.

[2] Blumenthal, S. H., "Housing the Poor under the Section 8 New Construction Program", *Journal of Urban and Contemporary Law*, Vol.15, No.1(1978), pp.281-307.

超过房租的 5 倍的限制,并允许地方政府根据当地情况制定公共住房承租人的退出收入标准。《1961 年住房法》则进一步规定:如果收入超过上限的公共住房租户无法在住房市场获得合适的住房,可以不对其进行驱逐。[①]《美国法典》(1970 年版)第 42 卷第 1410 条也规定:如果地方住房管理局认为该公共住房租户无力承担私人出租住房租金则不应将其驱逐。[②]

目前,按照 HUD 的规定,公共住房的配租对象的家庭收入不得超过当地家庭收入中位数的80%。[③] 原则上,只要租户符合"低收入"群体的标准,即家庭收入未超过当地家庭收入中位数的80%,并且遵守公共住房租约的相关条例,便可以一直居住在公共住房内并享受政府补贴。PHAs 每年将对这些家庭的家庭构成、家庭年收入、按规定调整后的收入、家庭资产等情况进行重新审核,当租户不再符合"低收入"群体的标准时,PHAs 有权决定是否强制其搬离公共住房。[④]

1996 年,美国总统克林顿宣布:"犯罪团伙成员和贩毒者破坏了善良租户的生活。从今往后,只要违规一次就将其驱逐(One Strike and You're Out)。"[⑤]因此,如果公共住房租户出现了违规情况,PHAs 也将会终止与其的租约协议,停止住房补贴并令其退出公共住房。目前,这些可能被驱逐的行为包括:未能按时缴纳房租;未能遵守租约对入住家庭相关义务的规定;入住后经核实并无被补助资格;申请补贴的材料和收入证明存在造假;不能接受

① Schill M.H., "Distressed Public Housing: Where Do We Go from Here?", *University of Chicago Law Review*, Vol.60, No.2(1993), pp.497-554.

② Friedman, L.M., "Public Housing and the Poor: An Overview", *California Law Review*, Vol. 54, No.2(1966), pp.642-669.

③ 参见美国住房与城市发展部网站(http://www.huduser.org/portal/datasets/il/il14/index_il2014.html)。

④ U.S.Department of Housing and Urban Development, Office of Public and Indian Housing, Office of Public Housing and Voucher Programs, Public Housing Management and Occupancy Division, *Public Housing Occupancy Guidebook*(*CHAPTER*4), 2003, https://portal.hud.gov/hudportal/HUD?src=/program_offices/public_indian_housing/programs/ph/rhiip/phguidebook.

⑤ Hellegers, A.P., "Reforming Hud's One-Strike Public Housing Evictions through Tenant Participation", *Journal of Criminal Law & Criminology*, Vol.90, No.1(1999), p.323.

PHAs 对现有租约的修订;利用公共住房进行毒品制造等犯罪违法行为;威胁到其他住户的安全与健康等。[①]

2. 住房选择券计划的退出对象

对于参加住房选择券计划的家庭而言,当承租家庭调整后收入的 30% (最初是 25%,后来提高到 30%)超过了 PHAs 规定的月租金支付标准或所租住房的月租金时,PHAs 同样会停止向其发放租金补贴。[②] 此外,和传统公共住房的退出政策相类似,当承租家庭出现下述违规情况时,PHAs 也将停止向其发放租金补贴:承租家庭未能尽到住房选择券计划规定的义务或责任;承租家庭违反了相关的租赁协议;承租家庭成员对住房选择券计划的实施存在欺诈、贿赂等行为;承租家庭对过去的住房选择券计划或公共住房项目存在欠款行为;承租家庭将其通过补助所租赁的房屋空置超出规定期限;承租家庭成员在过去 5 年内曾被强迫退出住房保障计划;承租家庭对 PHAs 工作人员存在暴力行为。[③]

(四)公共住房的退出方式

1. 传统公共住房的退出方式

美国传统公共住房的退出主要有强制退出、收取市场化租金和对租户出售公共住房等三种方式。

[①] U.S.Department of Housing and Urban Development, Office of Public and Indian Housing, Office of Public Housing and Voucher Programs, Public Housing Management and Occupancy Division, *Public Housing Occupancy Guidebook* (*CHAPTER*5), 2003, https://portal.hud.gov/hudportal/HUD? src=/program_offices/public_indian_housing/programs/ph/rhiip/phguidebook.

[②] U.S.Department of Housing and Urban Development, Office of Public and Indian Housing, Office of Public Housing and Voucher Programs, Public Housing Management and Occupancy Division, *Public Housing Occupancy Guidebook* (*CHAPTER*11), 2003, https://portal.hud.gov/hudportal/HUD? src=/program_offices/public_indian_housing/programs/hcv/forms/guidebook.

[③] U.S.Department of Housing and Urban Development, Office of Public and Indian Housing, Office of Public Housing and Voucher Programs, Public Housing Management and Occupancy Division, *Public Housing Occupancy Guidebook* (*CHAPTER*15), 2003, https://portal.hud.gov/hudportal/HUD? src=/program_offices/public_indian_housing/programs/hcv/forms/guidebook.

（1）收回住房

如前所述，在美国公共住房发展的早期，考虑到分配的公平性问题，凡是收入超过了规定入住公共住房收入上限的家庭都会被驱逐出公共住房。但是，自1959年以后，美国政府逐渐改变了这一做法。PHAs有权决定是否驱逐那些收入超过规定入住公共住房收入上限的家庭，这使得PHAs在实际操作中拥有很大的自由裁量权。在现实中，由于家庭收入超过规定的收入上限而被强制退出的情况并不多见。

但是，依据"违规一次即驱逐政策"，如果公共住房租户出现了上文中提及的违规情况，即使其家庭收入水平没有超过公共住房的收入上限标准，也会被PHAs驱逐出公共住房。1999年，一位老年妇女由于自己的儿子被指控藏有毒品而被美国旧金山住房管理局强制退出公共住房，而事实上，她儿子并非与她共同居住于该公共住房之中，而且藏毒事件也非发生在探望她的过程中。① 可见，这项政策非常严厉，甚至与犯罪分子有关的公共住房租户也将受到驱逐。在强制租户退出公共住房的情形下，PHAs必须在承租人出现违规情况后出具书面的租约终止通知，其中，因未支付租金导致的违规应在14天内出具通知；因利用公共住房进行毒品制造等犯罪违法行为以及威胁到其他住户的安全与健康等造成的违规应在30天内出具通知。承租人在收到租约终止通知后，若接受终止协议，则自动从公共住房中退出；若不接受终止协议，其有权申请听证会进行申诉和情况复核，在此期间PHAs不得强制执行承租人的搬离程序；若申诉无效且承租人仍拒绝退出公共住房，则PHAs可通过法院诉讼或其他行政手段对承租人执行强制驱赶。②

①　Hellegers,A.P.,"Reforming Hud's One-Strike Public Housing Evictions through Tenant Participation",*Journal of Criminal Law & Criminology*,Vol.90,No.1(1999),p.323.

②　U.S.Department of Housing and Urban Development,Office of Public and Indian Housing,Office of Public Housing and Voucher Programs,Public Housing Management and Occupancy Division,*Public Housing Occupancy Guidebook*(*CHAPTER*5),2003,https://portal.hud.gov/hudportal/HUD?src=/program_offices/public_indian_housing/programs/ph/rhiip/phguidebook.

（2）收取市场租金

1959 年以后，PHAs 可以自主决定是否驱逐那些收入超过规定入住公共住房收入上限的家庭。1974 年国会通过了旨在避免地理上的贫困集中的《住房和社区发展法案》（*Housing and Community Development Act*），该法案要求地方公共住房管理局确定租户选择标准，防止将公共住房仅出租给最贫穷的人，从而确保在公共住房中居住的家庭收入呈现多样化特征，并取消了公共住房租户收入上限和驱逐过高收入租户的规定。为减少贫困集中和促进收入混合，1998 年美国政府颁布了《质量住房和工作责任法案》（*Quality of Housing and Work Responsibility Act*），该法案明确规定公共住房租户不能有超过 40% 的家庭收入低于地区平均收入 30%。因此，一般而言，当公共住房租户收入超过了"低收入者"的标准后，PHAs 并不会立刻要求租户搬离公共住房，而是允许其继续居住一段时间。当租户的收入连续两年超过当地家庭收入中位数的120% 时，PHAs 才会决定是否强制其退出公共住房，若 PHAs 认为该家庭可以继续居住在公共住房内，则将向该家庭征收该公共住房的市场租金或者政府维护费。①

（3）出售公共住房

自 1965 年起，美国政府就开始向公共住房租户出售公共住房。特别是20 世纪 80 年代中期以来，一方面，受到英国社会住房私有化改革的影响，另一方面，也是为了有效缓解公共住房建设和维护带来的巨大的公共财政压力，美国政府越来越重视公共住房的私有化问题。美国政府采取两种途径出售公共住房：一是通过发展租户管理公司（Tenant Management Corporation）最终向租户出售公共住房；二是直接向租户出售政府所有的公共住房。但是，美国由政府供应的传统意义上的公共住房数量较少，租住公共住房的租户仅占美国

---

① PHAs 需要比较该公共住房的市场租金和政府维护费（government's cost）的高低，并按照两者中较大的费用执行。参见 U.S.Government, *H.R.3700-Housing Opportunity Through Modernization Act of 2016*, 2016, https://congress.gov/bill/114th-congress/house-bill/3700.

居民的 1.5% 左右①,因此,美国公共住房的租户大多属于收入水平很低的永久贫困群体,这也导致了长期以来美国出售公共住房的计划并不成功,出售的公共住房数量很少。

1985 年,HUD 启动了一个为期五年的公共住房试点项目,该项目选择了 17 个地方房屋委员会,计划由他们在 36 个月内出售 1315 套公共住房。HUD 规定出售的公共住房必须满足以下条件:第一,计划出售的公共住宅必须功能完好;第二,不能驱赶无能力或不愿意购买该公共住房的租户;第三,当地房屋管理部门必须向准备购买公共住房的租户提供咨询和培训;第四,为了防止套利,购买公共住房的业主在 5 年内不能将其出售。但是,最终只有 699 套公共住房被售出,远低于最初的计划。②

同时,为了避免购房人通过出售公共住房来获得额外收益,HUD 设置了严格的收益追索机制:当购买人在 5 年内出售其购买的公共住房时,PHAs 有权追索部分甚至全部其在购房时获得的补助和贷款优惠金额以及房屋的增值收益;当购买人在购买 5 年后出售公共住房时,PHAs 有权追索部分甚至全部其在购房时获得的补助和贷款优惠金额,但无权分享因房屋增值带来的收益。③

2. 住房选择券计划的退出方式

对于参加住房选择券计划的家庭而言,退出方式只有一种——停止补贴。在美国,当承租家庭调整后收入的30%超过了 PHAs 规定的月租金支付标准或所租住房的月租金时,PHAs 会停止向其发放租金补贴。此时,PHAs 必须向承租家庭以及房屋出租人出具书面的援助终止通知,同时说明终止的原因、

---

① Silver,H.,McDonald,J.,Ortiz,R.J.,"Selling Public Housing:the Methods and Motivations", *Journal of Housing*,No.11(1985),pp.213-221.

② Rohe,W.M.,Stegman,M.Λ.,*Public Home-ownership Demonstration Assessment*,Washington,D.C.:HUD,1990.

③ 参见美国住房和城市发展部网站(https://portal.hud.gov/hudportal/HUD? src=/program _offices/public_indian_housing/centers/sac/homeownership/#er)。

终止援助的日期以及承租家庭是否有权要求进行听证会。承租人同意后，PHAs 将按规定日期终止房租补贴的发放，同时原租赁协议终止。但此时房屋出租人仍然有权利向承租人提供一份没有租金补贴的租赁协议。[①]

此外，美国政府还规定：当承租家庭的收入情况超出了相应的补助标准后，PHAs 将停止对其的住房援助计划，但在租金补贴停止发放之日起的 180 天内，原租赁协议仍然是有效的，承租人仍然享有租赁协议规定的权利。此外，在租赁期限内，当承租家庭的收入或构成情况再次达到了发放补贴的标准，PHAs 将恢复对其发放住房补贴。[②]

(五)公共住房退出的激励机制

1. 租金累进

在美国，公共住房的租金与租户的收入水平相挂钩。从实际情况来看，美国大多数公共住房租户支付的租金是每月调整后收入（在进行各项扣除之后的收入）[③]的 30%。[④] 当每月需要交纳的公共住房租金达到甚至超过了市场租金时，公共住房租户会自动考虑退出公共住房。

2. 住房补贴累退

按照 HUD 的规定，住房选择券的持有者必须至少支付调整后的家庭月收

---

① U.S.Department of Housing and Urban Development, Office of Public and Indian Housing, Office of Public Housing and Voucher Programs, Public Housing Management and Occupancy Division, *Public Housing Occupancy Guidebook* (*CHAPTER*15) , 2003, https://portal. hud. gov/hudportal/HUD? src =/program_offices/public_indian_housing/programs/hcv/forms/guidebook.

② U.S.Department of Housing and Urban Development, Office of Public and Indian Housing, Office of Public Housing and Voucher Programs, Public Housing Management and Occupancy Division, *Public Housing Occupancy Guidebook* (*CHAPTER*11) , 2003, https://portal. hud. gov/hudportal/HUD? src =/program_offices/public_indian_housing/programs/hcv/forms/guidebook.

③ 调整后收入包括所有家庭成员(承租人、配偶和 18 岁或超过 18 岁的家庭成员)的所有预期收入之和。其中，扣除项目包括：第一，每个受抚养人可以扣除 480 美元；第二，每个老年人家庭或者残疾人家庭可以扣除 400 美元；第三，老年人家庭或者残疾人家庭可以扣除部分医疗费用。

④ McNelis, S., *Rental Systems in Australia and Overseas Final Report*, Melbourne：Australian Housing and Urban Research Institute, 2006, p.53.

入的30%作为租赁住房的支出,因此,住房选择券的持有者所获得的住房补
贴是房租与调整后的家庭月收入的30%之间的差额。当然,如果住房选择券
的持有者所选住宅的租金大于当地PHA所确定的支付标准,该家庭需要自行
承担租金和支付标准之间的差额部分。① 这就意味着收入水平越高的家庭的
获得的住房福利越少,从而促使其退出公共住房援助。

3. 对中低收入家庭购置房产提供优惠政策

为了帮助公共住房承租家庭从租赁者到住房所有者转变,进而退出公共
住房援助计划,PHAs可以将公共住房的全部或部分产权优先出售给租户,同
时向他们提供首付及购房相关费用的补助、次级抵押贷款以及较优惠的贷款
利率,当租户发现买房比交纳房租获益更多时,他们会主动考虑退租。但是,
购买公共住房的租户必须满足以下条件:第一,家庭收入未超过当地家庭收入
中位数的80%;第二,平均每月的按揭贷款本息、房产税、保险、水电费、维修
费、物业费等费用之和未超过家庭调整后收入的35%与家庭购房所收补贴的
总和;第三,购买的公共住房必须是该家庭的主要住所;第四,家庭有能力支付
至少1%的首付款以及HUD设立的其他限制,如提供固定收入证明,无犯罪
前科等。② 20世纪80年代中期,北卡罗来纳州的阿什维尔市(Asheville)住房
管理局用120万美元的财政资金修缮了其名下的50套公共住宅以便将其出
售给租户。每套公共住宅的售价在4.8万美元到5.7万美元之间(大约为住
房市场价格的50%)。为购买这些公共住宅,租户只需要首付900美元,此后
每月支付300美元即可。③

4. 其他激励措施

特别值得注意的是,为了帮助参与住房选择券计划的家庭提高收入进而

---

① 参见胡晶晶:《美国公共住房配租政策及其对中国的启示》,《中国房地产》2015年第18
期,第10—18页。

② 参见美国住房和城市发展部网站(https://portal.hud.gov/hudportal/HUD? src =/program
_offices/public_indian_housing/centers/sac/homeownership/#er)。

③ Autry,C.J.,"'HOPE' for Home Ownership",*Journal of Housing*,No.9(1994),pp.36-38.

早日退出住房援助,美国 HUD 还推出了一项"家庭自给自足计划"(Family Self-Sufficiency Program)。该计划通过对失业或低收入家庭的成员进行教育、专业培训、就业安排以及职业发展规划,以达到家庭收入增加和经济独立的目标。当家庭成员找到了第一份工作或收入更高的工作、取得高等教育学位、不再需要接受政府住房补贴时,意味着"家庭自给自足计划"的成功。此时家庭收入提高,政府的租金补贴随之减少,家庭实际支付的房租有所提高,但 HUD 会将承租家庭原来的租金补贴与收入增加后租金补贴的差额存入到"家庭自给自足计划"为其设立的托管账户中。比如,某家庭的住房月租为 500 美元,其中政府补贴 400 美元,家庭支付 100 美元。当家庭参与"自给自足计划"后,其收入水平增加,按补贴标准核算,政府补贴降至 200 美元,家庭实际支付 300 美元。那么政府补贴在收入增加前后的差额为 200 美元,这 200 美元将存入托管账户中。当家庭收入超过了规定标准并且不再接受租金补贴后,承租家庭则可以将托管账户中的资金提取出来供自己使用。"家庭自给自足计划"不仅可以帮助受补助的家庭增加收入来源,早日实现经济独立,同时通过设立补贴资金账户的方式激励家庭从住房选择券计划中退出。①

(六)公共住房退出的监督管理与惩罚机制

1. 监督管理

为了防止家庭通过欺骗、谎报收入等手段获取政府补贴并且继续租住在公共住房内,HUD 采取了多种渠道与手段来核实家庭的实际情况,包括信用局档案查询和信用核查,对家庭成员的雇主及前雇主取证调查,对家庭住处周边邻居街坊调查,查询与家庭相关的公共信息记录以及实地走访调查等。

① U.S.Department of Housing and Urban Development,Office of Public and Indian Housing,Office of Public Housing and Voucher Programs,Public Housing Management and Occupancy Division, *Public Housing Occupancy Guidebook* (*CHAPTER* 23) , 2003, https://portal. hud. gov/hudportal/HUD? src = /program_offices/public_indian_housing/programs/hcv/forms/guidebook.

HUD 同样也对住房选择券计划的运行采取了严格的监督机制,并通过以下手段来确保 PHAs、受补助家庭以及房屋出租方不会出现错误、遗漏甚至是欺骗的情况:第一,PHA 员工进行日常核查;第二,HUD 信息数据库对收入情况进行核查;第三,建立质量控制机制;第四,对工作职员采取充分的培训;第五,建立严格的工作规章制度;第六,加强 PHAs 与受补助家庭以及房屋出租方的沟通;第七,对家庭过去的情况进行充分审查;第八,对家庭的风险情况进行识别与评估;第九,加强媒体与公众对 PHAs 工作的监督;第十,实行 PHA 工作人员轮转制度;第十一,设计详细的临时审查报告。[①]

2. 惩罚机制

当公共住房的承租家庭被发现存在欺瞒收入享受多余补贴或在公共住房内应退不退的情况时,HUD 将停止租约和援助计划,并向承租人索赔其获得的超额补贴,在特殊情况下可通过民事诉讼手段索取赔偿。若承租家庭在 30 天内归还全部欠款并且仍然符合居住在公共住房内的资格时,HUD 将酌情恢复对承租家庭的援助计划。

当享受住房补助的家庭因纰漏、欺骗等行为获得了高于正常水平的租金补贴,PHAs 有权向其索赔整个补贴期间内超出正常水平的补贴部分,并在必要时停止对该家庭的住房援助。[②]

据 HUD 统计,2015 年,美国超过了公共住房入住条件的公共住房租户大约有 25000 户,其中有 1373 户家庭收入超过了 50000 美元。这也引发了美国

[①]　U.S.Department of Housing and Urban Development, Office of Public and Indian Housing, Office of Public Housing and Voucher Programs, Public Housing Management and Occupancy Division, *Public Housing Occupancy Guidebook* (*CHAPTER*22) , 2003, https://portal. hud. gov/hudportal/HUD? src＝/program_offices/public_indian_housing/programs/hcv/forms/guidebook.

[②]　U.S.Department of Housing and Urban Development, Office of Public and Indian Housing, Office of Public Housing and Voucher Programs, Public Housing Management and Occupancy Division, *Public Housing Occupancy Guidebook* (*CHAPTER*22) , 2003, https://portal. hud. gov/hudportal/HUD? src＝/program_offices/public_indian_housing/programs/hcv/forms/guidebook.

社会各界的广泛关注。① 由于在美国还存在大量贫困家庭在轮候公共住房的援助,2016 年美国 HUD 又发布了《关于加强收入超标公共住房租户监督的政策建议》②,以此加强对公共住房退出的管理。

二、 英国社会住房的退出政策

(一)社会住房情况简介

20 世纪 70 年代以前,英国的保障性住房被统称为"社会住房(Social Housing)",是所有通过某类补贴降低成本,从而使租金或价格保持在低收入群体可支付能力范围之内的住房的统称。③ 英国的社会住房分为两种:地方政府建造的公共住房(Council Housing)和社会机构建造的注册社会住房业主住房(Registered Social Landlords Housing)④。虽然英国的社会住房经历了 20 世纪 80 年代以来大规模的私有化过程,但是,相对于美国而言,英国社会住房的存量还是较多的。截至 2010 年,仍然大约有 17% 的英国家庭住在社会住房当中。大约 55% 的社会住房为地方政府所有,45% 的社会住房为住房协会所有。⑤

自 2006 年以来,英国社区与地方政府事务部(Department for Communities and Local Government)在官方文件中开始越来越多地使用"可支付住房"(Af-

---

① Howard, M., "Subsidized Housing Policy: Defining the Family", *Berkeley Journal of Gender Law & Justice*, Vol.22, No.1(2007), pp.97-134.

② U.S.Department of Housing and Urban Development, *Strengthening Oversight of Over-Income Tenancy in Public Housing*; Advance Notice of Proposed Rulemaking, 2016, https://www.federalregister.gov/documents/2016/02/03/2016-01921/strengthening-oversight-of-over-income-tenancy-in-public-housing-advance-notice-of-proposed.

③ Gallent, N., Hall, P., "The Production of Affordable Housing in the UK", *Kyushu Journal of Medical Science*, Vol.15, No.15(1964), pp.11-20.

④ 社会机构建造的注册社会住房业主住房也被称为住房协会住房(Housing Association Housing)。

⑤ Cowan, D., Morgan, K., "Trust, Distrust and Betrayal: A Social Housing Case Study", *The Modern Law Review*, Vol.72, No.12(2009), pp.157-181.

fordable Housing)来代替"社会住房",因此,"可支付住房"也逐渐成为更加官方和常用的概念。顾名思义,"可支付住房"的售价或租金水平必须使得符合保障资格的家庭能够负担得起。2012 年 3 月发布的《英国国家规划政策框架》①将"可支付住房"定义为"为住房需求在市场上得不到满足且符合保障资格的家庭提供的住房",包括社会租金住房(Social Rented Housing)、可负担租金住房(Affordable Rented Housing)和中级保障性住房(Intermediate Housing)这三种类型。

第一,社会租金住房。它主要是指由地方政府和住房协会为符合承租资格的家庭提供的租金标准符合国家租金确定与调整机制的住房。该类住房以保障最低收入者租住为主。社会租金住房一度是英国可支付住房的主要形式,但从 2012 年开始迅速减少,2013—2014 年英国新增的社会租金住房仅有10840 套,仅占全部新增可支付住房的 25.4%。②

第二,可负担租金住房。它是英国政府自 2011 年起新设立的一种社会住房供应方式,主要是指地方政府和住房协会为符合承租资格的家庭提供的租金受到政府管制的住房,其租金不得超过当地市场租金的 80%(包括各类服务性收费)。目前,可负担租金住房已经成为英国可支付住房主要的形式之一,2013—2014 年新增的可负担租金住房已达到 19740 套,占全部新增可支付住房的 46.2%。③

第三,中级保障性住房。它是介于社会租金住房与市场化住房之间的一种住房,包括中级租赁住房(Intermediate Rent Housing)和可支付自有住房

---

① UK Department for Communities and Local Government, *National Planning Policy Framework*, 2012 - 3 - 27, https://www. gov. uk/government/uploads/system/uploads/attachment _ data/file/6077/2116950. pdf.

② UK Department for Communities and Local Government,*Affordable Housing Supply*:*April* 2013 *to March* 2014 *England*,2014,http://www.gov.uk/government/collections/affordable-housing-supply.

③ UK Department for Communities and Local Government,*Affordable Housing Supply*:*April* 2013 *to March* 2014 *England*,2014,http://www.gov.uk/government/collections/affordable-housing-supply.

（Affordable home ownership）两种类型。其中，可支付自有住房又可细分为股权共享住房（Shared Equity Housing）和共有产权住房（Shared Ownership Housing）两类。2004年以来，中级保障性住房在可支付住房中的比重逐步下降，2013—2014年，新增中级保障性住房仅占当年新增可支付住房的28.4%。[①]

可见，目前英国的社会住房体系与我国相似，也可以分为租赁型社会住房和产权型社会住房两大类。其中，租赁型社会住房包括社会租金住房、可负担租金住房和中级租赁住房；产权型社会住房则是指可支付自有住房（股权共享住房和共有产权住房）。本书将分别介绍英国政府关于这两类社会住房的退出政策。

（二）社会住房退出的管理主体

在英国，社会住房管理是整个国家公共服务管理的一个组成部分。在社会住房管理网络中，主要包括社会住房供给机构、金融机构、租户、监管机构、审计机构以及住房协会等。而对社会住房申请、分配、退出等具体事宜的管理，则由各地政府的住房管理部门和住房协会（House Association）进行管理。住房协会又受到住房和社区局（Homes and Communities Agency）与出租服务监管局（Tenant Services Authority）两大部门的资助和监管。地方政府的住房管理部门和住房协会严格按照申请人对住房需求的紧迫程度来分配社会住房。

在退出管理方面，首先，住房管理部门和住房协会为了避免承租人对社会住房存在欺诈行为，会不定期对租户的基本情况进行核查。其次，当社会住房租约到期后，住房管理部门和住房协会会对租户的申请条件再次进行严格审核，根据实际情况实行退出管理。

[①] UK Department for Communities and Local Government, *Affordable Housing Supply : April* 2013 *to March* 2014 *England*, 2014, http://www.gov.uk/government/collections/affordable-housing-supply.

(三)社会住房的退出对象

根据英国社区与地方政府事务部 2013—2014 年度的调查数据,目前社会住房租户在社会住房内租住的平均时间为 11.5 年,其中,年龄在 70 岁以上的退休人员平均而言租住社会住房的时间为 20 年,40 岁以下的失业人员租住社会住房的平均年限则小于 4 年。[1] 在一些情况下,租户必须退出社会住房:

第一,租户存在对社会住房的欺诈行为。英国政府将以下三种行为界定为对社会住房的"欺诈行为":申请社会住房时存在谎报瞒报的情况,如隐瞒在别处已有社会住房、拥有其他自有房产或谎称有小孩以使排名靠前;非法转租社会住房,收取较高房租并据为己有;在原合法租户去世后非法占有社会住房。如果存在以上情况,社会住房将被收回。英国甚至在 2012 年召开相关听证会,随后启动立法程序,将社会住房转租定为违法犯罪行为。[2]

第二,租户存在违反社会住房租约相关条例的行为。若承租家庭存在严重的违法或者反社会行为,如毒品交易和家庭暴力等,其将被住房协会勒令退出社会住房。同时拖欠租金的租户也将因违反租约条例而遭到驱逐。

第三,租户由于收入水平提高而不再具备承租社会住房的资格。若社会住房的租户由于收入水平提高而不再具备承租资格时,地方政府有权根据市场价格提高租金,如果他们拒绝支付就可能被逐出社会住房。

(四)社会住房的退出方式

1. 租赁型社会住房的退出方式

在英国,根据租户需要退出的原因不同,租赁型社会住房的退出方式也存

---

① UK Department for Communities and Local Government, *English Housing Survey Households* 2013-14, 2015, https://www.gov.uk/government/statistics/english-housing-survey-2013-to-2014-household-report.

② 李文云:《英国将立法严惩公共租赁住房欺诈行为》,《人民日报》2012 年 1 月 3 日。

在很大区别,主要有强制退出、收取市场化租金和对租户出售社会住房等三种方式。

(1)收回住房

对于那些存在社会住房欺诈行为的租户,没有任何选择,必须立即退出社会住房。

对于那些存在违反社会住房租约相关条例行为的租户,住房协会通常会在一到两个月内出具书面通知要求其终止租约并离开社会住房,并根据情节的严重程度,采取不同的退出程序。若租户不愿意接受理事会的决定,理事会可向法院提出申请,由法院决定租户是否该离开社会住房。若租户在法院判定后仍不搬离社会住房,则住房协会可要求法警将租户的物品强制搬离其住所。若租户存在家庭暴力或毒品交易等行为,理事会可以立刻执行驱逐程序。在英国,拖欠租金的租户也可能被强制退出。但是,住房协会必须在向法院提出申请之前告知租户欠款的基本情况,若租户承诺偿还欠款,住房协会可以暂缓法庭的介入。[1]

对于那些由于收入水平提高而不再具备承租社会住房资格的租户,若其拒绝缴纳市场化租金,则会被逐出社会住房。

(2)收取市场化租金

当租户的收入水平提高而不再具备承租社会住房的资格时,地方政府将根据实际情况执行"付租居住"(Pay-to-Stay)政策,即对于收入水平超过低收入标准(该标准在伦敦为年收入40000英镑,在其他地区为年收入31000英镑)的租户,若其向地方政府或住房协会支付市场化租金(通常是市场租金水平的80%),则可以继续居住在原有社会住房当中。[2]

---

[1] 参见英国政府官方网站(https://www.gov.uk/council-housing-association-evictions; https://www.gov.uk/council-housing-association-evictions/written-notice)。

[2] 自2016年11月21日起,英国住房部宣布不再强制执行该政策,而是由各地方政府根据当地的实际情况自主实施。参见英国议会官方网站(http://researchbriefings.parliament.uk/ResearchBriefing/Summary/SN06804#fullreport)。

（3）出售社会住房

1979 年，英国保守党人撒切尔夫人上台执政。为了减少住房补贴和社会住房建设运营财政支出，英国政府对社会住房政策进行了重大调整，1980 年《住房法》提出了对社会住房的租户实行的"购买权"（Right to buy）制度。1985 年《住宅法》进一步规范和完善了"购买权"制度框架，包括"购买权"的获得条件、行使程序、社会住房价格的确定、基于"购买权"交易取得的住房在处置上的限制等等。此后，英国政府又出台了多部法律和立法文件对"购买权"制度进行了补充和修订。2004 年《住宅法》又进一步完善了"购买权"制度，尤其是在"购买权"的取得期间和折扣返还期间及额度等方面作了调整和修订。

关于"购买权"的获得条件，1980 年修订的《住房法》规定："凡居住 3 年以上的社会住房租户都有权购买所租住的社会住房。"[1]1984 年《住房和建筑控制法案》曾将有权购买社会住房租户的居住年限从 3 年降低为 2 年。[2] 目前，按照英国政府规定，租户购买其所居住的社会住房需要满足以下条件：该社会住房是其唯一或主要的居住场所；该社会住房是设备齐全的；租户未违反相关的租约条例；在社会住房中居住累计超过 3 年。[3]

社会住房的租户行使"购买权"需要经过以下四个程序：首先，如果租户认为自己满足购买条件则可以向社会住房的房东[4]以发送书面通知的形式提出行使"购买权"的要求；其次，社会住房的房东在收到租户要求行使"购买权"的书面通知之后的规定时间内以书面形式通知租户是否同意其行使"购买权"，并说明理由；再次，若社会住房的房东同意租户行使"购买权"，房东还

---

[1]　参见 UK Legislation, *Housing Act 1980*, 1980, http://www. legislation. gov. uk/ukpga/1980/51/pdfs/ukpga_19800051_en.pdf。

[2]　参见 UK Legislation, *Housing and Building Control Act 1984*, 1984, http://www.legislation. gov.uk/ukpga/1984/29/contents。

[3]　参见英国政府官方网站（https://www.gov.uk/right-to-buy-buying-your-council-home）。

[4]　英国社会住房的来源较多，房东既可能是地方政府，也可能是住房协会，还可能是 NHS（National Health Service）信托机构。

应当以书面的形式通知租户该住房的价格、租户可以享受的折扣、服务费、维修费等与"购买权"相关的其他信息;最后,租户在收到房东的书面通知之后规定的时间内以书面形式告知房东其是否继续要求行使"购买权",若没有告知房东的则视为撤回行使"购买权"的主张。[1]

　　确定社会住房的购买价格是租户行使"购买权"的主要环节。英国政府规定:满足条件的租户可以在住房市场价格的基础上享受优惠折扣。目前,伦敦最高可优惠 104900 英镑,其他地区最高可优惠 78600 英镑。[2] 租户有权享有的优惠折扣的大小取决于房屋的类型和租户之前在社会住房中居住的时间。对于独立屋而言,累计居住超过 3 年但未超过 5 年的,可以获得市场价格 35%的折扣;超过 5 年的,每超过 1 年可额外获得 1%的折扣,最多可达 70%。对公寓而言,累计居住超过 3 年但未超过 5 年的,可以获得市场价格 50%的折扣;超过 5 年的,每超过 1 年可额外获得 2%的折扣,最多可达 70%。总体而言,租户购买公寓比购买独立屋享受的优惠折扣更大;租户在该社会住房中居住的时间越长,能够享受的优惠折扣越大。当然,无论租户购买的是哪种类型的社会住房,所获得的优惠折扣金额都不能超过政府规定的最高优惠金额,否则以两者较小值计算。[3]

　　同时,为了防止租户在以优惠价格购买社会住房之后转卖的牟利行为,英国政府还规定:若租户在购买社会住房后的 5 年内出售住房,则需要偿还全部或部分其在购买时所获得优惠金额:第一年内出售需偿还全部优惠金额,第二年出售需偿还 80%的优惠金额,第三年出售需偿还 60%的优惠金额,第四年出售需偿还 40%的优惠金额,第五年出售需偿还 20%的优惠金额。[4]

---

[1]　参见 UK Legislation, *Housing Act 1985*, 1985, http://www. legislation. gov. uk/ukpga/1985/68/pdfs/ukpga_19850068_en.pdf。

[2]　每年 4 月英国政府都会对该最高额度进行调整。

[3]　参见英国政府官方网站(https://www.gov.uk/right－to－buy－buying－your－council－home/discounts)。

[4]　参见英国政府官方网站(https://www.gov.uk/right－to－buy－buying－your－council－home/selling－your－home)。

"购买权"制度极大地推动了社会住房的私有化和社会化改革。据统计,截至2005年底,英国通过"购买权"制度予以出售的社会住房大约有291.8万套。① 这一制度的实施不仅在一定程度上缓解了政府在社会住房上的财政压力,实现了社会住房建设资金的回笼,也在短时间内快速地提高了英国居民住房的自有率水平。

同时,这一制度也饱受争议。一方面,对于最贫困的家庭而言,尽管可以享受购房优惠折扣但仍然还是买不起社会住房,而那些收入相对较高的租户则会买走质量相对较好的社会住房,那么,最后留在社会住房体系内的都是经济状况最差的家庭和相对较差的社会住房。不少社会住房沦为贫民窟,既增加了政府管理难度,也不利于社会稳定。② 另一方面,社会住房的售价很低,也加剧了住房资源的分配不公问题。③ 因此,该政策实施过程中也受到部分地方政府和民众的抵制。

2. 产权型社会住房的退出方式

如前所述,英国的产权型社会住房被称为可支付自有住房,它将住房的所有权和使用权分离,使用者可以享有住房的使用权和部分产权,在使用过程中再逐步购买剩余的住房产权。随着可支付自有住房产权的逐步出售,使用者逐步取得住房的完全产权,则住房保障资源也可以顺利得到回流。可支付自有住房主要包括股权共享住房和共有产权住房两种形式。

股权共享住房是指买房人与政府和开发商(贷款发放者)共同购买、以出资额界定产权份额(买房人产权份额不得低于70%)的一种住房形式,买房人不需要向贷款发放者支付利息或者仅需支付较低的利息,但是,必须在出售该

---

① Sillars, R., "The Department of the Right to Buy and the Sale of Council Houses", *Economic Affairs*, Vol.27, No.1(2007), pp.52-57.

② Harloe, M., *The People's Homes? Social Rented Housing in Europe and America*, New Jersey: Wiley-Blackwell, 1995.

③ Grange, A.L., "Privatising Public Housing in Hong Kong: Its Impact on Equity", *Housing Studies*, Vol.13, No.4(1998), pp.507-525.

住房或者贷款到期时按照产权份额分配将住房增值的部分支付给贷款发放者。对于股权共享住房,买房人需要在购房后的第25年或出售其住房时(以两者较早发生的时间为准)按照房屋市场价值偿还贷款。举例说明,某居民通过股权共享的方式购买了一处价值为200000英镑的住宅,申请获得住房贷款20%,即贷款40000英镑。在其出售该住宅时(或贷款25年后),住宅的市场价值达到250000英镑,则其应偿还贷款50000英镑(250000×20% =50000)。此时,贷款发放人和购房者共享了住宅增值带来的收益(当然,也共同承担了住宅贬值的风险)。购房者在偿还贷款后拥有了房屋的完整产权,意味着其退出股权共享。①

共有产权住房是指购房申请者和提供贷款的住房协会共同持有住房产权的一种住房形式。无力一次性购买住房的居民,可先购买住房的部分产权②,住房协会则享有该住房的剩余产权,购房申请人需要按照住房协会拥有的产权份额交付房屋租金③。申请者一生只允许参加一次该计划。对于共有产权住房,待购房者经济能力提高后,可以按照市场价值逐步购买房屋的剩余产权,直至其拥有整个房屋的完整产权。购房人也可以选择出售其享有的产权部分来退出共有产权住房,此时住房协会可以优先购买或者优先寻找合适的买家。当住户拥有房屋的完整产权时,其销售房屋的行为不再受到住房协会的限制。④

这些政策都极大的推动了英国住房的自有化水平。有数据显示,2011年英国的市场住房自有率已经达到70.7%。⑤

---

① 参见英国政府官方网站(https://www.gov.uk/affordable-home-ownership-schemes/help-to-buy-equity-loan)。

② 根据出资额的大小享有房屋25%—75%的产权。

③ 房屋租金最多是产权价值的3%。

④ 参见英国政府官方网站(https://www.gov.uk/affordable-home-ownership-schemes/shared-ownership-scheme)。

⑤ 徐菊芬等:《英德公共租赁住房供给模式及其特征对比》,《中国房地产》2016年第24期,第65—70页。

（五）社会住房退出的激励机制

1. 租赁型社会住房退出的激励机制

（1）租金累进

如前所述,在英国,当租户的收入水平提高而不再具备承租社会住房的资格时,地方政府不会强制其搬离社会住房,但必须支付市场化的租金。当然,租户所需支付的租金并非立刻大幅提高,而是在一段时间内逐步调整到位——租户家庭周收入每超过低收入门槛 1 英镑,则其周租金每周增加 15 便士,直至调整至 80%的市场租金水平。[①]

（2）住房补贴累退

在英国,社会住房租户可以获得住房福利补助。净收入低于某一标准[②]的租户将获得住房福利补助,其额度相当于其住房的租金,即住房福利满足其全部住房费用;而净收入高于这一标准的租户得到的住房福利补助则随收入的增加而减少,每增加 1 英镑收入减少 65 便士的补助。

（3）对中低收入家庭购置房产提供优惠政策

当社会住房的租户行使"购买权"时,不仅可以享受优惠折扣,还可以享受地方政府的低利率的抵押贷款以及对住房抵押贷款实行的免税政策。此外,某些地方政府还通过实行现金激励计划(Cash Incentive Scheme)来支持租户在市场上购买住房,即直接给社会住房的租户在私人住房市场购买住房发放现金作为奖励,现金奖励的额度一般由该租户租住社会住房的时间长短决定。[③]

---

① 自 2016 年 11 月 21 日起,英国住房部宣布不再强制执行该政策,而是由各地方政府根据当地的实际情况自主实施。参见英国议会官方网站(http://researchbriefings.parliament.uk/ResearchBriefing/Summary/SN06804#fullreport)。

② 该标准依据家庭大小和类型确定,其比例通常与收入补助及求职者津贴相同。

③ 参见英国政府网站(http://webarchive.nationalarchives.gov.uk/20100709095229/http://www.communities.gov.uk/housing/buyingselling/ownershipschemes/cashincentivescheme/)。

同时,英国专业的金融机构(如住房贷款银行)也会对居民购买住房提供各种金融支持,包括:对居民购买住房提供住房抵押贷款、信用贷款、不动产担保贷款等。

(4)其他激励措施

在英国,为了鼓励租户退出社会住房,政府会为将要退出的家庭推荐一个房地产代理机构,帮助其获得一个市场价格的租赁住房。

2. 产权型社会住房退出的激励机制

对于股权共享住房,买房人有权在贷款期间的任意时刻提前偿还贷款,还款的最小单位为房屋市场价值的10%。举例说明,某购房者通过股权共享的方式购得一处价值200000英镑的房屋,贷款20%,即贷款40000英镑。贷款期间内购房人进行提前还贷,偿还贷款的10%,此时房屋价值为220000英镑,则购房人需要偿还22000英镑(220000×10%=22000)。下次还贷时,购房人则需要再偿还当时房屋价值的10%。由于房地产价值的不确定性,这种提前还贷机制对购房人退出股权共享的激励方向也是不确定的。当房地产市场处于上涨趋势时,购房人预计房屋价值还会上升,因此倾向于提前还贷,此时为正向激励作用;当房地产市场处于下跌趋势时,购房人预计房屋价值将下降,因此倾向于推迟还贷,此时为负向激励作用。①

对于共有产权住房,购房人可按市场价格购买剩余产权或出售其所拥有的产权,因此房屋价值的不确定性同样会带来退出激励机制的不确定性。当房价处于上升趋势时,购房人会加快对剩余产权的购买,或者推迟出售其拥有的产权。当房价处于下跌趋势时,购房人会推迟对剩余产权的购买,或者尽快出售其拥有的产权。②

---

① 参见英国政府官方网站(https://www.gov.uk/affordable-home-ownership-schemes/help-to-buy-equity-loan)。

② 参见英国政府官方网站(https://www.gov.uk/affordable-home-ownership-schemes/shared-ownership-scheme)。

（六）社会住房退出的监督与惩罚机制

1. 监督机制

为了避免承租人对社会住房存在欺诈行为,住房管理部门将不定期对租户的基本情况进行核查,核查内容主要包括:通过各种信息渠道核实租户的住房记录;核实租户的护照及租赁协议,以确定其是否为社会住房的真正承租人。在租约期限内,住房管理部门不需要提前通知承租人,可随时进行上述检查。对于欺诈行为情节严重的承租人,住房管理部门将依法提起民事诉讼或刑事诉讼。[①]

2. 惩罚机制

按照政府规定,当承租人存在对社会住房的欺诈行为时,住房协会将立刻终止与租户的租约,要求其退出社会住房,同时剥夺租户在未来申请社会住房的权利。而欺诈行为较为严重的租户,还将根据实际情况受到罚款、坐牢等处罚。英国2013年出台的《反社会住房欺诈法》明确规定:"如果非法转租社会住房,则会被处以不超过第五等级的罚款。如果是因为谎报瞒报获得社会住房,经循简易程序定罪,会被处不超过6个月的监禁或者不超过法定最大值的罚款(或者两者并罚);在公诉程序下,则会被处不超过2年的监禁或者相应的罚款(或者两者并罚)。"[②]

三、　荷兰社会住房的退出政策

（一）社会住房情况简介

在荷兰,社会住房是指由住房协会或公立住房公司面向中低收入家庭提

[①]　参见英国政府官方网站(https://www.gov.uk/council-housing/council-housing-fraud)。

[②]　参见 UK Legislation,*Prevention of Social Housing Fraud Act 2013*,2013,http://www.legisla-tion.gov.uk/ukpga/2013/3/contents。

供的、政府对其租金上限进行控制的低租金住房。虽然荷兰是世界上人口密度最大的国家之一,但由于其社会住房数量多且质量高,同时也被视为世界上居民住房问题解决得最好的国家之一。

早在 19 世纪下半期,荷兰就出现了由民营机构或公司建立的住房协会(Housing Associations),其主要目的是为了改善产业工人的住房状况。1901年,荷兰颁布了第一部《住房法》,该法案提出为低收入者提供价格适当的住房是政府的责任,并认可了在社会住房供应上住房协会的合法地位。此后,住房协会作为只开发社会住房并接受国家监督的非营利组织得到了快速发展。

20 世纪 50 年代到 20 世纪 80 年代是荷兰社会住房发展的全盛时期。第二次世界大战结束之后,荷兰住房短缺问题非常严重,荷兰政府对社会住房建设提供了巨额补贴与贷款,并在 1962 年修订了《住房法》,进一步确认住房协会在社会住房建设项目中的优先发展权,此后,荷兰住房协会的规模持续扩大、持有的社会住房数量不断增加,从 1947 年占全国住房总量的比重的 12% 上升到 1990 年的 41%。① 在社会住房准入方面准入门槛也很低,大量的中等收入家庭也居住在社会住房中。

虽然社会住房供应的快速增加有效缓解了荷兰的住房短缺问题,但却给政府带来了巨大的财政压力。自 20 世纪 80 年代起,荷兰政府开始广泛实施住房市场化政策,鼓励住房自有化,放松或取消租金管制,也不再大规模兴建社会住房。2004 年,荷兰政府宣布加快住房市场化改革进程,一方面逐步降低社会住房占全国住房总量的比重,另一方面进一步放松了对市场租金的管制,对新建社会住房实行高租金,提高存量社会住房的租金水平。这些改革措施使社会住房比重有所下降,但荷兰仍是欧洲社会住宅比重最高的国家。2011 年,荷兰拥有社会住宅约 230 万套,占全国住宅总量的比重达到 32%,占

---

① Kcmpen, R. Van, Priemus, H., "Revolution of Social Housing in the Netherlands: Possible Effects of New Housing Policies", *Urban Studies*, Vol.39, No.2(2002), pp.237–253.

全部租赁住房的比重达到 82%。[①]

（二）社会住房退出的管理主体

在荷兰,社会住房实行的是以中央政府、省市地方政府和住房协会为主体的三级管理体制。其中针对社会住房退出等具体事务的管理工作,主要由住房协会负责。住房协会是由官方注册并认可的、民营的、非营利的住房机构,旨在为低收入者提供社会住房。2001 年,荷兰政府颁布了《社会租赁部门管理条例》(*The Social Rental Sector Management Order*, BBSH)。依据该条例,住房协会的主要职责在于:第一,为低收入群体提供、分配社会住房;第二,维护存量社会住房的质量;第三,与租户进行协商;第四,保证自身的财务可持续性;第五,促进社会住房所在社区的宜居性;第六,为老年人和残疾人提供福利住房。此外,住房协会也负责以优惠价格出售部分社会住房给现有承租人,以促进住房自有率。住房协会的所有活动都要受到中央政府(中央住房基金)的外部监督。[②]

（三）社会住房的退出对象

在荷兰,租户退出社会住房主要有以下两种情况:

1. 房东要求终止租约

荷兰法律允许的社会住房房东终止租约、强制租户退出的情形包括:一是租户行为不当,例如,干扰邻居或拖欠房租等;二是房东对所出租的住房有紧急使用需要[③],如房屋更新改造等;三是房东由于房屋更新、节能改造等情况

[①]　Scanlon, K., Whitehead, C., Melissa Fernández Arrigoitia, *Social Housing in Europe*, Oxford: Wiley Blackwell, 2014, pp.21−40.

[②]　Scanlon, K., Whitehead, C., Melissa Fernández Arrigoitia, *Social Housing in Europe*, Oxford: Wiley Blackwell, 2014, pp.21−40.

[③]　在此情况下,为了保护承租人利益,出租人只有在承租人能够获得其他合适住房的前提下终止租约,并需要向承租人支付搬家费用。

提出变更租约而未获得承租人的同意;四是房东为适应城市规划的变更而改变社会住房用途时,可提出终止租约①;五是在社会住房产权变更的情况下,新的产权人可要求终止租约。

2. 租户的收入超过了社会住房配租的收入标准

当租户的收入提高且超过了社会住房配租的收入标准时,荷兰政府将采取市场化的途径来实现其退出。

(四)社会住房的退出方式

1. 收回住房

在荷兰,需要采取腾退住房的情形主要有两种:

第一,租约中明确了退出时间。社会住房的租户在签订租约之后,其租赁权将获得法律保障,房东不能随意终止租约,但是,如果租约中明确说明了约定租期结束后房东将回收房屋,则租户到期必须腾退社会住房。②

第二,房东要求终止租约。此时,房东需要至少提前3个月书面通知租户,并说明理由。只有终止租约的理由符合法定要求,出租人才能终止租约。

2. 停止发放住房租金补贴

为了有效减轻低收入居民的住房支出负担,荷兰政府除了对社会住房的租金及其涨幅进行管制之外,还实施了住房租金补贴制度。荷兰的住房租金补贴制度始于20世纪60年代,该补贴的对象不是社会住房的建设人(投资人),而是社会住房的承租人。依据《住房补贴法》,住房租金补贴的对象是低收入租户,政府主要通过租户的应税所得、家庭规模和年龄、个人资产、所租住住房的租金和服务成本的水平等指标来确定其能否得到租金补贴以及补贴的多少。当租户的收入提高不再符合享受条件时,政府停止发放住房租金补贴,

---

① 出租人需要向承租人支付搬家费用。

② 若租约中并未明确租期结束后房东将回收房屋的,即使在租期结束之后也不能自动终止租赁关系,房东需要依照程序终止租约。

从而提高其住房成本、促使其退出社会住房,进入私人住房租赁市场解决住房问题。

3. 出售社会住房

在住房市场化改革之前,荷兰的社会住房只租不售,而在 1989 年住房市场化改革之后,政府鼓励住房协会向收入提高的租户出售社会住房,通过出售社会住房的形式实现有序退出。当租户购买其租住的社会住房时,可以按照市场价格的折扣价格优先购买,但是,购房者将来不能在市场上出售该房屋,而只能将其出售给住房协会,最终的增值收益由购房者和住房协会共享。

(五)社会住房退出的激励机制

为了鼓励租户从社会住房中退出,荷兰政府提供了多项支持政策。

1. 租金累进

在荷兰,社会住房的租金与住房的市场价值相关,且政府每年公布租金上涨幅度①的上限。从 2013 年起,政府开始实施"基于收入的租金上涨幅度控制政策"。对于独立成套住宅而言,租金上涨幅度上限是与当地的通货膨胀水平和租户的家庭收入相挂钩的。根据 2013—2017 年荷兰政府公布的《住房发展协议》,租户家庭年收入不超过 34085 欧元的社会住房的租金上涨幅度上限为 4%(1.5%+通货膨胀率 2.5%);租户家庭年收入处于 34085—43602 欧元之间的社会住房租金上涨幅度上限为 4.5%(2%+通货膨胀率 2.5%);租户家庭年收入超过 43602 欧元的社会住房租金上涨幅度上限为 6.5%(4%+通货膨胀率 2.5%)。② 可见,社会住房租户的收入水平越高,其租金上涨幅度也相应越大,这对鼓励中高收入居民主动退出社会住房具有积极意义。

---

① 租金上涨幅度是指在原基础租金(不含服务费用,如维修维护、水电气暖费等)上的上涨。

② 参见焦怡雪:《荷兰社会住房的租赁管理经验借鉴》,载《新常态:传承与变革——2015中国城市规划年会论文集》,2015 年,第 114—125 页。

2. 对中低收入家庭购置房产提供优惠政策

在荷兰,租户可以按照市场价格的七五折至九折优先购买其所租住的社会住房。2002 年,鹿特丹的 Woobron 住房协会提出了"客户选择"概念(后改名为 Te Woon 项目)。在该项目下,社会住房的租户的居住形式可以在传统的租赁协议和折扣购买住房之间进行选择。此后,已经有超过 100 个住房协会,通过 Woobron 创办的 Koopgarant 基金获得了执行项目的授权,并有几十家住房协会采纳了这个项目。若住户需要在市场上购买自有住房,政府也会提供一系列金融支持,如减免购房贷款利息、首次购房资助等。①

(六)社会住房退出的监督管理机制

在荷兰的实践当中,长期以来,由于收入水平提高、已不符合条件的社会住宅租户的退出问题并未得到很好的落实。更为严重的是,一些社会住房的租户已经在私人住房市场上购买或租赁住房,但仍然占有社会住房并将其进行转租来牟取差价。针对这种情况,荷兰政府采取了对转租的租户进行处罚并严令其退租、对区位较好的社会住宅进行加分、将租金直接与收入挂钩等多种应对措施。但是,由于缺乏有效的监察手段,这些措施在实践中也并未收到明显效果。②

四、 澳大利亚社会住房的退出政策

(一)社会住房情况简介

第二次世界大战之后,澳大利亚的住房市场租金普遍较高,且许多住房质量较差,不仅影响了人们的住房支付能力,而且危害人们的健康。在此背景下,

---

① 参见焦怡雪:《荷兰社会住房"租转售"机制探索的借鉴与启示》,《国际城市规划》2020 年第 3 期,第 1—13 页。
② 惠晓曦:《寻求社会公正与融合的可持续途径:荷兰社会住宅的发展与现状》,《国际城市规划》2012 年第 4 期,第 13—22 页。

澳大利亚各州的住房管理机构获得专项资金用于建设社会住房,社会住房制度得以建立。目前,澳大利亚的社会住房主要由公共住房、社区住房和土著住房这三个领域构成。公共住房是由政府兴建和管理、向中低收入者(家庭)或其他需要住房的人士提供的住房。公共住房既可以用于出售,也可以用于出租,是澳大利亚社会住房的主要方式。社区住房是为低收入者和有特殊需要的住户提供的出租型住宅。社区住房的承租人往往是那些既符合公共住房要求又需要社区管理组织提供一些特殊优惠照顾的人群。① 对于澳大利亚土著人和托雷斯海峡岛民而言,除了可以享受联邦政府、州和区政府为其提供的公共住房、社区住房、紧急收容计划、自购住宅资助计划等住房保障项目之外,还有一些专项计划用于满足其住房需求,如社区管理的土著住房、土著居民和托雷斯海峡岛民委员会的住房资助计划、土著居民租用住房计划等,通常将其统称为"土著住房"。

澳大利亚社会住房在整个住房市场中所占比重仍然较低,市场住房的短缺问题仍然严重。为了增加社会租赁住房的供应、降低中低收入家庭的租房成本,澳大利亚政府于 2008 年开始实施"社会可负担租赁住房计划"(National Rental Affordability Scheme,以下简称 NRAS),该计划旨在通过发放补贴、税收减免等方式激励私人业主新建住房或将已有住房以低于市场价格 20% 的租金租赁给中低收入的住房困难家庭。该计划实施以来取得了良好的社会效果,已经为大约 19000 名租户提供了低租金住房。虽然 NRAS 计划下用于租赁的住房并不属于传统意义上的社会住房,但由于其享受了政府的各项优惠措施且租金低于市场租金,也体现出住房保障的性质,因此,本文在介绍澳大利亚社会住房的退出政策的同时,也将介绍 NRAS 的相关退出政策。

(二)社会住房退出的管理主体

在澳大利亚,社会住房由各州政府的房屋署来管理,房屋署的主要职能包

---

① 社区住房与用于出租的公共住房的区别仅在于资金的来源和所有权。公共住房的资金来源主要是国家、州和区政府,而社区住房的资金来源则更加广泛。

括:第一,为低收入家庭建设和分配社会住房;第二,协调和指导社区管理社会住房;第三,为居民购房提供指导;第四,为中低收入家庭购房提供指导和各项支持援助。"社会可负担租赁住房计划"则主要由澳大利亚社会服务部(Department of Social Services,DSS)①负责实施,澳大利亚税务办公室(Australian Taxation Office,ATO)及各州和地区政府也会提供相应的支持。社会租赁住房的具体租赁管理事务则由各个专业的租赁管理机构来完成。专业的租赁管理机构既可以是社区的非营利性组织,也可以是商业租赁管理机构,甚至是州或地方政府的下属机构。租赁管理机构的主要职责包括:第一,评估社会租赁住房的租户资格,并保留租户记录;第二,计算社会租赁住房的租金及其市场租金②;第三,提供各项物业管理和服务;第四,社会租赁住房的各项配租事务,确保每个具备资格的申请人能够匹配合适的住房;第五,报告承租人的资格审核情况、租金水平以及其他限制性条件的审核情况;第六,确保纳入 NRAS 计划的住房符合国家或州政府对社会租赁住房在建筑、健康及安全等方面的规定。同时,社会住房的退出事项也由各州政府的房屋署来进行管理。

(三)社会住房的退出对象

在澳大利亚,社会住房的退出对象主要包括两类:

第一,租户在承租期间有不良行为。如果租户在承租期间有不良行为,会被政府逐出社会住房。政府将不良行为划分为以下三类:第一类是轻微不良行为,包括承租人打扰其他租户或邻居生活安宁和隐私的各类家庭行为,例如,噪音扰民;第二类是严重不良行为,包括承租人故意骚扰其他租户或邻居,对他人的人身安全及财产安全造成损害或潜在损害的各类行为,例如,使用攻

---

① 原澳大利亚家庭、住房、社区服务和原住民事务(Department of Families, Housing, Community Services and Indigenous Affairs)。

② 普通住房在纳入 NRAS 计划之后就成为社会租赁住房。租赁管理机构不仅要确定其作为社会租赁住房的租金,也要评估其作为普通住房的市场租金。而对于同一住房而言,作为社会租赁住房时的租金一定会低于其作为普通租房时的市场租金。

击性或淫秽的语言骚扰邻居；第三类是危险行为，包括在承租住房内从事危害他人的人身安全及财产安全、可能导致犯罪，或对社会住房财产造成重大损害的各类行为，例如，在承租住房内从事毒品生产等非法活动，家庭暴力或暴力侵害其他租户、邻居或工作人员，恶意损坏社会住房及其内部财产等。政府一旦发现并确认社会住房的承租人存在上述第一、二类行为，将会对其发出警告，如果承租人没有改变，政府将终止租约，收回社会住房；政府一旦发现并确认社会住房的承租人存在上述第三类行为，将会直接收回社会住房。

第二，收入提高不再符合住房资助条件的家庭。例如，在昆士兰州，当租户家庭满足以下任意条件时，意味着承租家庭的情况已经有所改善，不再需要住房协助，而应从公共住房中搬离：租户家庭每年总收入超过 8 万澳元；租户家庭中的任一成员在澳大利亚或海外拥有不动产。同时，若租户拒绝向房屋署提供资产收入信息，也被视同满足以上条件，因此需要离开公共住房。①

在 NRAS 计划下，若承租人的家庭总收入连续两年都超过了其对应的最高收入限制的 25%，租户也将被要求退出 NRAS 计划，不再享受该计划与租房有关的福利。如表 3.1 所示，2017—2018 年度，若单个成年承租人的总收入连续两年超过了 61934 澳元/年，则必须退出 NRAS 计划；同样，对于一个 3 个孩子及其父母组成的家庭而言，若总收入连续两年超过了 147258 澳元/年，则他们也必须退出 NRAS 计划。

表 3.1　2017—2018 年澳大利亚不同人口结构的
家庭退出社会住房的最高收入标准

家庭结构	收入限制（澳元/年）
1 个成年人	61934
2 个成年人	85627

① 参见澳大利亚昆士兰州政府官方网站（https://www.qld.gov.au/housing/public-community-housing/ongoing-eligibility）。

续表

家庭结构	收入限制(澳元/年)
3 个成年人	109319
4 个成年人	133012
有 1 个孩子的单亲家庭	85685
有 2 个孩子的单亲家庭	106229
有 3 个孩子的单亲家庭	126773
有 1 个孩子的双亲家庭	106170
有 2 个孩子的双亲家庭	126714
有 3 个孩子的双亲家庭	147258

资料来源：Australian Department of Social Services，*National Rental Affordability Scheme*：*Information for Tenants*，2017，https://www.dss.gov.au/sites/default/files/documents/04_2017/information_for_tenants_1.pdf.

（四）社会住房的退出方式

1. 收回住房

如前所述,社会住房的租户若在承租期间有不良行为,则会被强制要求搬离住房。若情节并不严重,政府将先发出警告。例如在昆士兰州,若租户违反了租赁协议,政府将向其发出违约补救通知,租户有十天的时间来整改自己的违约行为,若租户在十天内改正错误,则可以继续住在公共住房内。若租户仍不整改,则政府将要求租户在 14 天内从所住单位内搬离,若 14 天内租户仍不搬离,政府则会向法庭提起诉讼。而对于情节严重者,政府将立刻终止与租户的租约并要求其从公共住房中搬离。①

对于因家庭情况发生改善而失去社会住房保障资格的租户,政府将给予其 4 个月的过渡时间,住户需要在这 4 个月内从公开市场上找到新的住所并

———————

① 参见澳大利亚昆士兰州官方网站(https://www.qld.gov.au/housing/public-community-housing/breaches)。

从现有住房内搬离。①

2. 出售社会住房

对于因家庭情况发生改善而失去社会住房保障资格的租户,若其不愿意搬离,也可以选择购买自己承租的住房,但必须满足以下条件:(1)在其他地方没有住房;(2)将该房产作为自己的居住场所,而没有其他用途;(3)该房产的法定承租人;(4)澳大利亚公民或者拥有永久居留权;(5)在该房产内已居住超过3个月;(6)有良好的租金支付记录,没有拖欠租金。②

对那些暂时无力购买社会住房的租户,政府还提供了"共有股权计划"。该计划规定,住户可以通过贷款购买社会住房的部分产权,并且月还款额不能超过月收入的35%。住户对其未享有的产权部分需要缴纳租金,同时需要缴纳管理费、维护费、家庭保险费等费用。住户可以在未来不断购买住房的产权,直到拥有全部的产权。

3. 收取市场化租金

在NRAS计划下,当租户因家庭收入连续两年超出了相应限制而退出NRAS计划时,房东并不会因此要求他们搬离住所。由于NRAS计划中的住房是由私人房东提供的,因此租户可以继续居住在其住房内,只是不能再享受到NRAS计划中规定的低于市场水平的租金价格,而是支付相应的市场租金。③

(五)社会住房退出的激励机制

1. 租金累进/补贴累退

在澳大利亚,大多数社会住房机构采取的是二元租金设定模式,即同时为

---

①　参见澳大利亚昆士兰州官方网站(https://www.qld.gov.au/housing/public-community-housing/ongoing-eligibility)。

②　参见 Australian Department of Social Services, *National Rental Affordability Scheme: Information for Tenants*, 2017, https://www.dss.gov.au/sites/default/files/documents/04_2017/information_for_tenants_1.pdf。

③　参见澳大利亚社会服务部网站(https://www.dss.gov.au/sites/default/files/documents/04_2017/information_for_tenants_1.pdf)。

每个住房和每个承租家庭确定租金。1978 年之后,澳大利亚大多数地区的住房租金采取的是与市场租金挂钩的办法来确定①,如所有纳入 NRAS 计划的住房的租金均为该住房市场租金的 80%。而住户租金则是以每个承租家庭的收入为基础的。目前,大多数机构是基于家庭收入的 25% 来计算承租家庭的租金。对于任何一个社会住房的承租家庭而言,住房租金是其为所承租住房支付的最大租金或者租金上限。当其住户租金低于所承租住房的住房租金时,他可以获得一个租金减免,减免的额度相当于住房租金与住户租金之间的差额,也就是说,他只需要支付住户租金即可,租金减免部分由社会住房机构承担。以 NRAS 计划为例,承租人按照家庭收入的 25% 支付租金(住户租金),而房东按照市场价格的 80% 收取租金(住房租金)②,若承租人家庭收入的 25% 低于其租住住房市场租金的 80%,其差额由政府的租金补贴来弥补。可见,收入越高的家庭需要支付的租金越高,享受的租金补贴越少,有助于刺激经济条件改善的家庭退出社会住房。

2. 对中低收入家庭购置房产提供优惠政策

为了鼓励租户购买自己承租的社会住房进而从住房保障中退出,澳大利亚政府为租户提供了共享股权贷款计划,只要租户满足以下条件即有资格申请:(1)公共住房的承租人;(2)澳大利亚公民或拥有永久居留权;(3)没有其他房地产物业的产权或部分产权;(4)在标准贷款模式下没有能力支付全部的房款;(5)有好的信用历史;(6)没有其他重大债务;(7)就共享股权贷款的还款不存在困难;(8)在共享股权计划期间将居住在该住房内;(9)与房屋署不存在负债关系。③

此外,澳大利亚政府还实行了"自购住宅或住宅所有权资助计划"(Home

---

① 也有少数住房机构在确定社会住房的租金时收取的是与成本挂钩的租金。

② 加入 NRAS 计划的房东将享受税收优惠。

③ 参见澳大利亚昆士兰州官方网站(https://www.qld.gov.au/housing/buying - owning - home/pathways - shared - equity - loan)。

Purchase or Ownership Assistance）。该计划为那些低收入家庭购买住宅提供一系列支援,包括:储蓄存款资助、抵押贷款减免和提供咨询服务以促成居民购买住宅的交易行为的实现等。据统计,1998—1999 年度,19000 个新住户获得了自购住宅资助,其中,直接借贷资助占所有自购住宅资助项目的 47%,顾问咨询占 38%,储蓄存款资助占 6%,贷款利率资助占 6%,抵押贷款减免占 2%,其他措施占 1%。[①]

（六）社会住房退出的监督管理机制

不论是社会住房还是 NRAS 计划,各州政府的房屋署及租赁管理机构都将定期对承租人的家庭情况进行评估,并要求承租人提供收入证明、家庭成员构成等信息,以评定承租人是否有资格继续参与该计划。[②]

五、　新西兰社会住房的退出政策

（一）社会住房情况简介

新西兰的保障性住房被称为社会住房（Social Housing）,是指由政府或社会组织建造、以低于市场租金向低收入家庭出租的保障性住房。按照供应主体的不同,新西兰的社会住房可以划分为以下三种类型:

第一,由中央政府兴建的国家住房（State Housing）。国家住房始于 1905 年,是新西兰最悠久且最重要的住房保障形式。目前,国家住房由新西兰房屋署（Housing New Zealand Corporation,HNZC）持有并全权管理。

第二,由地方政府兴建的社会住房。在新西兰,地方政府兴建社会住房始

---

① 李维哲等:《完善的住房保障——澳大利亚的住房资助计划》,《城市问题》2003 年第 3 期,第 71—75 页。

② 参见 Australian Department of Social Services, *National Rental Affordability Scheme:Information for Tenants*,2017,https://www.dss.gov.au/sites/default/files/documents/04_2017/information_for _tenants_1.pdf。

于 1950 年。地方住房建造的社会住房产权完全归地方政府所有,在管理上也不受中央政府的干预。但在 20 世纪 90 年代之后,中央政府逐渐停止了对地方政府建设社会住房的财政支持,地方政府的社会住房建设计划基本处于停滞乃至倒退状态。据统计,该类社会住房的数量已从 1981 年的 16158 套降至 2006 年的 11007 套。[1]

第三,由社会住房组织兴建的社会住房。新西兰的社会住房组织出现较晚,所提供的社会住房数量也非常有限。截至 2006 年底,新西兰该类社会住房数量不足 2500 套。[2] 目前,大部分社会组织兴建的社会住房也由 HNZC 管理。

长期以来,新西兰的社会住房占整个住房存量的比重非常小,据统计,20 世纪 80 年代以前,社会住房的比重从未超过全部住房存量比重的 7%[3],而 20 世纪 90 年代开始的住房市场化改革更使得该比例下降至 4%。2008 年爆发的国际金融危机刺破了新西兰房地产市场泡沫,大量居民成为租不起市场住房的无房者,加剧了新西兰住房保障的压力。2010 年,超过 3500 个家庭(约 1 万多人)等候获得社会住宅。而 2010 年 9 月和 2011 年 2 月新西兰坎特伯雷发生的两次大地震大约损害了 6000 余套社会住宅,进一步恶化了社会住房的供求矛盾。[4] 为了缓解社会住房的供求矛盾,2010 年 12 月,新西兰政府开始对社会住房制度进行改革,旨在拓宽社会住房供给的来源渠道和优化社会住房分配与管理机制。本书将主要介绍改革之后新西兰的社会住房退出政策。

(二)社会住房退出的管理主体

2010 年,新西兰社会住房制度改革之前,中央政府兴建的国家住房和社会住房组织兴建的社会住房都由新西兰房屋署负责管理;地方政府兴建的社

---

[1] New Zealand Centre for Housing Research, *Affordable Housing in New Zealand*, 2006.

[2] New Zealand Centre for Housing Research, *Affordable Housing in New Zealand*, 2006.

[3] Glynn, S., *Where the Other Half Lives: Lower Income Housing in a Neoliberal World*, New York: Pluto Press, 2009, p.197.

[4] New Zealand Department of Building and Housing, *Briefing for the Minister of Housing*, 2011.

会住房仍然由地方房屋管理部门负责管理。

为了统一管理社会住房和提高配租效率,从 2010 年 12 月开始,所有的社会住房统一由新西兰社会发展部(Ministry of Social Development,MSD)进行管理。MSD 的主要职责:第一,对申请人进行资格审核;第二,对申请人的住房需求进行评估;第三,决定申请人轮候的优先顺序;第四,决定申请人的社会住房要求,如面积、特殊设备等。而社会住房配租以及退出等具体租赁事务则由 HNZC 负责,其主要职责包括:第一,实现申请人与合适的社会住房之间进行匹配;第二,社会住房的租赁管理;第三,建设、筹集、维护社会住房;第四,社会住房的退出管理。截至 2019 年 6 月,HNZC 管理着大约 65300 套社会住房,总市值约 286 亿纽币,其中有大约 1500 套社会住房来自于租赁。这些社会住房解决了大约 18.7 万新西兰居民的住房困难问题。①

(三)社会住房的退出对象

在新西兰,承租人退出社会住房的情况主要包括以下两种:

第一,若承租家庭涉及欺诈行为、反社会行为②或拖欠房租,其租赁的社会住房将会被房屋署收回。

第二,从 2015 年 1 月开始,为了让社会住房真正用于帮助那些最需要住房援助的家庭,MSD 要求那些不再具备承租社会住房资格的家庭也必须搬离社会住房,过度保障的家庭③也必须更换至合适的社会住房。④

---

① 参见 Housing New Zealand, *2018/2019 Housing New Zealand Corporation Annual Report*, 2019, https://kaingaora. govt. nz/assets/Publications/Annual－report/HNZ16284－Annual－Report－2019-v22b.pdf。

② 反社会行为包括骚扰和威吓邻居、在不适合的时间大声播放音乐、破坏他人财物、乱涂乱画和乱扔垃圾等。

③ 由于家庭人口的减少而导致人均住房面积过大的家庭。

④ 在 2015 年以前,由于承租人的住房实际支出与其收入水平密切相关,MSD 并未强制那些收入水平提高且不再符合条件的承租家庭搬离社会住房,只是对其收取更高的租金甚至市场租金。

（四）社会住房的退出方式

1. 收取市场化租金

对于收入逐步改善的租户，HNZC 将根据其收入及资产变动情况逐步降低租金补贴标准，直至租户支付全部的市场租金。对于这类已经缴纳市场租金或接近市场租金的社会住房承租家庭，HNZC 将定期进行租赁复核，以确定该家庭是否可以继续租住社会住房。复核的标准是该家庭的住房可支付力（Affordability）①、住房的可获得性（Accessibility）②以及可持续性（Sustainability）③。

2. 收回住房

目前，在新西兰，有两类租户需要强制搬离社会住房：

第一，收入条件改善且被 HNZC 认定不再具备租赁社会住房资格的承租家庭。HNZC 定期会对那些由于收入条件改善已经缴纳市场租金或接近市场租金的社会住房承租家庭是否可以继续租住社会住房进行复核。2015 年，HNZC 对 1800 户此类家庭进行了租赁复核。在复核中被认定为不再具备租赁社会住房资格的承租家庭，必须在 90 天内搬离所承租的社会住房。④

第二，因欺诈、反社会以及拖欠房租而终止租约的租户。HNZC 通常会向对这类租户发出书面的搬离通知，要求其在规定时间内搬离社会住房。据统计，2014 年，HNZC 完成了 269 起涉嫌社会住房租赁欺诈的调查，有 187 套政府房涉及欺诈行为而被收回；针对 120 个租客的反社会行为，给出了 90 天的

---

① 可支付能力主要是指租户在私人住房市场上负担合适住房的能力。

② 可获得性主要是指租户在私人住房市场上获得合适住房的困难程度，以及个人歧视或缺乏住房支付能力对租户在私人住房市场上获得合适住房的阻力大小。

③ 可持续性主要是指租户在个人财务管理、社会适应能力、社会技能上是否存在困难，是否能在私人住房市场长期稳定地获得合适的住房。

④ 参见新西兰房屋署网站（https://kaingaora.govt.nz/tenants – and – communities/our – tenants/moving–out/）。

搬离通知;针对 200 名租客涉及欠费的问题,107 人给予了 90 天搬离的决定,83 人自动搬离,同时,有 56 人因为欠费而被起诉。①

(五)社会住房退出的激励机制

1. 租金累进/补贴累退

与澳大利亚类似,从 2000 年 12 月起,新西兰开始实行二元租金体系。社会住房的住房租金即市场租金;而住户租金通常是家庭收入的 25%。如果家庭收入超过了阈值水平②,对超出部分的收入,这一比例提高到 50%。若住户租金大于市场租金,则承租人只需要支付市场租金即可。若住户租金小于市场租金,承租人通常只需要按照家庭收入的 25%支付租金即可,而住户租金低于市场租金的部分则由政府以租金补贴的形式支付给社会住房的所有者。③ 这意味着对于新西兰社会住房的租户而言,其实际支付的租金水平是与其家庭收入直接挂钩的,家庭收入越高则实际支出的租金就越多,或者说享受的租金补贴越少,这有助于刺激经济条件改善的家庭退出社会住房。

2. 对中低收入家庭购置房产提供优惠政策

新西兰政府为鼓励中低收入家庭购置房产制定了一系列的购房优惠政策:第一,提供优惠的住房贷款。HNZC 为购房者申请住房贷款提供担保,只要由 HNZC 出具担保书,相关银行就可向其提供 15 万新币的住房贷款,若购房者能提出 5%的担保金,就可贷到 15—28 万元的住房贷款。第二,提供免费的私人购房培训计划。该计划从 2006 年开始实施,培训内容包括:住房贷款的申请、选择和购买住房相关的法律知识、家庭购房预算、住房维护和购房的权利与义务等,让首次购房的人能够提高风险意识,更好地做出购房决策,并

---

① 参见胡晶晶:《公共租赁住房配租机制研究》,人民大学出版社 2017 年版,第 74 页。

② 阈值水平通常是新西兰退休金的水平。

③ New Zealand Legislation, *Housing Restructuring*(*Income-Related Rents*)*Amendment Act* 2000, 2000,http://www.legislation.govt.nz/act/public/2000/0022/latest/whole.html#DLM57295.

建立归还住房贷款的责任感。第三,实施自愿住房储蓄计划。该计划从 2007 年 4 月开始实施。依据计划规定,当参与人储蓄住房保证金满 3 年后,政府每年将向其提供住房保证金补贴 1000 钮币,并将其存入参与人的住房保证金账户,最长期限为 5 年。该计划的参与人在购买第一套住房时可以一次性全部提取住房储蓄金。①

3. 其他激励措施

为了鼓励住户从社会住房中平稳退出,HNZC 会为每个不再具备租赁社会住房资格的承租家庭制定一个搬离计划,并提供其他类型的住房选择和援助,例如,一次性的搬家费用、购买首套住房的优惠贷款等。②

(六)社会住房退出的监督与惩罚机制

为了防止租户通过欺诈、瞒报收入等方式享受额外的租金补贴并继续租住在社会住房中,新西兰社会发展部规定,承租人必须在其家庭收入及资产情况发生变动后立即通知社会发展部,用以评估新的租金水平。若租户在提交收入及资产资料时选择隐瞒、欺骗,一经发现,租户不仅需要退回多余的租金补贴,并且面临着被起诉的风险。根据新西兰在 1992 年颁布的《住房建设与租赁法案》(*Housing Restructuring and Tenancy Matters Act 1992*),对出现此类违规行为的租户,将判处最高不超过 12 个月的监禁,或者最高不超过 5000 美元的罚款,或者两者兼施。对于欺诈行为恶劣的租户,很可能因欺诈罪被判最高 7 年的监禁。③

---

① 陆志斌:《澳大利亚、新西兰住房制度考察报告》,《广西城镇建设》2006 年第 1 期,第 9—11 页。

② 参见新西兰房屋署网站 (https://kaingaora. govt. nz/tenants – and – communities/our – tenants/moving-out/)。

③ 参见 New Zealand Legislation,*Public and Community Housing Management Act 1992*,1992, http://www.legislation.govt.nz/act/public/1992/0076/latest/096be8ed81972b8b.pdf。

六、　日本公共住房的退出政策

(一)公共住房情况简介

日本的公共住房是由政府或公共团体出资或主导建造的住宅,主要包括公营住宅和公团住宅两大类型。

1. 公营住宅

公营住宅是由国家拨款补贴地方政府兴建并管理的以较低租金向低收入住房困难群体出租的保障性住房。公营住宅的配租对象主要是家庭收入水平处于全社会收入分位最低的 25% 以下的阶层。从 20 世纪 80 年代开始,政府将特殊人群(如老年人、残疾人)等的准入标准从全社会收入分位最低的 25% 提高到 40%,使一部分中等收入的特殊人群可以租赁公营住宅。公营住宅是日本公共住宅最主要的形式。2004 年末,日本的租赁式公共住宅约 343 万套,其中,公营住宅约 219 万套,占全部租赁式公共住宅存量的 63.8%。[①]

2. 公团住宅(后改为都市再生机构租赁住宅)

1955 年日本出台《日本住房公团法》,由国家出资成立住宅公团(The Japanese Housing Corporation),在住房严重不足的大城市及其周边修建公寓式住宅。这种由国家投资建立住宅公团,为城市中等收入家庭建造并对其给予租、售优惠的住宅被称为公团住宅。公团住宅一部分用于出售,另一边部分于出租。1981 年日本住宅公团与宅地开发公团合并,并更名为"住宅·都市整备公团",1999 年又更名为"都市基盘整备公团",2004 年更名为现在的"都市再生机构"(Urban Renaissance Agency,UR)。随着日本的人口老龄化程度加剧,

---

① 　日本国土交通省住宅局:《公的賃貸住宅等をめぐる現状と課題について》,2006 年 6 月 29 日,见 http://www.mlit.go.jp/jutakukentiku/house/singi/syakaishihon/kotekibukai/1bukai/1bukaisan-1.pdf。

住房需求逐渐减少,都市再生机构不再建造用于出售的住房,而将重点转向租赁住房的供给。这些由都市再生机构建设面向城市中等收入家庭出租的住宅就被称为了都市再生机构租赁住宅。2004 年末,日本总共有 75.3 万套都市再生机构租赁住宅。①

除了公营住宅和公团住宅两类主要的公共住房之外,日本还有两类特殊的带有社会保障性质的公共租赁住房,即特定优良租赁住宅和高龄者优良租赁住宅。特定优良租赁住宅是指由民间建设、地方公共团体购买后出租给中等收入者的住宅,配租对象是中低收入者(家庭收入水平处于全社会 25%—50%之间的阶层)。2004 年末,日本总共有 15.9 万套特定优良租赁住宅。②高龄者优良租赁住宅是针对老年人身体机能下降的情况而建设的具备针对老年人生活的特殊设备构造的优质租赁住宅。截至 2005 年 4 月,日本高龄者优良租赁住宅存量约 1.9 万户。③

日本的公团住房(后改为都市再生机构租赁住宅)和高龄者优良租赁住宅并无家庭收入的准入门槛,租户享受的住房保障福利有限④,基本不涉及退出问题,因此,本书仅介绍日本公营住宅和特定优良租赁住宅的退出政策。

---

① 日本国土交通省住宅局:《公的賃貸住宅等をめぐる現状と課題について》,2006 年 6 月 29 日,见 http://www.mlit.go.jp/jutakukentiku/house/singi/syakaishihon/kotekibukai/1bukai/1bukaisan-1.pdf。

② 日本国土交通省住宅局:《公的賃貸住宅等をめぐる現状と課題について》,2006 年 6 月 29 日,见 http://www.mlit.go.jp/jutakukentiku/house/singi/syakaishihon/kotekibukai/1bukai/1bukaisan-1.pdf。

③ 日本国土交通省住宅局:《公的賃貸住宅等をめぐる現状と課題について》,2006 年 6 月 29 日,见 http://www.mlit.go.jp/jutakukentiku/house/singi/syakaishihon/kotekibukai/1bukai/1bukaisan-1.pdf。

④ 都市再生机构租赁住宅直接采取市场租金,政府对于租户也没有租金补贴。高龄者优良租赁住宅采取的也是市场租金,并对收入水平处于全社会 25%以下的老年人(家庭)给予一定的租金补贴。由于配租对象都是收入没有上升空间的老人,因此,日本政府并未对该类住宅实施退出管理。

（二）公共住房退出的管理主体

1948 年,日本政府在建设省设立了住宅局①,主要负责"制定住宅的经济、技术综合产业政策,制定、分配国家住宅对策预算,制定与执行住宅建设五年计划、制定住宅建筑、性能标准等",同时,也要"对地方政府机构、公共团体、住宅都市整备公团与住宅金融公库等住宅管理机构进行指导和监督。"②

公营住宅的退出管理工作主要由地方公共团体直接负责。根据建设经营主体不同,公营住宅又可以分为都营住宅、县营住宅、市营住宅等,因此,不同类型的公营住宅的退出管理主体也有所不同,都营住宅的退出由都政府管理,县营住宅的退出由县政府管理,市营住宅的退出则由各市政府管理。特定优良租赁住宅的退出管理工作则主要由都市再生机构(原整备公团)直接负责。

（三）公共住房的退出对象

在日本,承租人退出公共住房的情况主要包括以下两种:第一,承租人的收入超过了规定的标准;第二,承租人存在欺诈、转租、分租、滞缴租金、有扰乱住户正常生活秩序等行为。

（四）公共住房的退出方式

1. 收回住房

对于公营住宅而言,如果承租人的收入超过了规定的标准,必须在规定期限内腾退公营住宅。

对于都市再生机构租赁住宅而言,如果发生以下行为,租住者将被强制退租:(1)租住者的租赁申请书是虚假的;(2)滞缴租金超过三个月;(3)违反契

---

① 2001 年建设省撤销后,住宅局机构及其相关职能设在国土交通省。

② 周建高:《日本公共住宅政策刍论》,《南开日本研究》2013 年第 9 期,第 178—189 页。

约书上规定的承诺事项;(4)有扰乱住户正常生活秩序的行为。

2. 收取市场化租金

对于公营住宅而言,承租人每年必须上报收入,根据收入情况计算下一年的租金。如果承租人未上报收入,租金将上涨至市场租金。

对于特定优良租赁住宅而言,政府并不强制租户在收入上涨之后必须搬离住房。但是,按照规定,随着租户收入的上涨和入住年限的增加,租房补贴逐步降低为零,租户相当于以市场租金租赁住房。

3. 出售公营住房

按照日本政府规定,当收入超过基准且已在该住宅连续居住五年以上时,公营住宅的租户就须买下该住宅。

(五)公共住房退出的激励机制

1. 租金累进

对于公营住宅而言,其租金与承租人的收入相挂钩,并适当考虑了建筑物本身及周边环境因素。由于公营住宅的租户为低收入者,一般计算出的租金也很低,大约是该类住房市场租金的 1/5—1/4,甚至更低。表 3.2 显示了日本爱知县 2001 年公营住宅租金计算基准价表。由表 3.2 可见,租户收入水平越高,其需要支付的租金也越多,这种租金定价模式使一些收入改善后的租户的租金水平达到甚至超过市场租金,此时,继续租住公营住宅无利可图从而间接促进了中高收入租户主动腾退公营住宅。①

表 3.2　2001 年日本公营住宅租金基准价表

收入分类	月收入额(日元)	租金基准价(日元)
I	<123 000	37 100

---

① Hirayama,Y.,"Neoliberal Policy and the Housing Safety Net in Japan",*City Culture & Society*,Vol.1,No.3(2010),pp.119–126.

收入分类	月收入额(日元)	租金基准价(日元)
II	123 000—153 000	45 000
III	153 000—178 000	53 200
IV	178 000—200 000	61 400
V	200 000—238 000	70 900
VI	238 000—268 000	81 400

资料来源:爱知县住宅供给公社:《2001 年爱知县住宅入居申请案内书》,转引自卢金锋、王要武:《借鉴日本公营住宅经验建立我国低收入家庭住房租金模型》,《土木工程学报》2005 年第 12 期。

2. 住房补贴累退

对于特定优良租赁住宅而言,租金由住房管理部门以当地房屋租赁市场相似住房租金为基础,每两年评估一次。政府还对家庭收入水平处于全社会 40%以下的租户给予一定的租金补贴。租金补贴额根据租户的收入水平所对应的阶段来确定,租户所处的收入阶段越高,补贴额度越少。但是租户最长可享受租金补贴 20 年,而且,补贴数额依据入住年数每年以 3.5%的比率递减。[①] 可见,对于这类住宅而言,租户的收入水平越高、居住时间越长,则能够享受到的住房福利越少,这样有效促进了租户改善收入、退出特定优良租赁住宅。

3. 对中低收入家庭购置房产提供优惠政策

日本政府还通过为购房和建房的单位和个人提供低息贷款来鼓励中低收入家庭购置房产。依据 1950 年颁布的《住宅金融公库法》,由政府全额注资成立了特殊法人——住宅金融公库(Government Housing Loan Corporation, GHLC),专门为政府、企业和个人建房、购房提供长期低利率贷款。住宅金融公库"实行固定利率制,贷款利率相当于普通银行的 1/3 左右,还贷期限也比较长,一般为 35 年,一些特殊困难人群到期无法还款还能在原贷款期限的基础上

---

① 参见东京都城市开发局:東京都優良民間賃貸住宅等利子補給助成制度要綱,2009,https://www.toshiseibi.metro.tokyo.lg.jp/jouhou/pdf/hojyoshisyutsu_05_16.pdf。

再延长 10 年,放贷对象主要是购建住房的个人和单位。1955 年,日本颁布了《住宅融资保险法》,对金融机构发放住房贷款提供保险服务。另外,日本政府还通过减免所得税、赠予税和房屋登记许可税等政策措施,鼓励国民购房。"[1]

(六)公共住房退出的监督与惩罚机制

1959 年通过的《住房修正案》规定家庭收入超过一定的额度需要腾退公营住房,但直到 1969 年通过的《住房修正案》颁布后地方政府才得以真正执行退出管理制度。

对于公营住宅而言,若收入超过了规定标准的承租人未在规定期限内腾退公营住宅,则承租人需要向地方公共团体支付违约金。若承租人的收入连续 3 年超过规定的标准,将累进计算房租。

对于都市再生机构租赁住宅而言,严禁租户将其转租、分租。一旦发现存在上述情况,都市再生机构可强制租户在一个月内搬迁,并没收所得,而且租户还需要支付非法居住期租金的 1.5 倍作为赔偿金,该租户也将列入公共住宅的黑名单。[2]

第二节 新兴工业化国家及地区
公共住房的退出政策

一、 新加坡组屋的退出政策

(一)组屋制度情况简介

新加坡是新兴市场经济国家中成功解决国民住房问题的典型代表。新加

---

[1] 刘浩远:《日本向中低收入者租售低价房》,《中国社会报》2007 年 6 月 4 日,第 7 版。
[2] 参见日本都市再生机构:UR 都市機構による強制退去の法的措置とその不当性について,2011,http://princesscomet.net/pigeons/futounakyouseitaikyo.htm。

坡的公共住房又称组屋（Housing Development Board Flats），是政府通过建屋发展局（Housing Development Board，以下简称 HDB）为广大中低收入居民提供的可租可售的保障性住房。

1959 年，新加坡实现自治，恶劣的住房条件和住房短缺问题导致了一系列社会问题，成为社会不稳定的重要因素。在此背景下，新加坡政府决定将住房建设、解决"屋荒"问题作为为主要任务。在 20 世纪 60 年代，新加坡成立了 HDB，推出了"居者有其屋"计划，并采取一系列措施推进公共住房建设。到 1970 年，超过 1/3 的人口住进了组屋。

随着经济的快速发展和"居者有其屋"计划的顺利推进，新加坡的住房短缺问题逐步得到解决，但住房种类以及品质却无法满足居民日益多样化的需求，住房问题由供求的总量矛盾逐渐演变为结构矛盾。于是，HDB 在增加组屋建造的同时，开始专注于组屋的舒适型，对新建组屋的面积、质量、设施等都提出了更高的要求。组屋的类型也开始由一房式和二房式向三房式、四房式逐渐转变。到 20 世纪 70 年代末期，大约 70% 的人口住进政府组屋，居民的居住质量得到很大的提高，市镇规划也更趋成熟。

进入 20 世纪 80 年代后，随着住房供应数量逐渐增加，新加坡开始将重点转向提高居住环境上，并为此 HDB 采取了一系列措施，例如，停止了一房式和二房式组屋的建设；规定组屋建设首先要划分社区，然后再以社区进行建设；规定组屋最底层必须作为居民举行公共活动的场地；推行了邻里概念，每个邻里都有户外园地，既满足居民的休闲需求，又增强社区的凝聚力。到 20 世纪 80 年代后期，新加坡超过 85% 的人口住在政府组屋之中。

20 世纪 90 年代开始，新加坡的住房紧张问题基本解决，组屋的质量和环境也得到了极大改进，而如何提供更好的居住环境和服务质量，成为了新加坡政府面临的主要任务。为此，HDB 一方面为居民建设标准更高的新型组屋，另一方面也为较旧的市镇提供"组屋更新计划"，通过该计划重新发展屋龄较久社区，从而促进新旧社区组屋发展的相互融合。

　　由于新加坡政府大力发展公共住房,目前在新加坡的住房供应体系中,组屋占据主导地位。截至 2014 年 3 月 31 日,新加坡约有 321.3 万人口居住在政府提供的组屋之中,大约占新加坡总人口的 82%。新加坡政府鼓励有条件的居民购买组屋,但对于那些既买不起组屋,又无其他房源选择的低收入家庭,政府为其提供用于出租的组屋,但所占比重较小。如表 3.3 所示,目前,新加坡 HDB 管理的组屋共计 940871 套,其中,用于出售的组屋有 888234 套,占组屋总量的 94.4%;用于出租的组屋有 52657 套,仅占组屋总量的 5.6%,以一房式和二房式为主。

表 3.3　截至 2014 年 3 月 21 日新加坡建屋发展局管理的组屋租售构成情况

房型结构	出售		出租	
	数量(套)	占比	数量(套)	占比
一房式	258	1.0%	25306	99.0%
二房式	10981	30.4%	25150	69.6%
三房式	222357	99.1%	1915	0.9%
四房式	366245	99.9%	286	0.1%
五房式	217553	100.0%	0	0.0%
其他	70840	100.0%	0	0.0%
总计	888234	94.4%	52657	5.6%

注:一房式为客厅、饭厅和卧室为一体的组屋,俗称"一房半厅";二房式为一个客厅、一间卧室;三房式为一个客厅、两个卧室,是现在新建组屋的最小单位;四房式为一个客厅、三个卧室;五房式为一个客厅、一个饭厅、三个卧室的组屋;其他则包括五房式(也叫公寓式)、双层公寓式等。

资料来源:Singapore Housing & Development Board, *Housing & Development Board Annual Report* 2013/2014,2014,http://www.hdb.gov.sg/cs/infoweb/about-us/news-and-publications/annual-reports.

(二)组屋退出的管理主体

　　新加坡负责组屋管理的政府职能机构是建屋管理局(HDB)。HDB 成立于 1960 年 2 月 1 日,隶属于新加坡国家发展部(Ministry of National Development,MND),"负责对公共住房实施全流程的管理,既负责制定组屋发展规划及房屋管理,也负责组屋的施工建设、出售和出租"①。新加坡组屋的退出管理也是由建屋管理局负责。

(三)组屋的退出对象

目前在新加坡的整个公共住房供应体系中,用于出租的组屋所占比重非常较小,主要是针对低收入住房困难家庭或个人,申请租住有严格的准入标准。对于家庭而言,必须满足以下条件:第一,申请人必须是新加坡公民,而共同申请人必须至少有一个是新加坡公民或新加坡永久居民;第二,申请人必须年满 21 岁;第三,家庭总收入少于 1500 新元/月;第四,从未购买过公房或获得享受过政府提供的其他住房保障计划;第五,在申请之前的 30 个月内,没有放弃过组屋或政府提供的其他住房保障计划;第六,申请人的子女不能为其提供住房支持。新加坡的单身居民需要满足的条件如下:第一,申请人及其合租者必须都是新加坡公民;第二,申请人及其合租者必须都是单身者②;第三,总收入少于 1500 新元/月;第四,从未购买过公房或获得享受过政府提供的其他住房保障计划;第五,在申请之前的 30 个月内,没有放弃过组屋或政府提供的其他住房保障计划;第六,申请人的子女不能为其提供住房支持。若租户想要继续租约,需要在租约结束前 3 个月提出续租申请,由建屋发展局根据租户家庭情况评估新的租赁期限和租金水平。若租户家庭不再具备租赁组屋的条件,则无法续约,必须搬离组屋。③

---

① 袁凯:《新加坡组屋制度及对完善我国保障房体系的启示》,《新金融》2014 年第 9 期,第44—47 页。

② 以下情况都被视为单身者:第一,35 岁以上的未婚者;第二,35 岁以上的离异者;第三,寡居或鳏居者;第四,孤儿,且父母至少一方为新加坡公民或永久居民。

③ 参见新加坡建屋发展局官网(http://www. hdb. gov. sg/cs/infoweb/residential/renting-a-flat/renting-from-hdb/tenancy-renewal)。

（四）组屋的退出方式

1. 租赁型组屋的退出方式

（1）收回组屋

由于在新加坡公共住房系统中,用于出租的组屋所占比重非常较小,新加坡 HDB 规定,不再符合租赁组屋条件的家庭,必须搬出组屋,而不能通过收取市场化租金的方式继续居住在组屋当中。

（2）出售组屋

新加坡住房保障的基本导向是鼓励居民拥有住房产权。早在 1964 年新加坡政府就制定了"居者有其屋"计划,通过价格优惠、购房补贴和低息贷款等帮助中低收入租户购买其租住的组屋。

2. 产权型组屋的退出方式

产权型组屋的退出方式是出售。产权型组屋的拥有者在收入改善之后,如果要到住房市场上购买住房,是可以转售他们的组屋的,但是必须满足"最低居住年限"(Minimum Occupation Period)的限制,即住户自第一次入住该组屋起已经超过五年时间,并且不包括期间内将整个组屋租赁给他人居住的时间。[1]

为防止住户通过买卖组屋进行投机获得超额收益,组屋的拥有者可以将组屋以略高于原先购买组屋的价格(主要是加上适当的装修费用)出售给HDB,由 HDB 在市场上转售,转售后需要向政府缴纳转售税:二式房缴纳15000 美元;三式房缴纳 30000 美元;四式房缴纳 40000 美元;五式房缴纳45000 美元;公寓式组屋(Executive Flat)缴纳 50000 美元。[2]

---

① 参见新加坡建屋发展局官网(http://www.hdb.gov.sg/cs/infoweb/residential/selling－a－flat/eligibility)。

② 参见 Singapore Largest Real Estate Agency, *Consumer Guide*: *Selling a HDB Flat in the Resale Market*, 2016, http://www.era.com.sg/wp－content/uploads/2016/02/Answers－Guide－Selling－HDB.pdf。

（五）组屋退出的激励机制

1. 租金累进

新加坡组屋的租金与租户的家庭收入密切相关。HDB 将组屋的租户按照家庭月收入分为两个档次：第一档是家庭月收入在 800 新元或以下的家庭，这类家庭原则上只需要缴纳总收入的 10% 作为房租；第二档是家庭月收入在 800—1500 新元之间家庭，这类家庭原则上需要缴纳总收入的 30% 作为房租。租金的梯度递增有助于促进经济条件改善的家庭稳步退出组屋。

2. 对中低收入家庭购置房产提供优惠政策

为了帮助租户尽快解决住房问题，HDB 会以优惠的价格将组屋出售给租户。组屋售价由 HDB 用可支付指标来确定，通常仅为同类商品住房的 50% 左右，大约是购房家庭年收入的 5 倍。当然，租户还可以购买二手组屋和由新加坡住房及城市发展有限公司（HUDC）为中等收入居民提供的住房，也可以在住宅市场购买私人住宅。HDB（现已逐步过渡到商业银行）会向符合条件的租户提供优惠按揭贷款，来鼓励他们从租住的组屋中退出。

（六）组屋退出的监督与惩罚机制

新加坡政府对居民租住或购买组屋进行严格的监督和控制。根据法律规定，任何人在租住或买卖组屋时必须提供准确、翔实的资料。此外，新加坡政府对组屋制度的运行采取了十分严厉的惩罚措施，对在组屋的申请、退出等环节中存在欺诈、虚报等情况的骗购者或骗租者处以 5000 新元的罚款或 6 个月的监禁，严重者两者兼施。

二、 韩国公共住房的退出政策

（一）公共住房情况简介

20 世纪 60 年代，韩国政府开始实施"五年计划"，经济迅速崛起，城市化进程不断加快,住房短缺问题也开始变得非常突出。在此背景下,韩国政府开始关注公共住房的建设。政府相继出台了《韩国住宅公社法》(1962年)、《公营住宅法》(1963年)等一系列法案为公共住房建设提供了相关法律保障,并于1962年和1967年成立了韩国住宅公社(Korea National Housing Corporation,KN-HC)和韩国住宅银行(Korea Housing Bank),分别负责公共住房建设和为中低收入居民购房提供金融援助。1979年又成立了韩国土地开发公社(Korea Land Corporation,KLC),进一步保障了公共住房的用地供给。1988年韩国开始实施《住宅200万户建设规划》,该规划首次将住宅的供应对象按照收入水平划分为10个级和5种类型,其中,1—2级为低收入阶层,租金承受能力薄弱;3—4级为较低收入阶层,购买自有住房能力薄弱;5级为过渡收入阶层,政府补贴后可购买自有住房阶层;6—10级为中高收入阶层,住房问题主要由市场解决,不属于公共住房保障对象。目前,韩国公共住房的供应对象主要为5级及以下的阶层,并以此为基础建立起多元化的公共住房供应体系。

韩国的公共住房主要包括出租型公共住房和出售型公共住房两大类型。出租型公共住房也称公共租赁住房,是指公共部门(中央政府、地方政府及韩国住宅公社)通过政府预算或者接受国家住房基金(National Housing Fund)所提供的低息贷款且享受相关税收优惠建设、收购或改建的用于低价出租给中低收入居民的住房,主要包括永久租赁房、50年期公共租赁房、国民租赁房、长租押金租赁住宅、5年期公共租赁房等类型。其中,永久租赁房(Permanent Rental Housing)也称"永租房",始于1987年政府启动的"20万户永租房计划",是由韩国公共部门投入政府预算或者通过国家住房基金的支援而建设的、针对其生活保障法定义的目标人群(家庭收入水平处于社会收入分位最低的10%以下,收入等级为1的阶层)出租的非营利性住房。永租房建筑面积一般不超过45平方米,且不能出售。1987年政府启动了第一个永久租赁房建设计划——"20万户永租房计划"。但从1992年开始,迫于财政压力,政府停止了永租房的开发建设。50年期公共租赁房(50-year Rental Housing)始于 1992 年,是由韩国公共部门投入政府预算或者通过国家住房基金的支援而建设的、针对其生活保障法定义的目标人群(家庭收入水平处于社会收入分位最低的 10% 以下,收入等级为 1 的阶层)出租的非营利性住房,租赁期限为50 年。50 年期公共租赁房建筑面积不超过 50 平方米。同样基于财政方面原因,韩国政府从 20 世纪 90 年代后半期开始不再开发建设该类住房。国民租赁房(National Rental Housing)也称"国租房",始于 1998 年,是由韩国住宅公社和地方政府负责开发建设、针对收入低于城市工人家庭平均收入 70%(收入等级为 2—4 的阶层)的无房者出租的公共住房。1998 年韩国政府提出了"100 万户国租房建设计划",该计划包括针对最低 20% 收入户的 20 年期国民租赁房和针对最低 40% 收入户的 10 年期国民租赁房两种类型。2001 年韩国政府对其进行了修改,将优惠对象调整定为:收入低于城市工人家庭平均收入70% 的无房者(10 年期)或收入低于城市工人家庭平均收入 50% 的无房者(20年期)。后来统一将最长租赁期限扩展为 30 年。目前,国民租赁房已经成为韩国最主要的公共租赁住房形式。长租押金租赁住宅是指一次性交付一定的押金、租期最长期限为 20 年、租期内不再交纳月租金的公共租赁住宅。5 年期公共租赁房(Five-year Rental Housing)始于 1992 年,是由公共部门和私人部门共同针对低收入无房家庭开发建设的短期公共租赁住房。该类住房租期为 5 年,租户在租期结束后享有优先购买权。

出售型公共住房也称公售房,或国民安居房(National Ownership Housing),是指由韩国住宅公社或私人部门在政府税收鼓励和国家住房基金低息贷款支持下针对拥有住房购买力的中低收入家庭开发的面积在 85 平方米以下的中小型住房。

为了解决居民短期住房购买力不足的问题,近年来韩国又兴起了租售混合型公共住房①。该类住宅的租赁期为 10 年,先租后售,承租人可以逐步购

———————————

① 租售混合型公共住房也被称为持股型公共租赁住宅。

买住宅的部分产权,承租人的租金与其持有的房屋产权股份成反比,直到完全拥有房屋产权。出售型公共住房和租售混合型公共住房的供应对象主要是收入等级为3—5级的阶层。

(二)公共住房退出的管理主体

韩国设立了国家住房政策审议委员会,专门负责制定国家住房发展规划、审批全国住房建设计划。住房行政管理事务由国土海洋部(Ministry of Land, Infrastructure and Transport)(原建设和交通部)实施。

1962年成立的KNHC专门承担公共住房的建设,并负责对公共住房的申请人进行资格审查。2009年KNHC与KLC两家合并成为韩国土地住宅公社(Korea Land & Housing Corporation,LH)。为了有效管理其开发的住宅,1998年LH专门成立了子公司——住宅管理公司,负责制定住宅管理和维护的宏观规划。住宅管理公司下设12个分部,负责建立具有可操作性的实施规划。分部下设101个管理处,具体负责住宅小区的租赁管理、物业管理及退出等工作。①

(三)公共住房的退出对象

在韩国,公共租赁住房的退出对象主要包括以下两种:

第一,租赁期限到期。除永租房之外,韩国的公共租赁住房都有明确的退出期限。50年期公共租赁住房的最长租赁期限为50年;国租房最长租赁期限为30年;5年期公共租赁住房和雇员租房最长租赁期限都是5年。租期结束之后,承租人如果没有选择买下该房屋的产权,就必须退出住房保障体系。

第二,若租户存在以下违约情况,会被强制解除租赁合约,收回该住宅:(1)通过伪造申报材料等不正当方法获取公共租赁住房;(2)将公共租赁住房

---

① 黄修民:《韩国公共住房供应模式探析和启示》,《兰州学刊》2010年第1期,第130—132页。

转租给他人；(3)从租赁期间开始3个月没有入住；(4)3个月以上未交租金及管理费；(5)未经同意，擅自改造、扩建住房或变更住房用途；(6)故意损坏住宅及其附带设施；(7)租赁期间获得其他住宅。[①]

(四)公共住房的退出方式

韩国为正在享受住房保障的家庭提供了多种退出方式，保障对象可以依据自身经济状况选择对应的退出方式。

1. 收回住房

如前所述，若公共租赁住房的租户存在违约情况，会被强制解除租赁合约，收回该住宅。此外，在公共住房租期结束之后，若租户没有购买该住宅的产权，又拒绝支付市场租金，则必须腾退公共住房。

2. 收取市场化租金

在公共住房租期结束之后，若租户没有购买该住房的产权，又不愿意腾退该住房，可以对其收取市场租金。

3. 出售公共住房

在公共住房租期结束之后，承租人可以选择购买该房屋的产权，政府可以为其提供低息贷款的各类金融税收支持。但实际上，许多租户仍然无力承担购房成本，大多数公共住房最后被中等收入群体和投机者买走。[②]

(五)公共住房退出的激励机制

1. 租金累进

韩国公共租赁住房类型较多，不同类型的公共租赁住房的租金标准有很

---

① 金钟范：《韩国国民租赁住宅政策内涵与特点》，《上海房地》2005年第4期，第58—59页。

② Lee H., Hong H., "An Examination of Housing Policy for Low-income Households in Korea", in paper presented at the Asia-Pacific network for housing research(APNHR) conference-Transformation in housing, urban life, and public policy, August, Seoul National University, South Korea, 2007.

大差异。总体而言,租户收入水平越低,享受的租金福利折扣越大。永租房的租金仅为市场租金的15%;50年期公共租赁住房的租金为市场租金的30%;国租房的租金是市场租金的80%以下。这种梯度租金定价模式降低了租户退出公共住房体系时福利的"悬崖效应",一定程度上促进了公共住房的顺利退出。

2. 对中低收入家庭购置房产提供优惠政策

韩国政府为购买公共住房的租户提供了许多优惠政策。"当租户购买建筑面积在40平方米以下住房时,可享受交易登记税和住房购置税全部减免的优惠;购买建筑面积在60平方米以下住房时,可以获得年利率仅有8.5%、占总房款70%的贷款,同时还可享受交易登记税和住房购置税减半的优惠。"①

(六)公共住房退出的监督与惩罚机制

LH会定期对公共租赁住房的承租人及其使用公共租赁住房的情况进行审核。在承租人入住公共租赁住房后的6个月内,政府会每月检查一次;入住时期超过6个月之后,政府则每个季度检查一次。若发现有违规情况,会强制解除租赁合约,收回该住宅。在解约退房时,管理部门要对住房进行检查,并视情况提出复原意见。承租人将住房恢复原状后,由管理部门实施最终检查,符合要求则接收房屋,并清算相关费用。

若承租人拒不腾退,管理部门可以通过法律诉讼迫使其退出该住房。②

三、 中国香港地区公共住房的退出政策

(一)公共住房情况简介

香港地区的公共住房被称为公营房屋,主要分为公屋和居屋两类。公屋

---

① 张琪:《保障房的准入与退出制度研究:一个国际比较的视角》,《社会科学战线》2015年第6期,第68—73页。
② 金钟范:《韩国国民租赁住宅政策内涵与特点》,《上海房地》2005年第4期,第58—59页。

（即公共屋邨）是由香港房屋委员会或香港房屋协会兴建的租赁型公共房屋。截至 2015 年 6 月 30 日，香港公屋存量为 74.55 万套，约有 205.11 万人口（73.27 万户）租住公屋之中。① 居屋则是由香港房屋委员会或香港房屋协会兴建的出售型公共住房。香港的公屋制度经历多年的实践已日臻完善。

1976 年香港政府推出了"居者有其屋计划"，旨在帮助那些在住房市场上缺乏购买能力，又不符合申请公屋资格条件的中低收入家庭购房置业。"居者有其屋计划"对住房市场产生了很大的影响。1998 年，香港在《香港长远房屋策略白皮书》框架下，又出台了租者置其屋计划、首次置业贷款计划和居屋第二市场。然而，亚洲金融危机的发生不仅冲击了房屋市场，也严重影响了公屋的出售。1997 年 10 月至 1998 年 4 月，尽管香港特区政府引进了弹性折现率，申请购买居屋和私人房屋的居民却分别下降了 26% 和 8%。为避免与私人住宅市场竞争，香港特区政府在 2002 年重新定位房屋政策，不再直接提供居屋，自 2003 年起，无限期停建和停售居屋，转而集中资源为有需要的家庭提供租住房屋。

（二）公共住房退出的管理主体

香港地区的房屋政策事务由政府总部的运输及房屋局负责。在公共住房的建设和管理方面，1973 年 4 月香港政府专门成立了一个独立法定组织，即香港房屋委员会（房委会），负责制定和推行公共房屋计划，以满足无法负担私营租住楼宇居民的住房需要，从而达至政府的政策目标。

公共住房的具体管理则由房委会的执行机关——房屋署（Housing Department，HD）负责。2002 年 7 月，香港房屋署与香港房屋局合并。HD 主要工作如下：第一，为有需要的香港市民提供租住公共房屋；第二，审核各类公共

---

① 香港房屋委员会：《公共租住房屋人口及住户报告》，2015 年 6 月，见 http://www.housingauthority.gov.hk/tc/common/pdf/about-us/publications-and-statistics/PopulationReport.pdf。

房屋资助计划的资格准则;第三,为香港房屋委员会及其辖下小组委员会,提供秘书处以及行政方面的支援。公共住房的退出也由 HD 管理。

(三)公共住房的退出对象

香港政府认为公屋是宝贵的社会资源,必须善用及合理配置给真正有需要家庭。因此,若租户存在以下情况,都将被要求迁出公屋。

1. 租户不再符合继续接受公屋资助的资格

自 2017 年 10 月起,HD 开始实施最新修订的《公屋住户资助政策及维护公屋资源的合理分配政策》(又称《富户政策》)。该政策规定,当住户满足以下条件时,需要从其公屋单位内迁离:第一,在香港拥有私人住宅物业的公屋住户,不论其居住是否满十年,不论其家庭入息或资产水平如何,均须迁离其公屋单位;第二,若公屋住户的家庭入息超过公屋入息限额的 5 倍,或家庭总资产净值超过公屋入息限额的 100 倍,则需要迁离其公屋单位;第三,拒绝申报家庭资产及收入情况的住户,同样需要从公屋单位迁离。另外,对于家庭入息及资产未达到指定迁离标准但家庭入息已经超过公屋入息限额两倍的住户,可以继续居住在公屋内,但需要缴纳额外部分的租金及差饷。①

2. 租户存在滥用公屋行为

根据现行的《香港公营房屋政策》,滥用公屋行为包括:第一,空置房屋(或超过三个月非经常持续居于单位);第二,分租或转租房屋(不论有没有租金收入);第三,在单位内进行不法活动,如聚赌、藏毒或藏有私烟等;第四,将房屋用作非住宅用途,如营商、货仓等;第五,虚报资料,如收入、资产、婚姻或家庭人口状况等。若租户被证实滥用公屋,将会被终止租约,并被要求迁出公

---

① 香港房屋委员会:《公屋住户资助政策及维护公屋资源的合理分配政策》,2017 年 10 月,见 http://www.housingauthority.gov.hk/sc/public - housing/tenancy - matters/income - and - asset-declaration/index.html。

屋,而且还可能会遭检控。

3. 租户违反屋邨清洁扣分制

为了改善公屋的环境卫生,2003 年 8 月 1 日 HD 开始推行屋邨清洁扣分制。目前,扣分制涵盖 28 项不当行为,根据不当行为的程度,分为 A、B、C、D 四类,违规住户将会按照违规的严重程度被扣 3 到 15 分不等。若租户在两年内被扣分数累计达 16 分及以上,HD 会发出迁出通知书终止有关租约。

(四)公共住房的退出方式

1. 公屋的退出方式

(1)收回住房

在香港,需要采取腾退公屋的主要有三种情形:

第一,租户存在滥用公屋行为。对于租户存在滥用公屋的行为,HD 将与其终止租约,并要求其搬出公屋。同时,HD 还规定,涉及空置房屋、分租或转租房屋以及在公屋内进行不法活动的行为为严重违反租约,HD 将不予警告,直接终止其租约。

第二,租户违反屋邨清洁扣分制。对于此类租户,HD 设有警告机制,即先向违规性质较轻微的租户发出书面警告,罔顾警告而再次做出不当行为的租户将被扣分。扣分累计超过限制后,HD 将会终止与租户的租约。①

第三,租户的家庭入息超过公屋入息限额的 5 倍,或家庭总资产净值超过公屋入息限额的 100 倍,则需要终止租约并迁离其公屋单位,具体参见表 3.4。

---

① 香港房屋委员会:《屋邨管理扣分制》,2006 年,见 http://www.housingauthority.gov.hk/sc/public-housing/estate-management/marking-scheme-for-estate-management-enforcement/index.html。

表 3.4　香港 2018 年 4 月 1 日起生效的富户政策入息及资产净值限额

单位:港元

家庭人数	入息范围 超过 2018/2019 年度公屋入息 限额的 2 至 3 倍 住户须缴交 1.5 倍 净租金另加差饷	入息范围 超过 2018/2019 年度公屋入息 限额的 3 至 5 倍 住户须缴交 2 倍 净租金另加差饷	入息限额 2018/2019 年度公屋入息 限额的 5 倍 超出以下限额的 住户须迁出现居 公屋单位	净资产值限额 2018/2019 年度 公屋入息限额 的 100 倍 超出以下限额的 住户须迁出现居 公屋单位
1 人	23081—34620	34621—57700	57700	1160000 *
2 人	35201—52800	52801—88000	88000	1760000 *
3 人	44781—67170	67171—111950	111950	2240000 *
4 人	55841—83760	83761—139600	139600	2800000
5 人	67841—101760	101761—169600	169600	3400000
6 人	74661—111990	111991—186650	186650	3740000
7 人	85401—128100	128101—213500	213500	4270000
8 人	95481—143220	143221—238700	238700	4780000
9 人	105301—157950	157951—263250	263250	5270000
10 人及以上	114901—172350	172351—287250	287250	5750000

注: * 表示在 1—3 人家庭中,若其所有家庭成员均为 55 岁以上,其资产净值限额与 4 人家庭的限额相同,即 2800000 元。

资料来源:香港房屋委员会:《公屋住户资助政策及维护公屋资源的合理分配政策》,2018 年 10 月 1 日,见 http://www.housingauthority.gov.hk/tc/common/pdf/public-housing/tenancy-matters/income-and-asset-declaration/HD1120C.pdf。

（2）收取市场化租金

HD 规定,对于收入及资产情况发生变化的住户,若没有私人住宅,且家庭入息没有超过公屋入息限额的 5 倍,家庭总资产净值没有超过公屋入息限额的 100 倍的住户,可以继续住在公屋内。但是,如表 3.4 所示,当家庭入息等于公屋入息限额的 2—3 倍时,则需要缴交 1.5 倍净租金另加差饷,当家庭入息等于公屋入息限额的 3—5 倍时,则需要缴交 2 倍净租金另加差饷。

此外,被要求迁出公屋的家庭如有暂时的住房需要,可以申请不超过 12 个月的暂时居住期。在此期间,暂居家庭必须缴交暂居费,金额为双倍净租金另加差饷或市值租金中较高者。若住户在暂居期间家庭入息或资产净值已连续三个月下降至低于指定的限额,可以申请公屋租住资格并缴交较低水平的租金;若家庭入息或资产净值下降的情况属于永久性质,则住户可立即获得公屋租住资格。

(3)出售公屋

HD 曾于 1998 年推出租者置其屋计划,即"租置计划",旨在帮助公屋住户以可负担的价格购买现在居住的租住单位,进而激励收入提高的住户早日退出公屋同时实现"居者有其屋"的目标。但后来因金融危机的影响,租置计划于 2002 年宣布停止。但此后,在租置屋内居住的租户仍然可以选择购买该住宅。

2. 居屋的退出方式

居屋的退出方式就是出售。为了增加居屋的流动性,1997 年 6 月香港房委会建立了居屋第二市场。凡是购买满两年或以上的居屋,都可以在该市场出售。在居屋第二市场上,买卖双方可以自由议价,也可以通过地产代理进行交易。买方只能是公屋租户或符合资格入住公屋的人士(公屋轮候人士),且若未来在公开市场上出售该居屋需要缴付补价。买房在居屋第二市场上购买居屋也可获得优惠贷款。

(五)公共住房退出的激励机制

1. 租金累进

香港公屋的租金一直维持在低水平,约为同地区市场价的 1/4。房屋租金按室内楼面面积计算,同一大楼内所有单位每平方米的租金都是一样的。根据《2007 年房屋(修订)条例草案》,香港采取了新的租住公屋租金调整机制,即根据公屋整体租户家庭收入的变动而上调或下调租金。公屋租金每两年根据整体租户家庭收入指数①的变动调整一次。也就是说,香港公屋的租金与单个租户的家庭收入并无直接关系。但是,2017年10月起实施的《公屋住户资助政策及维护公屋资源的合理分配政策》又规定,当家庭入息等于公屋入息限额的2—3倍时,则需要缴交1.5倍净租金另加差饷,当家庭入息等于公屋入息限额的3—5倍时,则需要缴交2倍净租金另加差饷。如表3.4所示,以4口之家为例,若家庭月收入在55841至83760港元之间,需要缴交1.5倍净租金另加差饷;如果该家庭的月收入提高到83761—139600港元之间,则需要缴交2倍净租金另加差饷。这事实上也是通过增加收入水平转好的租户的住房消费支出来促使其放弃或腾退所居住的公屋。

2. 住房补贴累退

在香港,HD还通过"租金援助计划"来帮助暂时有经济困难的公屋租户。对于普通家庭而言,只要其收入状况满足下列任意一种情况,即可获减一半租金(相当于获得数额为一半租金的补贴):第一,家庭总收入低于公屋入息限额的50%;第二,租金与入息比例超过25%;第三,家庭总收入在公屋入息限额50%—70%之间,且租金与入息比例超过15%。只要家庭收入状况满足下列任意一种情况,即可获减四分之一租金(相当于获得数额为四分之一租金的补贴):第一,家庭总收入低于公屋入息限额70%,但不低于50%;第二,租金与入息比例超过18.5%,但不超过25%。通常情况下,减租期为一年。若承租家庭存在长期经济困难,则可向社会福利署申请租金津贴,其数额足以支付全部租金。可见,随着租户收入水平的提高,其能够获得的租金补贴就越低,这事实上降低了收入水平转好的家庭的福利收入,从而促使其放弃或腾退所居住的公屋。

---

① 租户家庭收入指数反映公屋租户家庭收入的整体变动情况,并由政府统计处负责计算。若租户家庭收入的整体水平下降,公屋租金必须按收入指数的减幅而下调;若租户家庭收入的整体水平上涨,公屋租金则必须按收入指数的升幅而上调,上调幅度的上限为10%。

3. 对中低收入家庭购置房产提供优惠政策

香港政府实施了多项计划来鼓励公屋租户购置房产。1997 年 10 月,香港特区政府宣布推行首次置业贷款计划,旨在帮助中低收入家庭自置居所。首次置业贷款计划的符合资格申请人可获得低息贷款,贷款额可高达 60 万元或房价的三成(以款额较低者为准)。1998 年香港房委会又推出了"租置计划"以帮助公屋租户以较低的价格购买现在居住的租住单位。香港特区政府希望通过租者置其屋计划,实现香港七成家庭拥有自置居所的目标。

2015 年,香港特区政府又推出了"绿表置居先导计划"(Green Form Subsidised Home Ownership Pilot Scheme),简称"绿置居计划"。该项目以先导计划形式出售给现有公屋租户的合资格"绿表"人士,单位定价比传统居屋低廉,协助符合条件的租户自置居所,并藉此腾出更多公屋单位以便配给轮候公屋人士。2016 年,香港房委会推出首个供绿表人士申请的"绿置居计划",该计划是位于新蒲岗的景泰苑,857 个单位,以市值 6 折定价,售价由 94 万元至 298 万元不等。①

(六)公共住房退出的监督与惩罚机制

1. 监督机制

为了防止公屋被滥用,香港房屋委员会专门成立了善用公屋资源组,专门打击滥用公屋行为。《公屋住户资助政策及维护公屋资源的合理分配政策》规定,在公屋中居住满十年的住户,需要每两年对家庭的资产及收入情况进行一次申报。善用公屋资源组除了处理滥用公屋的个案外,还会严格审查公屋租户及各类资助房屋计划申请人的入息及资产申报,严防公屋资源被滥用。以下几类住户可获豁免审查:第一,所有成员均年满 60 岁以上;第二,全部成员均领取综合社会保障援助;第三,各成员持合租租约共住一单位;第四,全部

---

① 朱丽娜:《团结香港基金:建议锁定公营房屋补价　重建特区置业阶梯》,《21 世纪经济报道》2017 年 10 月 24 日,第 5 版。

成员均正在领取社会福利署发放的伤残津贴。

同时,房屋委员会向公众提供了多种举报滥用公屋的途径,包括举报热线、网上递交举报表格、通知屋村办事处等,进而达到居民间相互监督的作用。

2. 惩罚机制

为了惩罚滥用公屋的行为,对于因违反《屋邨管理扣分制》或租约规定被房委会于 2006 年 1 月 1 日以后终止公屋租约的前租户,从终止租约日期起计 2 年内,不能再次申请公屋。在将来配租时,此类申请人将无权获得地理位置、楼龄和楼层比前公屋居所更好的公屋。①

香港政府对骗租行为有非常严厉的惩罚规定。"按照香港法例第 283 章《房屋条例》,任何人在申请公屋时蓄意虚报资料,即为违法,一经定罪,可判刑事诉讼条例所规定第 5 级罚款(最高罚款额为 5 万港币)及监禁 6 个月。在后续审核中,若住户虚报资料,房屋委员会可终止其租约,并根据《房屋条例》予以检控,一经定罪,可判罚款 20 万港元及监禁 6 个月。"②

第三节　主要市场经济国家及地区公共
住房退出政策对中国的启示

如前所述,各主要市场经济国家和地区在建造公共住房的同时,也都依据自身的情况建立了各具特色的公共住房的退出制度。本节试图在进一步概要性总结和比较上述国家及地区公共住房退出制度的基础上,讨论其对中国公共住房退出制度的可资借鉴之处。

---

① 参见香港房屋委员会网站(http://www.housingauthority.gov.hk/sc/public - housing/tenancy-matters/combating-housing-abuses/index.html)。

② 胡琳琳:《保障性住房公平分配的国际经验与启示》,《党政论坛》2013 年第 8 期,第 61—62 页。

一、 关于公共住房退出的管理机构

主要市场经济国家及地区大多建立了完善的公共住房管理体系,设有明确的行政部门负责管理公共住房。例如,美国的地方公共住房管理局、新西兰房屋署、新加坡建屋管理局等。这些管理机构主要在确定公共住房的建设、补贴、分配的总体原则等重要方面确立指导方针。而公共住房的退出管理是公共住房后期管理的重要内容之一。从目前的实践来看,各国及地区都通过成立具有专业知识的专门机构来对公共住房进行后期的动态管理,管理工作比较专一。管理模式主要分为以下几种情况:第一,以专门的政府住房管理部门为主,例如,美国的地方公共住房管理局、新西兰的房屋署、日本的地方公共团体等。第二,以私营机构(包括营利与非营利机构)为主,例如,荷兰由非营利的住房协会直接负责社会住房的后期管理工作,韩国则由住宅管理公司负责公共住房的后期管理工作。第三,由住房管理部门和私营机构共同管理,例如,英国的社会住房的后期管理由各地政府的住房管理部门和住房协会负责,而住房协会又受到住房和社区局与出租服务监管局两大部门的资助和监管。澳大利亚负责管理社会租赁住房的专业租赁管理机构既可以是社区的非营利性组织,也可以是商业租赁管理机构,甚至是州或地方政府的下属机构。从发展趋势来看,各国和地区政府越来越重视将私人开发商和非营利组织引入到公共住房的后期管理之中,提高管理效率。

各国和地区的经验表明,专业化的管理机构和人员配备齐整不仅可以提高管理水平和效率,而且能够确保公共住房分配、退出等过程的公正性。我国可以借鉴经验,地方可设立专门的公共住房管理局或者公共住房管理中心对本辖区的公共住房分配、退出等工作进行指导和监督,使之起到公共住房管理主体的作用,并成立或者委托专业的公共住房运营机构来负责公共住房的后期管理事务,提高公共住房的管理效率。

二、 关于公共住房的退出对象

主要市场经济国家及地区公共住房管理机构都明确规定了公共住房的退出对象。从大多数国家及地区的公共住房管理实践来看,公共住房的退出对象不仅仅局限于因经济状况或住房状况改善而不再符合享受条件的住户,同时还包括了各种行为不当的住户。总体而言,退出对象主要可以概括为三大类型:一是由于经济状况或住房状况改善而不再符合享受条件的住户;二是存在公共住房的欺诈行为的住户;三是存在违反租约或反社会行为的住户。并且,各国和地区还对不同类型的退出对象的具体情形进行了详细的规定。

对于第一种类型的退出对象,几乎所有的国家及地区都对公共住房的住户提出了经济状况的限制要求,一旦住户家庭的经济状况超过了规定的限制要求,则需要退出公共住房保障体系。对于住户家庭的经济状况限制,大多数国家主要是从家庭收入角度进行考察。除了考察家庭收入的绝对增长情况之外,有些国家还要对家庭收入增长是否可持续性进行考察,从而作出是否让其退出的决定。例如,美国政府就认为若租户收入增长幅度很小或是暂时的,就不应该对其终止公共住房援助,以免阻碍该家庭走向住房自给自足的进程。除家庭收入之外,一些国家及地区还对公共住房住户家庭的资产状况进行考察,甚至还考虑了家庭成员的构成和变更情况,如澳大利亚、新西兰、新加坡、中国香港地区。而且,各国和地区对经济状况的限制要求并非固定不变,而是随着经济的发展和居民收入水平的变化不断调整的。

对于第二种类型的退出对象,主要包括以下行为:通过谎报、瞒报手段取得公共住房;非法转租公共住房牟利;原合法住户去世之后非法占有公共住房等。美国、英国、新西兰、日本、韩国、中国香港地区等都有类似上述规定。

对于第三种类型的退出对象,主要包括以下行为:拖欠租金;空置超出规定期限;擅自改造、扩建住房;故意损坏住宅及其附带设施;扰乱住户正常生活秩序;聚赌、毒品交易和家庭暴力违法犯罪行为;等等。上述所有国家或地区等都有类似上述规定。

当然,除了对退出对象共性的规定之外,由于国情、区情及公共住房制度存在差异,各国和地区对退出对象的规定在侧重点、力度等方面也存在一些差异。例如,韩国是按照租赁时间来确定退出对象。除永租房外,韩国的公共租赁住房都有明确的退出期限,租期结束之后,不论其经济状况如何,都必须退出住房保障体系。美国为了打击公共住房住户的暴力犯罪和毒品交易实施了"违规一次即驱逐政策",这项政策非常严厉,驱逐对象不仅是犯罪者本人,与犯罪者有关的公共住房租户也将使其受到驱逐(包括家庭成员甚至来访客人)。中国香港地区则特别注重改善公屋的环境卫生,为此实施了违反屋邨清洁扣分制,将严重破坏卫生环境的住户逐出公屋。此外,有些国家及地区对特殊群体(单亲家庭、老年人、残疾人等)在退出条件上也给予了一定程度的政策倾斜,如日本、中国香港地区等。

我国可以借鉴各国和地区的做法,科学确定公共住房的退出对象。退出对象应该同时考虑到上述三种类型的情况。对于存在公共住房的欺诈行为的住户和存在违反租约或反社会行为的住户,规定的情形要尽可能完备和详细。对于因经济状况或住房状况改善而不再符合享受条件的住户,退出条件不仅要考察家庭收入水平的变化,而且要审核家庭资产的变动情况,还应当考虑家庭成员的构成和变更情况。随着经济的不断发展和居民收入水平的不断提高,退出的收入和资产标准也相应地逐步调高。当然,退出条件的设计也应该体现"以人为本"的原则,对老人、单亲家庭、残疾人等特殊人群可以适当放松退出条件。

三、 关于公共住房的退出方式

虽然上述主要市场经济国家及地区的公共住房制度存在较大差异,但其在公共住房退出方式上存在以下一些共性特征,可以为我国建立合理的公共住房退出机制提供有益借鉴。

(一) 多元化

从各国和地区公共住房的实践来看,它们都实现了公共住房退出方式的多元化,主要可以概括为以下四种方式:收回住房、停止发放住房补贴、收取市场化租金以及出售公共住房等。当然,由于各国和地区公共住房保障形式并不是单一的,这也就决定了它们在公共住房退出问题上,也往往是多种方式并存的。

(二) 针对性

对不同的类型的退出对象,主要市场经济国家及地区提供了不同的退出方式。

对于产权型公共住房的退出对象而言,退出方式主要是购买或者出售公共住房。如果住户选择通过购买公共住房退出住房保障体系,政府一般会采取住房所有权由居民与房主(或贷款发放人)共有的过渡形式,并采取各种支持措施帮助居民最终购买全部产权,例如,英国、澳大利亚等。这不仅有效地解决了公共住房的住户对房子的所有权问题,而且帮助他们实现了向社会上层流动,减少了公共住房的退出阻力。如果住户选择通过出售公共住房退出公共住房保障体系,政府一般会在转售对象、年限、转售的利益分配等方面进行严格的规定,防止公共住房资源的流失,例如,美国、荷兰、中国香港地区等。

对于租赁型公共住房的退出对象而言,情况则更为复杂。如前所述,租赁型公共住房的退出对象可以分为三种类型:存在公共住房的欺诈行为的住户、存在违反租约或反社会行为的住户和由于经济状况或住房状况改善而不再符合享受条件的住户。对于存在公共住房的欺诈行为的住户和存在违反租约或反社会行为的住户,几乎所有的国家和地区都采取了收回住房这种退出方式,情节严重的还会被起诉并承担法律责任。对于因经济状况或住房状况改善而不再符合享受条件的住户,大多数国家和地区都为其提供了多种可选择的退出方式,即如果住户不愿意腾退住房的话,可以通过支付市场化租金或者购买该住房继续居住于该住房,如美国、英国、荷兰、澳大利亚、新西兰、日本、新加坡、韩国、中国香港地区等。并且,若这类住户选择腾退住房这一退出方式,很多国家和地区都给予了一定时间的过渡期。在过渡期内,这些住户通过支付高于公共住房的租金,仍然能够暂时居住在原有公共住房内,确保了这类家庭不会立即因为腾退公共住房而无家可归,如澳大利亚、新西兰、日本、中国香港地区等。

(三)灵活性

各国和地区政府会随着公共住房供求情况的变化,调整退出方式,调整的总体原则是:公共住房短缺情况越严重,所采取的公共住房退出方式就越严格。在公共住房非常短缺的情况下,对不再符合享受条件的住户往往采取严格的迁出政策,公共住房短缺程度越高,公共住房回收政策就执行得越彻底;在公共住房短缺情况并不严重的情况下,许多国家或地区并不会强制不再符合享受条件的住户迁出所居住的公共住房,而是采取停止发放租金补贴或者收取市场化租金的方式逐步减少直至停止住户享受的住房保障待遇;在公共住房供给相对充裕时,有些国家和地区就开始要求收入水平提高的住户以相对优惠的价格购买所居住的公共住房。

我国各地区经济发展水平、财政收入情况、居民收入水平和公共住房的供求情况都存在较大的差异,因此,在公共住房的退出制度设计时,不仅要注重退出方式的多元化和针对性,还应当根据公共住房的供求等情况,增强公共住房的退出方式的灵活性。

四、 关于公共住房的退出激励机制

对于因经济状况或住房状况改善而不再符合享受条件的公共住房租户,各主要市场经济国家及地区则采取了多种经济激励措施,引导其退出公共住房保障体系,主要包括以下三种类型:租金累进、住房补贴累退和对中低收入家庭购置房产提供优惠政策等。从本质上来讲,前两类措施都降低了收入状况转好的家庭从政府处得到的住房福利,从而推动了住户放弃或腾退公共住房;第三类措施则保证了不再符合享受条件的家庭退出公共住房后所享受的福利不会大幅度小于甚至大于公共住房保障,从而拉动其退出公共住房。此外,有一些国家还实施了一些特殊的激励措施,如美国的"家庭自给自足计划"、新西兰为每个不再具备租赁社会住房资格的承租家庭制定一个搬离计划并提供搬家费等。这些经济激励措施对腾退机制的良性运转起到了至关重要的作用。

产权型公共住房的退出激励机制主要是通过优惠的价格、贷款政策、房产增值价值的分配政策等的规定来促进住户尽快购买公共住房的剩余产权,最终拥有公共住房的完全产权。

我国可以借鉴各主要市场经济国家及地区的经验,采取多种经济激励措施,引导不再符合条件的住户退出公共住房。当公共住房的承租家庭的收入增加之后,分阶段逐步提高租金或减少租金补贴,使其住房消费支出不至于在经济状况稍有好转的短期内大幅度上升,从而实现住房保障的稳步退出。此外,还可以对中低收入家庭购置房产提供多种政策优惠,如价格优惠、低息贷款等,促使他们主动改变自身经济状况,退出公共租赁住房保障。

五、 关于公共住房退出的监督与惩罚机制

各主要市场经济国家及地区还通过各种形式对公共住房的使用情况进行了严格监督,并对各类违规行为进行重罚,甚至在有些国家及地区对其判处刑事处罚。从实施效果来看,这些措施不仅打击了各类滥用公共住房的行为,收回了部分被滥用的公共住房保障资源,而且增加了公共住房申请者和租住者的违法成本和违法压力,使不具备或不再具备享受条件的住户占有公共住房可能付出的成本要远远高于其获得的收益,从而迫使其主动退出公共住房。

　　我国应该加强对申请人(家庭)收入、资产审查及动态跟踪,加大对骗取、滥用公共租赁住房行为的惩罚力度,建立一个包括行政监督、司法监督、社会监督在内的监督体系,增加公共住房申请者和租住者的违法成本和违法压力,使不具备或不再具备享受条件的住户占有公共住房可能付出的成本要远远高于其获得的收益,从而迫使其主动退出。

　　总体而言,各主要市场经济国家及地区的公共住房退出制度对建立和完善中国的公共住房退出机制有着重要启示。中国应该借鉴这些有益的经验,一方面是要建立规范科学的公共住房退出机制,既要严格执行,也要考虑到住户的一些具体情况,体现出社会关怀、人文关怀;另一方面是要根据国情、省情、市情不断地调整和完善退出制度。这样既可以促进保障住房和社会平等,促进社会住房福利水平的提高,同时也可以促进经济效率的提高和国民经济的不断发展。

第四章　中国现行的保障性住房
退出制度及实践

保障性住房的退出管理已经成为保障性住房管理的越来越重要的内容，目前，我国各城市既有相同的做法，但也有不同的做法。了解和比较各地保障性住房退出管理的制度安排和实践现状，探究保障性住房退出面临的主要困难，对于进一步完善我国保障性住房退出管理制度都具有重要的意义。

第一节　中国现行租赁型保障性住房
退出制度及存在的主要问题

一、　现行的租赁型保障性住房退出制度

在廉租住房、公共租赁住房等租赁型保障性住房的快速发展过程中，各地逐渐建立起了租赁型保障性住房的退出管理制度。本节将主要从管理体系、退出对象、退出方式、退出过渡期及其安排、退出激励机制（包含惩罚措施）、退出程序等方面梳理我国现行的租赁型保障性住房的退出管理制度。①

---

① 部分城市的廉租住房和公共租赁住房尚未完全实现合并运行管理，因此，对于这部分城市下文将分别介绍这两类租赁型保障性住房的退出政策。

　（一）管理体系

　　国内各城市基本上都由市政府主管部门负责监督管理租赁型保障性住房的运营管理工作（包括退出管理），具体参见表4.1。大多数城市采取的都是市—区（县）两级管理体制，即由市级住房保障管理部门负责租赁型保障性住房运营管理的指导和监督工作，由区（县）住房保障管理部门承担本地区租赁型保障性住房的保障对象资格审核、房源分配、动态监管、退出管理等职责。同时，部分城市成立了国企性质的运营管理公司专门负责公共租赁住房的入住管理、租金管理、退出及续租管理、维修管理、物业服务监督管理等具体事务性工作，例如北京、上海、重庆、深圳、武汉等城市。

表 4.1　国内典型城市租赁型保障性住房的后期管理体系

城市	管理主体		相关文件
北京	市住房城乡建设主管部门负责本市公租房后期监督管理。各区县住房保障管理部门负责本行政区域内公租房后期监督管理工作，对公租房产权单位进行指导、监督和检查，依照规定组织相关部门对公租房承租家庭资格进行复核。公租房产权单位应负责租赁管理、物业服务等工作，并协助住房保障管理部门加强承租家庭资格动态管理，协助街道办事处及社区管理部门等开展社区服务。		《北京市公共租赁住房后期管理暂行办法》，2013年7月25日发布
天津	市住房保障管理办公室对全市公租房事务性工作实施管理，对区住房保障实施机构进行指导、监督。市房产总公司负责全市公租房的经营管理工作。各区房管局负责本行政区域内公租房工作的具体实施和监督管理。区住房保障实施机构负责公租房事务性工作。		《天津市公共租赁住房管理实施细则》，2016年9月19日发布
上海	廉租住房	上海市房屋土地资源管理局是本市廉租房工作的行政主管部门。上海市廉租房管理办公室具体负责指导、协调试点区的廉租房管理工作。	《上海市城镇廉租住房试行办法》，2000年9月3日发布
上海	公共租赁住房	市住房保障房屋管理局是本市公租房工作的行政主管部门。区（县）住房保障房屋管理部门是本区（县）公租房工作的管理部门。公共租赁住房运营机构负责公租房的申请受理、审核、公示、轮候、复核及配租管理工作。	《贯彻〈上海市发展公共租赁住房的实施意见〉的若干规定》，2010年12月21日发布

城市		管理主体	相关文件
重庆		市公共租赁房管理局承担公租房项目监督管理、公租房申请对象审核配租、信息统计和分析等工作,指导区县公租房业务工作。	重庆市公共租赁房信息网
深圳		市住房保障主管部门负责建立全市统一的公租房轮候册,对全市公租房轮候与配租实行监督管理,依法委托相关事业单位具体实施。 各区住房保障主管部门协助市主管部门开展公租房轮候与配租的相关工作,具体负责辖区公租房配租管理。	《深圳市公共租赁住房轮候与配租暂行办法》,2013 年 4 月 25 日发布
广州		市住房保障办公室是全市公租房保障工作的具体实施机构,负责公租房筹集、资格审核、住房租赁补贴计发、房屋分配、房屋使用后续监管等工作,指导各区住房保障部门开展保障相关工作。 各区住房保障部门负责辖区内公租房筹集、住房困难状况审查核实、房源配租、房屋使用后续监管以及违规行为查处等工作,会同相关职能部门做好保障资格复核、资格期满审查等工作,配合市住房保障部门做好查处骗取公租房保障违规行为等工作。	《广州市公共租赁住房保障办法》,2016 年 7 月 18 日发布
杭州	廉租住房	市房产、建设行政主管部门负责市区范围内廉租住房保障的管理和实施工作。 各级住房保障管理部门可指定专门机构具体实施廉租住房的经租管理工作。	《杭州市城镇廉租住房保障管理办法》,2008 年 1 月 22 日发布
	公共租赁住房	市住保房管部门统筹市区公租房的租赁管理工作,具体负责编制公租房保障需求年度计划;负责市区公租房房源调配、方案审核、受理公告发布、结果确认及监督管理工作。市公租房管理机构负责市本级公租房的资格审核、配租、后续管理等相关工作。 各区人民政府负责辖区内公租房居住区的综合服务与管理,并按属地管理原则确定区级公租房管理机构负责市级公租房的初审和辖区公租房的审核、配租、后续管理等相关工作。	《杭州市区公共租赁住房租赁管理实施细则(试行)》,2011 年 10 月 31 日发布
武汉		市房管部门负责全市住房保障工作的监督管理,日常工作由其所属的住房保障工作机构承担。 区住房保障和房屋管理部门负责本行政区域内廉租房保障工作的组织实施。 各区人民政府是本辖区公租房管理的责任主体,负责辖区内公租房的申请、审核、配租、退出管理相关工作,确定辖区公租房运营主体,并监督其运营行为。	《武汉市廉租住房保障办法》,2009 年 11 月 27 日发布;《武汉市公共租赁住房租赁管理暂行规定》,2011 年 8 月 31 日发布

城市	管理主体	相关文件
厦门	市建设主管部门是本市住房保障行政管理部门。市社会保障性住房建设与管理办公室在市建设主管部门的领导下负责本市社会保障性住房工作的具体组织与实施。 市住房保障管理中心在市社会保障性住房建设与管理办公室的指导下,具体承担本市社会保障性住房的申请、审核、分配和管理。	《厦门市社会保障性住房管理条例实施办法》,2015年10月12日发布

租赁型保障性住房的房源来源众多,大多数城市对租赁型保障性住房的运营管理基本按照"谁投资、谁管理、谁收益"的原则进行。一般而言,市区政府投资建设的产权归属市区政府,政府所属机构投资建设的产权归属该投资建设机构。以武汉市为例,当前武汉市政府类公共租赁住房大部分都由武汉地产集团代表市政府进行投资建设,即武汉地产集团为武汉市政府类公共租赁住房的产权所有人。武汉市政府类公共租赁住房运营管理机构通过区政府授权或产权单位委托的形式实施运营管理,社会类公共租赁住房由投资建设单位自行运营管理。市、区政府购买、长期租赁以及在商品住房中配建的公共租赁住房,由区政府授权的运营管理机构管理;市级政府平台公司建设并持有的公共租赁住房,由产权单位委托本区设立的运营管理机构管理。

(二)退出对象

2005年7月7日颁布的《城镇最低收入家庭廉租住房申请、审核及退出管理办法》,就廉租住房的腾退条件作出如下规定:"享受廉租住房保障的家庭有下列情况之一的,由房地产行政主管部门作出取消保障资格的决定,收回承租的廉租住房,或者停止发放租赁补贴,或者停止租金核减:未如实申报家庭收入、家庭人口及住房状况的;家庭人均收入连续一年以上超出当地廉租住房政策确定的收入标准的;因家庭人数减少或住房面积增加,人均住房面积超出当地廉租住房政策确定的住房标准的;擅自改变房屋用途的;将承租的廉租住房转借、转租的;连续六个月以上未在廉租住房居住的。"①2007 年 11 月 8 日颁布的《廉租住房保障办法》第二十五条又将"无正当理由累计 6 个月以上未交纳廉租住房租金的"承租人补充成为退出对象。②

2012 年 7 月开始实行的《公共租赁住房管理办法》第二十七条明确规定:"承租人有下列行为之一的,应当退回公共租赁住房:(一)转借、转租或者擅自调换所承租公共租赁住房的;(二)改变所承租公共租赁住房用途的;(三)破坏或者擅自装修所承租公共租赁住房,拒不恢复原状的;(四)在公共租赁住房内从事违法活动的;(五)无正当理由连续 6 个月以上闲置公共租赁住房的。"第三十一条还规定:"承租人有下列情形之一的,应当腾退公共租赁住房:(一)提出续租申请但经审核不符合续租条件的;(二)租赁期内,通过购买、受赠、继承等方式获得其他住房并不再符合公共租赁住房配租条件的;(三)租赁期内,承租或者承购其他保障性住房的。"③

《城镇最低收入家庭廉租住房申请、审核及腾退管理办法》《廉租住房保障办法》和《公共租赁住房管理办法》是各地区确定租赁型保障性住房退出对象的基本依据。如本书附录 1 所示,各地区对退出对象的资格认定标准进一步具体化,内容既相似又略有差异。总体而言,退出对象大体可以归纳为以下四种类型:第一种类型为租赁合同期满后主动选择不再续租的承租家庭,该类行为属于主动退出。第二种类型为租赁合同期满后虽提出续租申请但经审核不符合续租条件的承租家庭。不符合续租条件的原因主要有二:一是家庭收入或资产超出当地规定的保障标准,二是由于承租家庭人数减少或通过购买、

---

① 《城镇最低收入家庭廉租住房申请、审核及退出管理办法》(建住房〔2005〕122 号),2005 年 7 月 7 日,见 http://www.mohurd.gov.cn/ztbd/czlzzfzdjs/czlzzfzdjsgzwj/200611/t20061101_157750.html。

② 《廉租住房保障办法》(建设部、国家发展和改革委员会、监察部、民政部、财政部、国土资源部、中国人民银行、国家税务总局、国家统计局令第 162 号),2007 年 11 月 8 日,中国政府网,见 http://www.gov.cn/ziliao/flfg/2007-11/27/content_816644.htm。

③ 《公共租赁住房管理办法》(中华人民共和国住房和城乡建设部令第 11 号),2012 年 5 月 28 日,中国政府网,见 http://www.gov.cn/gongbao/content/2012/content_2226147.htm。

获赠、继承等方式住房面积增加从而使家庭人均居住面积超出当地规定的住房保障标准。第三种类型为虚报、隐瞒有关情况或者伪造有关证明而骗取住房保障的承租家庭。第四种类型为租约存续期内存在违反租赁合同约定行为的承租家庭,这些违约行为发生在租约缔结之后,主要包括:擅自改变房屋用途、将承租的住房转借或转租的、拆改房屋结构、故意损坏实物配租的住房及其附属设备、一定时期内未在保障性住房居住、未按时交纳房租、未按期提交复核材料等行为。

(三)退出方式

如前所述,目前我国的租赁型保障性住房的配租模式包括实物配租和货币补贴两种类型。如本书附录 1 所示,对于后者而言,退出方式较为单一,即停止发放住房货币补贴;而对于前者而言,退出方式则比较复杂,可以划分为收回已配租的住房、收取市场化租金和出售所承租的住房三种方式。第一种方式是租赁型保障性住房退出的主要方式;也有一些城市也开始将第二种方式纳入到租赁型保障性住房退出的方式之中,如北京、上海、武汉等城市;就笔者所搜集的文献来看,到目前为止,将第三种方式也作为一种退出方式的城市还非常少,只有重庆市。

有些城市对不同类型的退出对象采取的退出方式也有所区别。对于虚报、隐瞒有关情况或者伪造有关证明而骗取住房保障的承租家庭和租约存续期内存在违反租赁合同约定行为的承租家庭,大多数城市都采取的是腾退住房的方式;而对于租赁合同期满后虽提出续租申请但经审核不符合续租条件的承租家庭,北京、上海、武汉等城市则对存在腾退困难的退出家庭收取市场化租金,一定程度上体现了退出方式的灵活性和人性化。

(四)退出过渡期及过渡期安排

《公共租赁住房管理办法》第三十一条规定对于应该退出公共租赁住房

的承租人,"公共租赁住房的所有权人或者其委托的运营单位应当为其安排合理的搬迁期,搬迁期内租金按照合同约定的租金数额缴纳"①。但如本书附录1所示,目前国内各城市对于不符合或者不再符合住房保障条件的承租人腾退其所租住的保障性住房是否给予过渡期、过渡期的长短、过渡期内采取怎样的政策等问题都存在着差异。从是否给予过渡期来看,大多数城市都明确规定要对不符合或者不再符合住房保障条件的承租人腾退其所租住的保障性住房给予一定的过渡期;但也有少数城市对此没有作出明确规定,例如杭州市等。从过渡期的长短来看,各城市之间有较大差别。有些城市过渡期较短,例如,北京市仅2个月;有些城市则很长,例如,上海市公共租赁住房的腾退过渡期长达2年。大多数城市的过渡期都规定在3—6个月左右。从过渡期间内的安排来看,各城市也有较大差异。大多数城市规定不再符合享受条件的家庭在过渡期内要交纳更高的租金(通常低于市场租金)或获得更少的租金补贴,这意味着他们享受的住房保障减少;也有城市规定不再符合享受条件的家庭在过渡期内交纳市场化租金,这意味着他们将完全不享受住房保障,如北京市。

(五)退出激励机制

如前所述,保障性住房的退出激励机制既包括正向激励措施,也包括负向激励措施(惩罚机制)。但是,如本书附录1所示,各城市的激励机制基本都是负向激励措施,而鲜有正向激励措施。而且,针对不同的退出对象,各大城市采取的惩罚措施也有所区别。

针对不符合续租条件的承租家庭逾期未退的情况,主要的惩罚措施包括:第一,增加租金或减少租赁补贴,比如北京、天津、重庆、深圳、广州、杭州、武汉等城市;第二,拒不腾退住房的,记入不良信用记录,比如北京、天津、上海等城

① 《公共租赁住房管理办法》(中华人民共和国住房和城乡建设部令第11号),2012年5月28日,中国政府网,见 http://www.gov.cn/gongbao/content/2012/content_2226147.htm。

市;第三,拒不腾退住房的,依法向人民法院起诉,比如天津、上海、重庆、深圳、广州、武汉等城市。此外,还有城市给予了不予退还租赁保证金的惩罚措施,比如深圳。

针对虚报、隐瞒有关情况或者伪造有关证明而骗取住房保障的承租家庭,主要的惩罚措施包括:第一,补交租金、收取惩罚性租金或减少、停止租赁补贴,比如北京、天津、重庆、杭州、武汉等城市;第二,处以一定数量的罚款,比如天津、深圳、厦门等城市;第三,一定期限内不得再次申请保障性住房,比如北京、天津、上海、重庆、深圳、杭州、武汉等城市;第四,拒不腾退住房的,依法向人民法院起诉,比如天津、重庆、武汉等城市。此外,还有城市也将"骗租"行为记入信用档案,比如北京。

针对租约存续期内存在违反租赁合同约定行为的承租家庭,主要的惩罚措施包括:第一,收取市场租金或惩罚性租金,例如北京、杭州等城市;第二,赔偿损失、支付一定的违约金或者罚款,例如深圳、武汉、厦门等城市;第三,一定期限内不得再次申请保障性住房,例如北京、天津、上海、杭州、武汉等城市;第四,违法违规行为记入不良信用记录,例如天津、上海等城市;第五,拒不腾退住房的,依法向人民法院起诉,例如北京、上海等城市。

(六)退出程序

1. 主动退出程序

目前,在正常情况下,国内各地区租赁型保障性住房主动退出的实施一般包括以下几个步骤:第一,申请人提出退出申请。申请家庭依照当地住房保障管理部门的要求,在规定的期限内填写退出保障性住房的申请表,向租赁型保障性住房的产权单位(或经营单位)提出退出的书面申请。第二,租赁型保障性住房的产权单位(或经营单位)进行退出审核。租赁型保障性住房的产权单位(或经营单位)对拟退出家庭的收入、人口及住房等状况进行复核,符合退出条件的,给予批准。有些城市还规定物业服务企业要对拟退出的保障性住房进行现场查看之后才能作出是否准予退出的决定,比如厦门市。第三,租赁型保障性住房的产权单位(或经营单位)与申请家庭签订退出协议或者解除原租赁合约,并通知承租人原申请所在区县的住房保障管理部门。第四,腾退住房。享受实物配租的退出对象必须在规定期限内缴清租金、物业服务费、水、电、煤气、有线电视、电话等应当由其承担的相关费用,并将户籍迁出该房屋。

2. 被动退出程序

目前,国内各地区租赁型保障性住房被动退出的实施一般包括以下几个步骤:第一,地方住房保障管理部门作出取消保障资格的决定,并在规定日期内书面告知租赁型保障性住房的产权(经营)单位。第二,租赁型保障性住房的产权(经营)单位向退出对象下达书面退出通知,并向当事人说明理由。第三,腾退住房。享受实物配租的退出对象必须在规定期限内缴清租金、赔偿金、罚款、物业服务费、水、电、煤气、有线电视、电话等应当由其承担的相关费用,并将户籍迁出该房屋。第四,监督。地方住房保障管理部门对取消保障资格家庭的腾退情况实施监督。逾期未退的,地方住房保障管理部门应当责令其限期退回。拒不腾退的,租赁型保障性住房的产权(经营)单位可以依法申请人民法院强制执行。

二、 现行的租赁型保障性住房退出制度中存在的主要问题

(一)管理体系存在的主要问题

第一,相关部门缺少合力与统一的平台。租赁型保障性住房的运营管理涉及市级住房保障、财政、物价、民政、社保、公安、执法和司法等一系列政府部门和区级、街镇、社区,需要有效的统筹沟通与协调。但在相关制度设计中,从市级层面来看,并未明确规定这些政府部门在租赁型保障性住房的运营管理中的职责与权利,使得部门之间容易产生利益冲突,同时,也缺乏日常的协调

管理机构,遇到保障性住房相关问题需要解决时,往往是临时由分管的市委领导召集相关职能部门和相关区级部门召开会议来协调。而区级保障性住房的相关管理主要由区房管部门、运营管理机构、属地街道、社区来共同承担,管理较为分散,尚未建立统一协调的管理机制。各个部门在对保障对象的监督管理信息沟通不畅,工作机制不够明确,影响了租赁型保障性住房的退出管理工作的效率。尤其是随着我国租赁型保障性住房的规模不断扩大和需求的逐年上升,各个城市都对租赁型保障性住房房源在全市范围内进行跨区调配,由此带来的人房管理脱节问题日益严重。以武汉市为例,在洪山区已分配入住的8785 套公共租赁住房中,仅有 2000 余套公共租赁住房租户本身为洪山区居民,其他租户均由市住房保障部门统筹分配到洪山区居住。由于租户户籍所在区与公共租赁住房项目所在区之间主动配合、信息共享、相互协助等机制尚未形成,给租赁型保障性住房的退出带来了重重困难。比如,外区住户资格取消或租金发生调整,而未及时通知洪山区,导致洪山区运营管理机构处理延迟,激化了群众矛盾;外区一户家庭因户主死亡,无亲人认领遗物,户籍地街道社区也不愿上门配合清理屋内物品,房屋迟迟无法清空。

第二,缺乏专业的租赁型保障性住房运营管理机构。从主要市场经济国家及地区的经验来看,各国和地区政府非常重视将专业化的公共住房运营机构引入到公共住房的配租管理之中,提高配租管理效率。而目前我国还有很多城市对租赁型保障性住房的管理仍然采取了政府直接管理的模式,仅有部分城市专门成立了国企性质的运营管理公司专门负责租赁型保障性住房的配租工作。在租赁型保障性住房数量较少的条件下,政府直接管理模式总体来说还是行之有效的。在加大租赁型保障性住房供应,租赁型保障性住房租户大幅度增加之后,政府直接管理的模式将面临严峻的挑战。一方面,负责决策协调、实施管理、金融财务的各部门的工作量不断上升,给租赁型保障性住房的运营管理工作带来了巨大压力:包括上下级政策、实行情况的上传下达,对租赁型保障性住房申请对象的资格审查和动态审核,对租赁型保障性住房的租金及补贴的调整,对租户的退出及续租管理等。另一方面,很多城市相关管理人员数量并没有增加,甚至依靠内部协调一些编制或雇佣临时工作人员,导致了管理人员流动性大,熟练程度和专业化水准都不高,难以保证管理质量。因此,仅仅依靠政府直接管理,缺乏专业的租赁型保障性住房运营管理机构介入,降低了租赁型保障性住房的管理效率。

(二)退出对象存在的主要问题

明确界定退出对象是建立合理的租赁型保障性住房退出制度的重要条件。退出对象的规定是否全面和合理,不仅关系到住房保障对象的基本权利能否得以实现,也关系到住房保障目标能否得以实现;不仅关系到住房保障对象之间的公平,也影响到社会公平;不仅关系到退出制度的公平,更决定着整个住房保障制度的公平;不仅影响租赁型住房保障资源的利用效率,也会影响整个住房保障资源的利用效率。如前所述,现行住房保障制度对租赁型保障性住房的退出对象做了相关规定,但从现行制度安排来看,也还存在一些问题。

1. 退出对象不统一、不完备

前文通过对国内几个典型城市租赁型保障性住房的退出制度的梳理,将退出对象归纳为以下四种类型:第一种类型为租赁合同期满后主动选择不再续租的承租家庭,简称"主动退出家庭";第二种类型为租赁合同期满后虽提出续租申请但经审核不符合续租条件的承租家庭,简称"不再符合条件家庭";第三种类型为虚报、隐瞒有关情况或者伪造有关证明而骗取住房保障的承租家庭,简称"骗租"家庭;第四种类型为租约存续期内存在违反租赁合同约定行为的承租家庭,简称"违反合约家庭"。但是,事实上,各个城市对退出对象的具体规定并不一致,甚至还存在着较大差别,表现在:第一,大多数城市在界定退出对象时忽视了"主动退出家庭",而只考虑到了后三种类型;第二,虽然大多数城市都将"违反合约家庭"纳入了退出对象范围,但是,对于究竟哪些行为属于"违反合约",各城市罗列的具体情形却五花八门;第三,除了上述四类退出对象之外,有些城市还扩大了退出对象的范围,例如上海、杭州等城市对承租人的最长承租期限作出了规定,并将租赁期限超过了一定年限的租户也视为退出对象。

除了缺乏统一性之外,现行的对于退出对象的规定也尚不完备、不详细,表现在:第一,大多数城市规定"租赁合同期满后虽提出续租申请但经审核不符合续租条件的承租家庭"应该退出,但是,在租赁合同存续期间就已经不符合条件的承租家庭是否也应该退出呢? 对于这类承租家庭,除了天津市有明确的退出规定之外,其他城市并没有明确的规定。第二,对于"违反合约"的行为目前只罗列了几类基本的情况,实际上,除了罗列的这些情况之外,还有多种应列入退出对象的情况,如拒交或者欠交物业管理费等。

2. 部分城市的退出对象不合理

上海、杭州等城市对承租人的最长承租期限作出了规定,并将租赁期限超过了一定年限的租户也视为退出对象,这种做法缺乏合理性。虽然随着时间的推移,部分租户的收入水平会有所提高,但这并不具有必然性。对于中低收入租户而言,存在不少随着时间推移家庭收入不仅没有上升反而有所恶化的情况,显然,在最长承租期满后将这部分家庭推入租房市场或购房市场并不合理。

3. 退出条件不合理

对于如何确定第三类退出对象(即"不再符合条件家庭"),最核心的问题就是要制定合理的退出条件。但是,从目前各个城市的退出规定来看,退出条件的设置缺乏合理性:

首先,大多数城市有关退出条件的规定只考虑了退出对象自身的经济状况,而未考虑具有法定抚养关系的抚养人的经济状况和履责情况,这为部分人长期占有公共租赁住房提供了条件。

其次,从确定退出对象的收入条件来看,目前大多数城市的政策是退出条件与准入条件完全相同,不符合准入的收入条件,就应退出,符合准入的收入条件,则可继续享受住房保障。政策的出发点也许是考虑操作简便和为了租赁型保障性住房分配的公平,但实际上这种规定是极不合理的。一方面,由于收入越低的家庭往往收入的稳定性也越差,租赁型保障性住房的配租对象都是中低收入家庭,其家庭收入本身具有较大的不稳定性,如果简单地将准入条件视为退出条件,那意味着收入在准入条件附近的家庭将要频繁的进入和退出住房保障体系;另一方面,即使家庭收入刚刚超过了租赁型保障性住房的准入收入标准也并不意味着他们就具备了在市场上购买或租赁适当住房的能力。因此,这种退出的收入条件规定,既增加了保障性住房的管理成本,也不利于实现保障性住房的分配公平。

最后,目前各个城市在确定退出对象时主要限于收入和住房方面的条件,考虑资产条件的较少,很多地区并未规定享受租赁型住房保障的资产标准,或者没有规定腾退住房的资产标准,或者确定的资产标准不合理。尽管有些类型的资产价值的评估比较困难,但没有资产标准或者标准不合理,都会造成保障性住房分配的投机和不公平,导致一些准备长期租住保障性住房的居民家庭根据退出条件而选择其个人财产的配置结构。

4. 退出条件缺少人性化

对于老年人、孤儿、残疾人家庭等的退出应有别于其他人群的退出,在退出方面对他们作特殊的优待对于体现社会公平和人道主义价值是必要的。从主要市场经济国家及地区的情况来看,它们对特殊人群(包括老年人、孤儿、残疾者等)的退出基本上都有特殊的安排,都相应放宽了退出条件,实际上就是给予他们特殊的待遇。例如,香港特区政府就对老年人住户放松了退出条件,规定住户成员均为 60 岁以上的家庭不需要申报入息,可豁免审查;在 1—3 人家庭中,如果所有家庭成员均在 55 岁以上,则退出的资产净值限额放宽至与 4 人家庭的退出限额一样;等等。从目前国家有关法规和各地有关法规来看,在租赁型保障性住房退出条件设计上,大都没有考虑到这些特殊人群的特殊情况,对这些特殊人群并未给予特殊待遇。

总的来看,有关退出对象的制度规定还存在缺陷,应该根据公平和效率兼顾的原则对退出对象作出更合理的制度规定。

(三)退出方式存在的主要问题

1. 退出方式缺少多元性

在现实当中,导致退出的原因多种多样,既可能是因为租户的客观经济条件或住房条件的变化而不再符合享受住房保障条件,也可能是由于租户的主观原因而导致的必须退出的情况,因此,租赁型保障性住房不宜采取单一化的退出方式。但是,从现行制度安排来看,对于享受货币补贴的退出对象,采取的就是停止发放住房货币补贴的退出方式;对于享受实物配租的退出对象,大多数城市采取的是直接收回已配租的住房,只有少数城市采取了收取市场化租金和出售所承租的住房的退出方式。与退出原因相比,退出方式的多元化程度还是很不够的。

2. 退出方式缺少针对性

如前所述,导致租户退出的原因很多,依据不同的退出原因,可以将退出对象划分为主动退出家庭、不再符合条件家庭、"骗租"家庭和违反合约家庭四大类型,其中每种类型的退出对象的具体情况、行为的性质和影响也存在较大差异,因此,针对不同类型的退出对象,退出方式的安排也应当有所差异。但是目前,仅有北京、上海、武汉等部分城市已经针对不同类型的退出对象提供了不同的退出方式,大多数城市关于退出方式的规定仍然较为笼统,并未针对不同类型的退出对象制定相应的退出方式。

3. 退出方式缺少灵活性

如前所述,在主要市场经济国家及地区,政府往往会根据公共住房供求状况和租户具体情况对退出方式进行调整。但是,由于退出方式缺乏多元性和针对性,总体而言,我国目前的租赁型保障性住房退出方式难以反映租户具体情况和租赁型保障性住房供求状况的差异,缺少灵活性。

(四)退出过渡期安排存在的主要问题

1. 退出过渡期时间偏短

目前,基于保障性住房短缺而需要加快其周转的考虑,中国大部分城市规定的退出过渡期的时间为3—6个月,这与部分退出对象的需要相比还是显得偏短。因为:第一,住房保障对象的收入特征决定了这些家庭很多从事临时性工作,收入偏低,工作岗位和收入都不稳定。可能一段时间的工作收入较高,会超过当地规定的保障标准,但并不意味着其收入能就此稳定下来,过了这段时间,又可能出现失业或者收入的下降。如果租户在3个月或者半年的过渡期的收入超过了住房保障的收入标准,按要求退出租赁型保障性住房,但旋即或者过一段时间之后如果再次陷入低收入状态,再来申请,政府再来审核、配租,既影响居民的生活质量和住房保障,也会大大增加管理成本和社会成本。第二,家庭收入超过当地规定的保障标准并不一定就意味着生活状况有明显改善,因为保障标准一般不过是仅仅够维持基本生活而已,即便是超过了住房保障标准,如果没有后续的其他住房保障政策提供足够的支持,他们也并没有能力依靠自身的力量改善住房条件。实际上,严格按照现行规定,住房保障家庭一旦失去享受住房保障的资格,其住房水平必然会下降。总的来看,3—6个月的过渡期过短,应考虑延长过渡期。

2. 退出过渡期内的政策安排缺乏合理性

第一,缺乏退出过渡期内对不再符合条件家庭的收入、资产等的连续观察。如前所述,主要市场经济国家及地区大多给予了不再符合享受条件的家庭一定的过渡期,以便其腾退公共住房,在过渡期内,很注重对这些家庭的收入状况的持续观察,一旦发现其收入水平有所下降,或家庭资产有所下降,没有能力在市场上购买或租到合适的住房,仍然会恢复他们享有住房保障的权利。但从中国目前的情况来看,在过渡期内,大多数城市并未做出类似安排,这不利于保障中低收入住房困难群体的权利。

第二,在过渡期内缺乏对退出对象的住房支持。从主要市场经济国家和地区的实践来看,有些国家也会为不再符合享受条件的家庭寻找合适的住房提供帮助。但从中国各地目前的情况来看,多数地区还没有考虑租赁型保障性住房退租户在过渡期和过渡期后的住房保障问题。这既对开展保障性住房的腾退工作不利,也不利于保障中低收入居民家庭的基本住房权利。

(五)退出激励机制存在的主要问题

按照激励性质的不同,保障性住房的退出激励机制可以分为正向激励机制和负向激励机制(惩罚机制);按照激励形式的不同,又可以分为精神激励机制和物质激励机制(经济激励机制)。我国现行的租赁型保障性住房的退出激励机制主要存在以下一些问题:

1. 正向激励机制缺失

正向激励措施是通过对主动退出、按时退出的家庭给予精神上或物质上的奖励(例如,退出补贴、退出后的购房优惠政策等)提升住房保障退出对象主动退出的积极性。从主要市场经济国家和地区的退出实践来看,大多对中低收入家庭退出公共住房之后购置住房提供了优惠政策来激励其退出公共住房。但是,从我国现行的退出制度安排来看,如本书附录 1 所示,各城市基本上都没有此类鼓励退出的正向激励措施安排。这意味着:对于退出对象而言,一方面,主动退出、按时退出、提早退出都是得不到任何"好处"或者"奖励"的;另一方面,租户一旦家庭经济条件改善而需要退出时,政府并未提供任何后续的优惠政策或者承接措施,这也使得租户缺乏退出的动力,不仅不利于提高他们的退出积极性,还会给腾退工作带来很大的阻力。[1]

---

① 参见曾国安等:《论廉租住房腾退方式与激励机制存在的问题及解决思路》,《开发研究》2010 年第 3 期;曾国安等:《廉租住房保障家庭腾退住房运作机制研究》,研究报告,2011 年。

2. 负向激励机制不合理

负向激励措施,即惩罚措施,是通过对各种拒绝退出的违规、违法行为进行惩罚,增加住房保障退出对象的违法成本和违法压力,使不具备或不再具备享受条件的住户占有住房资源可能付出的成本要远远高于其获得的收益,从而迫使其主动退出住房保障体系。从一定意义上来讲,现行的退出制度主要是依靠惩罚机制而不是依靠正向激励机制,即是以惩罚机制为主的退出制度。这样一来,退出的公平性和有效性都主要取决于惩罚机制的设计。从现行有关退出的惩罚机制来看,存在以下几个问题:

第一,负向激励措施的针对性不强。对于由不同原因导致的腾退、不同情况的违约行为和不同情况的腾退违约行为在惩罚方式上应有不同安排,因为由不同原因导致的腾退、不同情况的违约行为和不同情况的腾退违约行为的性质和危害(或者影响)是有差别的。从各地所制定的现行法规所规定的惩罚方式来看,针对不符合续租条件的承租家庭逾期未退的情况,主要采取了不予退还租赁保证金、增加租金或减少租赁补贴、记入不良信用记录、依法向人民法院起诉等惩罚措施;针对"骗租"家庭和违反合约家庭,都主要是采取补交租金、减少或停止租赁补贴、收取惩罚性租金、支付一定的违约金或者罚款、一定期限内不得再次申请保障性住房、依法向人民法院起诉、将"骗租"行为记入信用档案等惩罚措施。可见,总体而言,现行制度安排对于由不同原因导致的退出,在惩罚的制度安排上并没有太大的差别。惩罚的无差别只会助长性质更恶劣、危害更严重的违约行为。

第二,负向激励措施的具体方式偏少。虽然目前对于拒不退出已经采取了一系列的惩罚措施,但就腾退的具体情况来看,仅仅这些措施还不够。例如,针对"骗租"家庭,仅仅采取补交租金、减少或停止租赁补贴等措施实际上不可能达到惩罚的目的,若要达到惩罚"骗租"的目标,不仅应该采取收取罚金,还应该增加行政、法律方面的惩罚措施,甚至刑事责任;再如,针对类似转租的违约行为而采取的收取市场租金或惩罚性租金的措施,要达到惩罚目的也很困难,假如转租住房获取的利益超过住户要向政府缴付的租金,现行措施就不可能起到惩罚作用。按照现行法规的规定,在许多城市,如果租户坚持不退房、不交租,政府几乎没有有效的方式能让住户接受处罚。惩罚方式的安排是关系到保障性住房退出制度是否合理和有效的重要影响因素,要建立合理而有效的退出机制,行政、经济、法律等各方面的惩罚方式都应该有,而且应该根据具体情况的差别从行政、经济、法律等各方面设计出多样化的具体的有效的惩罚方式。

第三,负向激励措施的惩罚力度过轻。依据《城镇最低收入家庭廉租住房管理办法》《城镇最低收入家庭廉租住房申请、审核及腾退管理办法》《廉租住房保障办法》《公共租赁住房管理办法》等规章,针对"骗租"家庭和违反合约家庭的处罚主要是"补交租金""退还租金补贴""一定期限内丧失申请保障性住房的资格""依法向人民法院起诉""记入信用档案"等惩罚措施。从"补交租金"和"退还租金补贴"来看,无论是对"骗租"者还是对违约者,实际上都不是惩罚,而不过是政府恢复其权利而已,实际上因为"骗租"或者违约给其他符合住房保障条件的居民和政府管理造成的危害根本就没有体现出来;从"一定期限内丧失申请保障性住房资格"(基本都没有规定永久性取消申请资格)来看,实际上未对"骗租"者或违约者造成多大的损失;从司法诉讼来看,结果不过是收回住房或者住户补交租金或者退还租金补贴而已,违法、违规者实际上也没有损失。有些城市规定了对违规者处以罚金的措施,但从各地所规定的罚金数额来看,根本起不到惩罚的作用,因为大多数城市规定的罚金数额都只有1000—3000元,罚金数额远远低于违法、违规获得或者使用租赁型保障性住房所获得的利益。总的来看,现行法规的处罚是使被侵害的社会关系恢复原态即使政府受损的利益得到补偿而已,而且不过是得到一定程度的补偿而已,根本谈不上惩罚。由此所形成的必然是对"骗租"、违法违规违约行为的激励,而不是威慑。只有加大对"骗租"、违法违规违约行为的惩罚力度,使其不仅无利可图,而且得不偿失,才能够有效地抑制此类行为,才能够建立起有效的租赁型保障性住房的退出机制。

3. 退出经济激励制度设计缺乏合理性

从各主要市场经济国家及地区的实践来看,公共住房的退出激励机制都是以经济激励机制为主的。对于退出对象,经济激励措施大体上可以分为租金累进、住房补贴累退和对低收入家庭购置住房提供优惠政策三类。这些措施减少了公共住房退出的阻力,对退出机制的良性运转起到了至关重要的作用。从中国目前的情况来看,现有激励措施存在许多不合理之处,主要表现在以下两个方面:

第一,缺乏针对保障性住房退出对象的累进性制度安排。主要市场经济国家及地区针对退出对象主要采取了两类累进性制度安排,即租金累进和住房补贴累退。就租金累进而言,家庭收入水平越高的退出对象需要交纳的租金越多,或超过应退时间越长的退出对象需要交纳的租金越多;就住房补贴累退而言,家庭收入水平越高的退出对象获得的租金补贴越少,或超过应退时间越长的退出对象获得的租金补贴越少。但从我国各地关于退出的租金标准来看,仅在有些城市采取了提高租金和降低租金补贴的措施,大多城市没有累进制度的安排,即无论收入水平的高低和超过应退时间的长短,所有的退出对象需要交纳的惩罚性租金标准都是一样的,这也不利于激励退出对象尽早退出。

第二,缺乏针对正在享受住房保障的"局内人"退出保障体系的激励机制。虽然国内有些城市已经开始对保障性住房的退出对象采取了一些累进性制度安排,但是,对于处于住房保障范围之内的家庭(即仍然符合享受住房保障条件的家庭),无论其收入如何变动,无论享受时间的长短,所能享受的福利待遇都没有太大的差别。即便有些地区在租金或租金补贴设计上做了一些梯度安排,但也存在层级过少、补贴差异过小等问题。这也不利于引导现有的住房保障对象主动退出住房保障体系。

（六）退出程序存在的主要问题

1. 缺乏全面和完整的退出程序规定

从目前国家和地方有关法规来看,对于租赁型保障性住房的准入已有明确和清晰的程序,但对退出实际上还没有全面和完整的程序规定。这可能是因为退出的情况更为复杂。但即使退出面临的具体情况再多、再复杂,也需要对腾退程序作出尽可能全面和完整的规定。由于应该退出的原因不同和退出方式的不同,既需要规定出退出的一般程序,也需要根据应该退出的主要原因和主要的退出方式规定出具体的腾退程序。缺乏全面和完整的程序规定一方面将会造成管理无序,另一方面也会造成诸多的不公平。

2. 终极处理程序欠缺

《廉租住房保障办法》第二十六条规定:"城市低收入住房困难家庭未按照合同约定退回廉租住房的,建设(住房保障)主管部门应当责令其限期退回;逾期未退回的,可以按照合同约定,采取调整租金等方式处理。城市低收入住房困难家庭拒绝接受前款规定的处理方式的,由建设(住房保障)主管部门或者具体实施机构依照有关法律法规规定处理。"①《公共租赁住房管理办法》第二十七条规定:"承租人拒不退回公共租赁住房的,市、县级人民政府住房保障主管部门应当责令其限期退回;逾期不退回的,市、县级人民政府住房保障主管部门可以依法申请人民法院强制执行。"第二十九条规定:"承租人累计 6 个月以上拖欠租金的,应当腾退所承租的公共租赁住房;拒不腾退的,公共租赁住房的所有权人或者其委托的运营单位可以向人民法院提起诉讼,要求承租人腾退公共租赁住房。"第三十条规定:"未按规定提出续租申请的承租人,租赁期满应当腾退公共租赁住房;拒不腾退的,公共租赁住房的所有

---

① 《廉租住房保障办法》(建设部、国家发展和改革委员会、监察部、民政部、财政部、国土资源部、中国人民银行、国家税务总局、国家统计局令第 162 号),2007 年 11 月 8 日,中国政府网,见 http://www.gov.cn/ziliao/flfg/2007-11/27/content_816644.htm。

权人或者其委托的运营单位可以向人民法院提起诉讼,要求承租人腾退公共租赁住房。"第三十一条规定:"搬迁期满不腾退公共租赁住房,承租人确无其他住房的,应当按照市场价格缴纳租金;承租人有其他住房的,公共租赁住房的所有权人或者其委托的运营单位可以向人民法院提起诉讼,要求承租人腾退公共租赁住房。"第三十五条规定:"以欺骗等不正当手段……已承租公共租赁住房的,责令限期退回所承租公共租赁住房,并按市场价格补缴租金,逾期不退回的,可以依法申请人民法院强制执行。"①

总体而言,关于租赁型保障性住房的强制腾退的程序,国家层面的政策规定可以概括为:针对租户逾期不退回行为,可采取申请人民法院强制执行的手段,针对租户拒不腾退的行为,可采取向人民法院提起诉讼的手段。搬迁期满不腾退,确无其他住房的,可不进行腾退,按市场价缴纳租金即可,但有其他住房而不腾退的,应向人民法院提起诉讼。除此之外,并无其他实质性的规定。这意味着,只要退出对象现行租住的保障性住房是其唯一居所,那么无论基于何种情况,都很难对应该腾退的住户采取强制性措施。这就可能出现租户一方面享受着保障性住房,另一方面进行着财产积累或者进行挥霍性消费的现象,这显然有违社会公平,也损害着住房保障对象的权益。因此,退出问题的终极处理程序欠缺最终造成的后果是要么退出无法实现,要么是退出引起新的社会矛盾。

第二节 中国现行产权型保障性住房 退出制度及存在的主要问题

一、 现行的产权型保障性住房的退出制度

除租赁型保障性住房以外,经济适用住房等产权型保障性住房同样在我

---

① 《公共租赁住房管理办法》(中华人民共和国住房和城乡建设部令第 11 号),2012 年 5 月 28 日,中国政府网,见 http://www.gov.cn/gongbao/content/2012/content_2226147.htm。

国的保障性住房体系内扮演了举足轻重的作用。近年来,各地逐渐建立起了经济适用住房和共有产权住房的退出管理制度。本节将主要从管理体系、退出对象、退出方式、退出激励机制(包含惩罚措施)、退出程序五个方面梳理我国现行的经济适用住房的退出管理制度。

(一)管理体系

目前国内各城市经济适用住房基本上都采用的是市—区(县)两级管理体制,即市级住房保障管理部门负责本市经济适用住房的制度政策、发展规划、工作计划等重大事项的决策与协调工作,由区(县)政府及住房保障管理部门负责组织实施该区域内经济适用住房的土地供应、建设、申购、配售、使用、退出以及监督管理等事宜。此外,由市发改、财政、规划、国土、税务、民政、审计、物价、公安等多部门按照职责负责经济适用住房的运营管理中的有关工作。

(二)退出对象

2007年11月19日颁布的《经济适用住房管理办法》对经济适用住房的退出对象进行了相关规定,其中,第三十条指出:"购买经济适用住房不满5年,不得直接上市交易,购房人因特殊原因确需转让经济适用住房的,由政府按照原价格并考虑折旧和物价水平等因素进行回购。购买经济适用住房满5年,购房人上市转让经济适用住房的,应按照届时同地段普通商品住房与经济适用住房差价的一定比例向政府交纳土地收益等相关价款,政府可优先回购;购房人也可以按照政府所定的标准向政府交纳土地收益等相关价款后,取得完全产权。"第三十一条指出:"已经购买经济适用住房的家庭又购买其他住房的,原经济适用住房由政府按规定及合同约定回购。"第四十三条规定:"对弄虚作假、隐瞒家庭收入和住房条件,骗购经济适用住房或单位集资合作建房的个人,由市、县人民政府经济适用住房主管部门限期按原价格并考虑折旧等因素作价收回所购住房,并依法和有关规定追究责任。"①

在此基础上,各城市针对经济适用住房的退出对象进行了更细致、更具体的认定。如本书附录2所示,各城市对经济适用住房的退出对象的界定不尽相同,但大体可以归纳为以下四种情况:第一,主动退出的购房家庭,既包括购入未满5年但因各种原因确需转让该经济适用住房的家庭,也包括购入已满5年且自愿要求取得该经济适用住房的完全产权或上市转让该住房的购房家庭;第二,通过弄虚作假,隐瞒家庭收入、住房和资产状况及伪造相关证明而骗购经济适用住房的购房家庭;第三,在取得完全产权之前违法违规使用经济适用住房的购房家庭,违法违规行为主要包括擅自出租、出借、互换、抵押、违规转让经济适用住房以及擅自改变经济适用住房用途和使用功能等行为;第四,不再符合享受经济适用住房条件的购房家庭,主要包括购房家庭在取得经济适用住房完全产权前不再存在住房困难、全部家庭成员户籍均迁出保障房所在城市、购房人和同住人均死亡等情形。

(三)退出方式

如前所述,保障性住房退出机制的核心不在于政府如何让不符合或者不再符合享受保障性住房资格的原保障对象退还所购买的保障性住房,而是在于政府如何通过经济、行政、法律等手段引导或强制不符合或者不再符合享受保障性住房资格的保障对象退出住房保障体系、不再继续享受住房保障资源。基于住房保障资源回流的角度,经济适用住房的退出方式不应只局限于购房人退回经济适用住房。在实践中,经济适用住房的退出主要包含以下三条途径:第一,购房人退回经济适用住房(政府退回购房款)或政府回购经济适用住房(按照约定的价格);第二,在规定的保有年限之后,购房人通过补交土地收益等价款将经济适用住房变为其拥有完全产权的商品住房;第三,在规定的

---

① 《经济适用房管理办法》(建住房〔2007〕258号),2007年11月11日,见http://www.mo-hurd.gov.cn/wjfb/200712/t20071201_157795.html。

保有年限之后,购房人在补交土地收益等价款后将经济适用住房上市交易。

目前国内典型城市普遍针对不同的退出对象规定了不同的退出方式。如本书附录2所示,针对自愿退出对象,采取的退出方式包括两种:一是政府直接回购经济适用住房,主要面向购房未满五年但因各种原因确需转让的家庭,此时政府回购价格普遍采用按购房原价并考虑折旧、物价水平或者利息成本的方式确定;二是购房满五年的家庭通过申请取得完全产权或者申请将住房上市交易的方式进行退出,此时须按一定比例向政府上缴增值收益。针对"骗购"经济适用住房的家庭,退出方式主要是政府收回经济适用住房,并退回购房款,也有部分城市允许购房人获得住房的完全产权,如北京、天津、重庆等。针对在取得完全产权之前违法违规使用经济适用住房的购房家庭,退出方式主要为政府回购经济适用住房,部分城市则是采取先勒令整改,拒不服从的再进行强制腾退的方式,如上海、武汉等。针对不再符合享受经济适用住房条件的购房家庭,退出方式主要是由政府回购经济适用住房。

(四)退出激励机制

从目前国内典型城市的退出实践来看,激励措施几乎均为负向激励措施。

针对通过申请取得完全产权或申请上市交易的方式进行退出的情况,主要的负向激励措施为购房家庭需要按照特定比例上缴增值收益,以此防止购房家庭通过经济适用住房获取超额收益。此外,天津做出规定:该类自愿退出的购房家庭今后不得再次申请购买经济适用住房。

针对因违法违规使用经济适用住房而需要退出的家庭,负向激励措施主要包括:第一,处以一定数量的罚款或违约金,如上海、深圳等城市;第二,上缴通过出租、出借经济适用住房所获得的租金,如广州等城市;第三,收取住房应退未退期间的市场租金,如厦门等城市。

此外,针对通过弄虚作假等手段"骗购"经济适用住房的退出对象,负向激励措施还包括:第一,移交司法机构,追究法律责任,如北京、天津、上海、武汉等城市;第二,处以一定数量的罚款,如上海、深圳、杭州等城市;第三,收取住房占用期间的市场租金,如上海等城市。

(五)退出程序

1. 主动退出程序

主动退出包括申请取得完全产权、申请上市交易、购房未满五年申请政府回购三种情况,下文以深圳和天津为例介绍这三类退出的具体程序。

以深圳市为例,对于经济适用住房购房家庭申请取得完全产权的情况,按照以下程序办理:第一,提出申请。申请人向受理部门申请取得住房的完全产权。第二,受理审核。受理部门进行审核,并将结果书面告知申请人。审核通过的,出具经济适用住房增值收益缴纳通知书,载明该套住房的应缴增值收益金额、收款银行账户和缴款期限等信息;审核未通过的,驳回其申请并书面说明理由。第三,准予批复。申请人一次性足额缴纳应缴增值收益后,市主管部门出具准予取得经济适用住房完全产权的批复。申请人未在缴款期限内一次性足额缴款的,视为自动放弃。第四,变更登记。申请人持准予取得完全产权的批复文件,向市房地产权登记机构申请将该套住房变更登记为普通商品住房,权利人不变。①

以深圳市为例,对于经济适用住房购房家庭申请上市交易的情况,按照以下程序办理:第一,提出申请。申请人可以在自行确定该套住房买受人及交易价格后,向受理部门提出上市交易申请,并如实申报已确定的买受人及交易价格。第二,受理审核。受理部门进行审核,并书面告知申请人审核结果。审核通过的,受理部门出具是否按照申请人申报的交易价格优先回购该套住房的书面意见;审核未通过的,驳回其申请并书面说明理由。若受理部门决定予以优先回购的,受理部门通知申请人签订回购合同,按照申请人申报的交易价格

---

① 参见《深圳市经济适用住房取得完全产权和上市交易暂行办法》,2015 年 6 月 30 日发布,见 http://www.sz.gov.cn/zfgb/zcjd/content/mpost_4978485.html。

扣除其应缴增值收益后向申请人支付回购款,收回该套住房产权,并将其重新纳入保障性住房房源。申请人未在通知规定的时间内与受理部门签订回购合同的,视为自动放弃;若受理部门决定不予以优先回购的,则继续按以下程序办理:首先,受理部门出具通知书,载明该套住房的应缴增值收益金额、收款银行账户和缴款期限等信息。其次,申请人一次性足额缴纳应缴增值收益后,市主管部门出具准予取得经济适用住房完全产权并上市交易的批复。申请人未在缴款期限内一次性足额缴款的,视为自动放弃。再次,申请人和买受人持市主管部门出具的批复文件,向市房地产权登记机构同时申请办理变更和转移登记,将该套住房性质变更为普通商品住房并登记至买受人名下。①

以天津市为例,对于购房未满五年申请政府回购的退出对象,按照以下程序办理:第一,回购申请人持房地产所有权证等要件到政府指定的经济适用住房回购管理部门办理交易手续。第二,回购管理部门查验回购申请人相关证件注明的允许交易期限。第三,完成审核后,回购管理部门并在规定时间内代政府与回购申请人签订买卖协议并支付购房款。第四,办理权属变更登记。②

2. 被动退出程序

被动退出主要是以购房家庭腾退住房,并由政府回购的方式。以深圳市为例,主要包括以下几个步骤:第一,主管部门作出与购房家庭终止合同并有偿收回住房的决定,同时告知购房家庭并说明理由。第二,购房家庭在规定期限内搬迁,同时主管部门支付相应的回购房款。对于有正当理由无法按期搬迁的,可以向主管部门申请临时延长居住期限,在延长期内应当缴纳市场租金。对于无正当理由逾期不搬迁的,主管部门责令其搬迁,并收取市场租金;

---

① 参见《深圳市经济适用住房取得完全产权和上市交易暂行办法》,2015 年 6 月 30 日发布,见 http://www.sz.gov.cn/zfgb/zcjd/content/mpost_4978485.html。

② 参见《关于印发天津市经济适用住房管理办法的通知》,《天津市人民政府公报》2008 年第 8 期,第 19—25 页。

拒不执行的,主管部门可以依法申请人民法院强制搬迁。①

二、 现行的产权型保障性住房退出制度中存在的主要问题

(一)管理体系存在的主要问题

1. 管理主体复杂,缺乏统一合力的管理平台

根据前文所述,目前大部分城市均由政府主管部门负责实施经济适用住房的退出管理,并且采用市—区(县)两级管理体制,同时退出管理中的相关工作又涉及市财政局、税务局、民政局、审计局、统计局、交通局、国土局等一系列政府部门的统筹与协调,所涉有关管理部门繁多而复杂。并且从目前的政策文件来看,多数城市并没有明确规定这些政府部门在经济适用住房退出管理中的具体职责和权利,使得各部门在具体业务操作中容易出现工作重叠、沟通协调不顺畅、工作职责推卸等现象,这也进一步导致经济适用住房购房者在退出过程中将面临办事主体不明确、手续复杂等问题。此外,采用市—区(县)两级管理体制,容易出现管理分层的现象。尽管保障性住房制度政策、发展规划、工作计划等重大事项均由市级住房保障管理部门负责,但区(县)级住房保障管理部门相对分散、自主,管理机制尚未统一,将导致相关政策在落实与执行过程中存在扭曲和不到位等问题,进而降低了保障性住房的管理效率。

2. 缺乏专门的日常监督管理部门和回购机构

目前各城市对于经济适用住房在使用过程中的禁止性行为均作出了明确规定,但相关制度政策文件中并没有明确规定对这类禁止性行为进行日常监督的管理主体,从而导致退出制度缺乏执行力度。在现实情况中,正由于缺乏实时的监督机制和监督主体,经济适用住房遭到空置,被随意出租、转租、出借

---

① 参见《深圳市保障性住房条例》,2010 年 6 月 8 日发布,见 http://www.sz.gov.cn/ytqzfzx/cn/zwgk/xzzfxx/sqgs/yjxx/201811/t20181115_14515769.htm。

的现象比比皆是,各类违规行为无法得到及时的制止和纠正,理应退出保障房体系的购房者却仍在经济适用住房中安然无恙。此外,对于通过弄虚作假、隐瞒家庭真实情况骗购经济适用住房的家庭,同样缺乏持续而有效的审查监督机构。尽管在经济适用住房准入时进行了相关资格条件的审核,但是在经济适用住房发放后仍然缺乏对家庭收入、资产等情况的动态跟踪监督,这使得经济适用住房"骗购"者在获取住房后可以逍遥法外、不受监督,使得退出机制的有效性大打折扣。此外,政府回购是经济适用住房退出的重要方式之一。经济适用住房的回购、退出等事宜非常复杂,但现行的经济适用住房管理制度却并未明确回购机构,这使得关于经济适用住房的回购规定在很多地区沦为摆设。

(二)退出对象存在的主要问题

1. 退出对象不统一、不明确

如前所述,现行的经济适用住房的退出对象大体可以分为以下四种类型:第一类为购买经济适用住房未满五年但因各种原因需要转让以及购买满五年申请获取完全产权或上市转让的家庭,简称"主动退出"家庭;第二类为通过弄虚作假、隐瞒家庭经济状况及伪造证明骗购经济适用住房的家庭,简称"骗购"家庭;第三类为在取得完全产权之前违法违规使用经济适用住房的购房家庭,简称"违规"家庭;第四类为不再符合享受经济适用住房条件的购房家庭,简称不再符合条件家庭。但是,就目前的政策规定来看,各个城市对各类退出对象的具体规定并不统一,表现在:第一,部分城市在确定退出对象时均着重考虑了主动退出家庭以及"骗购"家庭,但对"违规"家庭以及不再符合条件家庭考虑较少甚至没有考虑;第二,尽管部分城市将"违规家庭"纳入了退出对象的范围,但是各城市对"违规"的规定并不统一,究竟哪些行为属于"违规"还需要进一步明确;第三,对于"购买经济适用住房未满五年但因各种原因需要转让"的退出对象,其具体原因也没有作出明确规定;第四,对于"不再符合条件家庭"的确定标准也不统一,如北京、广州、武汉等地仅规定"已经购买了经济适用住房后又购买其他住房的购房家庭"属于"不再符合条件家庭",但深圳等地则将购房人"全部家庭成员户籍均迁出本市的"等也纳入不再符合条件的范围。

2. 退出对象不完备

尽管各城市已经对需要退出经济适用住房的情况进行多方面的规定,但对退出对象的规定仍然不完备,主要表现为"强制"退出对象的缺失。按照现行制度规定,购房人上市转让经济适用住房或者取得经济适用住房的完全产权,都需要补缴土地收益等相关价款,从而住房保障资源可以实现回流。但是,政府是否能够收回这部分住房保障资源完全取决于购房人是否具有将其所购经济适用住房上市交易或取得其所购经济适用住房的完全产权的意愿。若购房人没有将经济适用住房上市交易或购买其完全产权的意愿,政府就无法收回这部分住房保障资源。可见,购房人对其是否退出经济适用住房具有主动选择权,而政府基本处于被动地位。现阶段经济适用住房的"强制"退出对象仅包括"骗购"家庭、"违规"家庭和不再符合条件家庭(主要是购房人已经在取得所购经济适用住房的完全产权之前购买其他住房)等三种情况,这意味着,即使经济适用住房的购房人未来收入或资产水平提高不再存在住房支付能力不足问题或由于家庭人口结构变化不再存在住房困难问题,只要其不存在"骗购"、违法违规使用经济适用住房的行为、不将其所购经济适用住房上市交易且不再购买其他住房,那么,该购房人就可以一直占有经济适用住房,住房保障资源也始终得不到回流。显然,未能将"不再存在住房困难"或"不再存在住房支付困难"的家庭纳入经济适用住房的退出对象,显然既违背了住房保障的宗旨,也损害了公平原则。

3. 退出条件不合理

对于如何确定第四类退出对象(即不再符合条件家庭),最核心的问题就是要制定合理的退出条件。但是,从目前各个城市的退出规定来看,对于不再符合条件家庭的退出条件的设置也缺乏合理性。如前所述,目前的政策制度对于"不再符合条件"的范围仅考虑了购房家庭在购买经济适用住房后购买其他住房以及长期未居住在保障性住房内的情形,而完全忽视了购房家庭因收入增加、经济状况改善、人口减少等而不再符合条件的情况,这使得大量收入超标的群体、不存在住房困难群体仍然占有着保障性资源,而其他有真正需求的群体却无法进入保障体系。

(三)退出方式存在的主要问题

1. 退出方式缺乏多样性

从现行制度安排来看,目前各类退出对象的退出方式以政府回购经济适用住房为主,如"骗购"家庭的退出、"违规"家庭的退出、不再符合条件家庭的退出以及主动退出家庭中居住未满五年家庭的退出。而主动退出家庭中居住满五年的家庭则是通过申请取得完全产权或申请上市转让的方式进行退出。与导致退出的原因相比较,退出方式的多元化程度还是很不够的。

2. 退出方式缺乏针对性

在现实当中,需要退出产权型住房保障的原因多种多样,既可能是因为购房人主观上有获得产权型保障性住房的完全产权或上市交易的需求而导致的退出,也可能是购房人的客观经济条件或住房条件的变化而不再符合享受住房保障条件,亦可能是由于购房人的行为不当而导致的必须退出。购房人拒绝退出的原因很多,也很复杂,因此,在退出制度设计上应该针对不同的退出原因在退出方式的安排上应区别对待。但遗憾的是,从现行制度安排来看,产权型住房保障的退出方式不仅没有多样性,更缺乏针对性。尤其是对由于收入提高已不再符合保障条件的退出对象,大多数城市目前都尚未在退出方式上作出具体规定。

3. 退出方式中的相关规定不明确、不统一、不合理

(1)关于政府回购

政府回购作为一种重要的退出方式,目前很多城市却没有对其实施细则

进行详细规定,回购的执行主体、回购方式的适用情形、回购经济适用住房的价格确定方法(收益分配问题)、回购程序等问题均不明确,使回购制度犹如一纸空文。有些城市虽然规定了政府回购价格的计算方法,但各城市的规定却差异很大,有些规定也缺乏合理性。如本书附录2所示,北京、深圳、杭州、武汉等城市按照原价格并考虑折旧和物价水平等因素来确定回购价格;广州按原购房价格每年扣减1%来确定回购价格;天津、重庆等城市则按照原购房价格进行回购。可见各个城市对回购价格的确定标准并不统一。对于政府回购经济适用住房,理应考虑物价水平、折旧情况以及购房资金的时间成本等多方面因素,单纯地按照原价收购或按每年扣减1%的方式确定回购价格显得缺乏合理性。

(2)关于取得完全产权或申请上市转让

针对"主动退出家庭"中居住满五年且申请上市交易或申请取得完全产权的情况,购房家庭需要按一定比例向政府上缴增值收益,但对这一"比例"的规定,各地政策却并不统一:北京、广州等地"按照同地段普通商品住房和经济适用住房差价的一定比例交纳土地收益等价款";天津、深圳、杭州、厦门等地"按届时转让经济适用住房市场评估价格与原购房价格差额的一定比例确定土地收益综合价款"。同时,各地对这一"比例"具体数值的规定也不尽相同,如广州规定为差价的80%,深圳规定为差价的50%,杭州、厦门规定为差价的55%,而部分城市的政策文件对于这一"比例"的具体数值甚至没有作出明确规定,仅表明按照"有关约定"处理,这导致在经济适用住房主动退出的实际操作中,政府获得的补缴收益是不明确且存在较大差异的。

4. 退出的套利限制机制不健全

对于政府而言,保障性住房建设是一种关乎民生、关乎城市发展的长期性、战略性的投资,需要投入大量的人力物力以及土地资源。然而,根据目前经济适用住房的政策制度,尽管针对多数退出对象采用的是政府回购的退出方式,但在实际执行过程中,更多的退出情况是购房家庭居住满五年申请上市交易或获得完全产权。由于土地收益等相关价款数额通常远远低于土地的增值收益,即使在交纳土地收益等相关价款之后,经济适用住房的卖出人仍然可以获得较多的收益,谋利的空间巨大。对于政府而言,不仅已投入的大量住房保障资源白白流失,还需要继续投入新的人力物力和土地来建设新的经济适用住房。此外,按照现行的制度,购房家庭在转让房屋时往往掌握着主动权,他们在上市时间、转让价格等方面有更多的话语权,这使政府在享受投资收益的时候处于弱势地位,无法得到应得的收益份额,也不符合"谁投资,谁受益"的原则。

(四)退出激励机制存在的主要问题

1. 正向激励机制缺失

如前文所述,经济适用住房的退出激励机制既包括正向激励措施,也包括负向激励措施(惩罚机制)。正向激励机制是通过对主动退出、按时退出的家庭给予精神上或物质上的奖励来提升家庭主动退出的积极性。负向激励措施主要是针对经济适用住房购房家庭违规、违法使用或是骗购经济适用住房的一种惩罚,从而增加退出对象的违规成本和违法压力。但从目前经济适用住房的相关政策文件来看,鲜有此类鼓励购房家庭提前、主动退出的正向激励措施的安排。因此经济适用住房的购房家庭缺乏有效的动力从保障房中提前腾退出来,进而会长期地占有保障房资源。

2. 退出激励机制缺乏针对性

如前所述,产权型住房保障的退出对象在退出原因、家庭情况等方面都存在较大差异,可供退出对象选择的退出方式也存在多样性,因此,应该针对不同类型的退出对象、不同的退出原因制定不同的退出激励政策。但从现行制度安排来看,产权型住房保障的退出激励措施不仅缺乏多样性,更缺乏针对性。尤其是对主动退出对象和由于收入提高或住房改善已不再符合保障条件的退出对象,大多数城市目前都尚未在退出激励机制上作出具体规定。

3. 退出激励机制不统一

对于各类激励措施的安排,理论上各大城市应该在步调上保持一致或在原则上趋同,但从目前的实行情况看,各地的激励措施存在较大的差异,例如针对通过政府回购方式进行退出的情况,上海、广州等地规定退出对象五年内不得再申请购买产权型保障性住房;天津、武汉等地则规定退出对象终身不得再申请购产权型保障性住房;部分城市则没有安排这类"禁止再次申请"的负向激励措施。再如针对违规使用经济适用住房的退出对象,上海、深圳等地需处以一定数量的罚金;广州等地则需上缴通过出租、出借经济适用住房所获得的租金。另外对于"骗购"家庭,各城市的惩罚机制也有轻有重:多数城市为移交司法机构并追究法律责任,上海、深圳、杭州等地还在此基础上处以一定的罚款,但罚款金额也不尽相同。可见各城市对负向激励措施或是惩罚机制的安排较为混乱,并不统一。

4. 退出激励机制的设计缺乏合理性

第一,负向激励措施惩罚力度较轻。对于因违规使用以及"骗购"而需要退出的对象,理应采取较为严厉的惩罚机制,进而避免这类现象的发生。但从现行的制度来看,各地政府也仅仅是要求这类对象从经济适用住房中腾退,同时按照原购房价格并考虑物价和折旧因素进行回购,个别城市在此基础上处以罚款并追究法律责任,但这样的惩罚机制对于违规者和"骗购"者而言似乎太轻了,政府按原价回购可以让这些退出对象从保障性住房体系中全身而退,而不必付出过多的代价或损失。特别是对于私下交易、私下抵押经济适用住房等严重违背住房保障初衷的行为,惩罚机制的缺失将使购房家庭在实际违规操作中几乎没有违法成本,进而严重影响保障性住房体系的秩序。

第二,缺乏梯度性的制度安排。如前文所述,对于在经济适用住房内居住满五年并申请获得完全产权或申请上市的主动退出家庭而言,需要按一定比例补缴土地增值收益,而各地对这一比例的规定有所不同,多数城市是规定以一个特定的数值比例来确定。这种不论居住年限长短和收入高低而均采用唯一数值比例的"一刀切"做法,在制度设计上显得缺乏合理性。应该结合退出对象的居住年限等因素设置合理的价格梯度。

第三,缺乏对正在享受住房保障的"局内人"退出住房保障的激励机制。根据本书附录2中整理的各城市对于经济适用住房的制度安排可知,购房家庭在满足经济适用住房准入门槛后,只要一直居住在经济适用住房内并且不购买其他住房,那么不论其收入如何变动、资产情况如何变动,他们都可以一直占有保障性住房资源而无须腾退。这样的制度设计显然没有考虑如何引导正处于住房保障范围内的家庭退出保障性住房。

(五)退出程序存在的主要问题

现行的经济适用住房管理制度缺乏完整和系统的退出程序规定。从目前各城市关于经济适用住房的政策文件来看,对于经济适用住房的准入程序已经有了较为完善和明确的流程规定,但是对于经济适用住房退出的具体操作程序,仅有个别城市在相关制度文件中作出了明确说明。不可否认,退出程序相关规定的缺乏,将降低经济适用住房流转和回购的效率,同时可能无形中提高退出对象的退出成本。此外,由于经济适用住房的退出情况繁多而且复杂,仅仅规定一般性的退出程序也是不合理的,应针对不同的退出情况,如主动退出和被动退出,分别规范其具体的腾退程序。

第三节　中国保障性住房退出现状
及其面临的主要困难

一、　中国保障性住房的退出现状

(一)租赁型保障性住房的退出现状

在实践中,租赁型保障性住房在分配入住之后能够退出的寥寥无几,很多城市的实际退出率为零。国家审计署从 2012 年开始对城镇保障性安居工程进行跟踪审计。《66 个市县 2011 年城镇保障性安居工程审计结果》显示：2011 年，"42 个市县的 2.1 万户保障对象存在收入财产超标、重复享受保障待遇、应退出未退出住房保障等问题"①。《2012 年城镇保障性安居工程跟踪审计结果》显示：2012 年，"10.84 万户不符合保障条件的家庭，因提供不实资料、相关部门审核把关不严，违规享受保障性住房实物分配 3.89 万套、领取租赁补贴 1.53 亿元，另有 1.13 万户家庭重复享受保障性住房实物分配 2975 套，重复领取租赁补贴 2137.55 万元"②。《2013 年城镇保障性安居工程跟踪审计结果》显示：2013 年，"有 4.75 万户不符合条件家庭违规享受保障性住房实物配租（售）1.93 万套、住房货币补贴 5035.99 万元"③。《2014 年城镇保障性安居工程跟踪审计结果》显示：2014 年，"由于保障对象未及时申报家庭经济状况变化情况、经办管理机构未按规定进行定期审核等原因，有 2.34 万户收入、住房等条件发生变化不再符合保障条件的家庭，未按规定及时退出，仍享受保障性住房 1.53 万套、住房租赁补贴 1421 万元"④。《2015 年保障性安居工程跟踪审计结果》显示：2015 年，"由于住房保障基础管理工作薄弱、资格审核和退出机制不够健全、保障对象动态管理还不到位、经办审核把关不严等原因，有 5.89 万户家庭隐瞒收入、住房等信息通过审核或应退出未退出，违规享受城镇住房保障货币补贴 6046.25 万元、保障性住房实物配租（售）3.77 万套，6544 套保障性住房被违规销售或用于单位办公、对外出租经营等"⑤。

---

① 中华人民共和国审计署办公厅：《66 个市县 2011 年城镇保障性安居工程审计结果》，2012 年 7 月 18 日，见 http://www.audit.gov.cn/n5/n25/c63606/content.html。

② 中华人民共和国审计署办公厅：《2012 年城镇保障性安居工程跟踪审计结果》，2013 年 8 月 9 日，见 http://www.audit.gov.cn/nwn536/n537/c46145/Content.html。

③ 中华人民共和国审计署办公厅：《2013 年城镇保障性安居工程跟踪审计结果》，2014 年 7 月 18 日，见 http://www.audit.gov.cn/n5/n25/c63664/content.html。

④ 中华人民共和国审计署办公厅：《2014 年城镇保障性安居工程跟踪审计结果》，2015 年 8 月 17 日，见 http://www.audit.gov.cn/n5/n25/c73922/content.html。

⑤ 中华人民共和国审计署办公厅：《2015 年保障性安居工程跟踪审计结果》，2016 年 6 月 29 日，见 http://www.audit.gov.cn/n5/n25/c84952/content.html。

《2016 年保障性安居工程跟踪审计结果》显示:2016 年,"一些地方对保障对象的资格审核和后续监管不到位,有 2.96 万户不符合条件家庭违规享受城镇住房保障货币补贴 2244.53 万元、保障性住房 1.57 万套;有 3.36 万户不再符合条件的家庭未及时退出,违规享受住房 2.63 万套、补贴 1197.44 万元;有 5949 套住房被违规转借、出租、销售或用于办公经营"①。从各城市退出的统计数据来看,我国租赁型保障性住房退出形势也相当严峻。

杭州市租赁型保障性住房的退出情况:2018 年,杭州市因租赁期满、保障对象收入和房产情况变化等原因注销公共租赁住房、廉租住房保障资格,共计 1475 人退出公共租赁住房保障,222 户家庭退出廉租住房保障。截至 2018 年 6 月底,已累计注销 1 万余人公共租赁住房保障资格、7000 余户家庭廉租住房保障资格。②

武汉市租赁型保障性住房的退出情况:截至 2017 年 7 月底,如表 4.2 所示,武汉市公共租赁住房(实物配租)累计应退租户 1720 户,占已交付房源总数 4.01%。其中,已清退 1110 户,占应退总户数的 65.53%;未退租户 610 户,占应退总户数的 35.47%。在 1720 户应退租户中,由于人均住房面积超标的应退户数为 628 户,占应退总户数的 36.51%;由于主动提出退出申请的应退户数为 474 户,占应退总户数的 27.56%;由于人均收入超标的应退户数为 257 户,占应退总户数的 14.94%;由于死亡的应退户数为 172 户,占应退总户数的 10%;由于违规、欠缴租金等其他原因导致的应退户数为 189 户,占应退总户数的 10.99%。

---

① 中华人民共和国审计署办公厅:《2016 年保障性安居工程跟踪审计结果》,2017 年 6 月 23 日,见 http://www.audit.gov.cn/n5/n25/c96999/content.html。
② 数据来源于杭州住房保障和房产管理局官网(http://fgj.hangzhou.gov.cn/)。

表4.2 武汉市各区公共租赁住房(实物配租)退出情况

辖区	已起租户数	应退户数	已退户数	未退户数	未退占比
江岸	9005	274	185	89	32.48%
江汉	5294	198	139	59	29.80%
硚口	7466	200	43	157	78.50%
汉阳	4903	65	45	20	30.77%
武昌	1484	14	9	5	35.71%
青山	5698	460	337	123	26.74%
洪山	6215	452	336	116	25.66%
东湖高新	32	2	0	2	100.00%
蔡甸	536	9	4	5	55.56%
黄陂	1042	7	0	7	100.00%
江夏	557	25	0	25	100.00%
新洲	400	14	12	2	14.29%
合计	42632	1720	1110	610	35.47%

资料来源:武汉市住房保障管理中心。

如表4.3所示,从2014年至2017年7月武汉市公共租赁住房新增应退户数来看,新增应退户数呈快速增加的趋势,应退未退户数也逐年累积扩大。

表4.3 2014年以来武汉市公共租赁住房新增应退户数

年份	新增应退户数	应退未退户数	应退未退比例
2014	143	22	15.38%
2015	265	33	12.45%
2016	749	229	33.24%
2017	552	326	59.05%

资料来源:武汉市住房保障管理中心。

济南市租赁型保障性住房的退出情况:自2007年以来,济南市已为7.8万余户家庭直接提供了租赁型保障性住房,并累计向3万多户家庭发放了住房租赁补贴。截止到2013年底,大约有4200多户家庭通过停止发放租赁补贴退出住房保障体系。2011年,济南市首次有20多户廉租住房实物配租对象腾退住房,2012年,廉租住房实物配租对象腾退住房的扩大到120多户,截止到2013年底,已经有256套廉租住房实现了成功腾退。①

宁波市租赁型保障性住房的退出情况:2010年,宁波市鄞州区住房保障管理中心对全区213户已享受廉租住房保障的家庭进行核查,发现其中4户家庭因住房条件改善购买商品住房、被保障对象去世等原因而不再符合保障要求,并将其清退出廉租住房保障体系。② 2012年,宁波市江东区对全区2272户已享受廉租住房保障的家庭进行年审,共有66户家庭被取消保障资格(因购房造成住房面积超标的有21户,收入超标的有41户,保障对象过世的有4户),占在保家庭总户数的2.9%。③

总体而言,在实践中,取消被保障对象的保障资格相对容易,但真正实现住房保障的退出却很困难。与享受租赁补贴相比,享受实物配租的住房保障家庭腾退其住房则更为困难。2012年4月,吉林省核查住房保障对象,清退不再符合条件的1.71万户。其中,长春须清退数百户"骗购骗租者",但至今只成功清退17户。④

(二)产权型保障性住房的退出现状

由于经济适用住房的真实交易数据难以获取,经济适用住房的购房人对退出问题又较为敏感,大多采取回避态度,因此,难以通过大规模问卷调研取得有关经济适用住房退出制度实施现状的微观真实数据。鉴于此,本课题组分别在上海市、武汉市和黄石市对4名经济适用住房购房人、6位经济适用住

---

① 数据来源:济南市住房保障与房产局调研数据。

② 谢凯佳等:《保障性住房退出机制研究——以宁波为例》,《改革与战略》2012年第11期,第109—113页。

③ 王岚:《江东区取消66户廉租房家庭保障资格》,《宁波日报》2012年5月6日。

④ 吴伟:《长春保障房骗租骗购清退难:数百户仅成功17户》,2012年5月17日,见ht-tp://www.chinanews.com/house/2012/05-17/3894023.shtml。

房管理人员（包含1位市住房保障处工作人员、1位市房地产交易中心工作人员、2位区级房管部门工作人员、2名经济适用住房所在社区工作人员）、2名房地产中介公司工作人员进行了一对一的深度访谈，以期能从中对经济适用住房的退出情况窥得一斑。从笔者收集的资料和现场访谈情况来看，在实践中，产权型保障性住房的退出情况也令人堪忧。

一是政府回购力度较小。依据《经济适用住房管理办法》，在退出方式当中，政府回购是"优先"的，只有在政府放弃回购权时，购房人才能取得该住房的完全产权或进行上市交易。然而，从各地的实践来看，很多地方政府事实上都放弃了回购权。例如，2015年北京市住建委发布规定，"2008年4月11日之前签订购房合同的已购经适房家庭取得契税完税凭证或房屋所有权证满五年后上市出售的，可以直接到房屋所在地的区县房管部门办理交易过户手续，区县住保部门不再出具《已购经济适用住房上市出售意见》"①。这意味着北京市政府对这些2008年4月11日之前签订购房合同的经济适用住房放弃了回购权。在其他城市，政府回购经济适用住房的比例也很小，很多地方经济适用住房都是绕过政府回购，在交纳土地收益等价款之后直接进行上市交易的。

二是通过"黑白合同"回避政府买卖禁令的私下交易猖獗。按照《经济适用住房管理办法》的规定，经济适用住房购买满5年才能按市场价出售。但在实践中，大量购买不满5年的经济适用住房却在以"黑白合同"的方式进行私下交易。所谓"黑合同"是经济适用住房的买卖双方在购买不满5年时私下达成的住房买卖协议；所谓"白合同"是经济适用住房的买卖双方在购买满5年后根据私下达成的住房买卖协议到当地行政主管部门填写住房的买卖合同。由于经济适用住房购买未满5年是不能上市交易的，当地行政主管部门办理不予办理过户手续，因此，买卖双方只能先私下达成经济适用住房的买卖

---

① 北京市住房和城乡建设委员会：《关于出具已购经济适用住房上市出售意见等问题的批复》，2015年7月17日，见 http://zjw.beijing.gov.cn/bjjs/xxgk/fgwj3/zfbzltz/317446/index.shtml。

协议,通过签订"黑合同"约定到购买 5 年期满时在办理过户手续。"白合同"只是交易双方表面给政府部门看的,而"黑合同"相关部门则无从查起,也不受法律保护,由此引发的经济适用住房买卖纠纷也大量存在。

三是通过出租经济适用住房牟利的现象也较为严重。按照《经济适用住房管理办法》的规定,经济适用住房是不能用于出租的。但在现实中,不少住户在收入提高之后都新购了其他商品住宅并搬离了原经济适用住房,然后将自己的经济适用住房长期用于出租;也有一些经济适用住房的住户租赁其他住房居住或借住于亲友家中(通常是成年子女家中),自己的经济适用住房则用于出租,从中赚取租金差价。管理部门进行入户调查时,经济适用住房的购房人往往对此的解释是亲友到访临时居住。

总之,在实践中,现有的经济适用住房退出机制并未得到有效的运行,退出工作困难重重。

二、 保障性住房的退出实践面临的主要困难

我国保障性住房的退出在实践中困难重重,究其原因,除去退出机制设计本身存在严重缺陷(具体参见本书第四章第一、二节)之外,还缘于退出实践面临着诸多其他困难。

(一)租赁型保障性住房退出实践面临的主要困难

1. 租户对保障性住房退出的认同度不高

退出是保障性住房后期管理过程中的重要环节。与准入环节不同,退出环节是一种事后控制机制,管理难度更高。如前所述,国家和各个城市都对租赁型保障性住房的退出对象作了规定,要求他们在被告知取消保障资格之日起的一定时间内搬离承租的住房,若逾期未腾退住房,那么,管理部门将会对其做出相应的处罚。因此,如果租户对保障性住房退出的认同度高,能够积极申报自己的家庭收入、人口及住房等方面变化,并按照要求在自己不符合保障

条件时主动腾退住房,那么,住房保障部门就可以节约每年花费在退出问题上的管理成本、提高退出管理效率,也有利于使真正需要住房保障的中低收入阶层尽快地纳入住房保障体系之中。

但是,从目前的实际情况来看,租赁型保障性住房的租户普遍对保障性住房退出的认同度不高。根据对武汉市276户公共租赁住房租户退出意愿的调查显示①,租户对不符合保障条件需要退出公共租赁住房的意识并不强烈,很多租户甚至从来都没有想过有一天需要腾出公共租赁住房。租户普遍对保障性住房退出的认同度不高的原因主要在于:一是部分租户对租赁型保障性住房的性质、相关退出政策及其执行情况都缺乏必要的认识和了解。目前,许多租赁型保障性住房的租户对于在何种情况下应该退出、通过何种方式退出以及拒不退出的后果等都知之甚少。二是由于部分租户素质不高,缺乏公共责任和诚信意识。由于很多租赁型保障性住房的保障对象收入水平偏低,导致了其受教育程度较低,因此,在社会保障领域,出现了道德失范,是非、善恶、美丑界限混淆,见利忘义、损公肥私时有发生,不讲信用、欺骗欺诈成为社会公害等现象。在与租赁型保障性住房租户一对一的访谈过程中,不少租户存在下述想法:"我好不容易申请到这样的房子,当然不能轻易搬离";"我如果搬出去对我也没啥好处,还没法继续享受这么好的住房政策了,不如假装自己不知道有退出这回事";"即使我不退出,政府也不能拿我怎么样";"不退的租户那么多,凭什么我要主动退出呢?"可见,租赁型保障性住房的租户普遍缺乏对保障性住房退出的认同度,极大地影响到退出对象退出租赁型保障性住房的主动性和积极性,导致住房管理部门在进行退出管理工作时困难重重。

2. 掌握租户真实信息存在困难

对租户信息全面和准确的掌握是确保住房保障的公平性和让不符合条件的住户及时退出的前提条件。相关部门掌握的信息不全面、不准确,都会导致

---

① 参见本书第五章第一节。

损害住房保障公平和社会公平的后果。但是,要掌握与租户退出有关的全面和准确的信息却面临着很大的困难,主要原因在于:

第一,租户收入的多元化和就业的不稳定性使保障对象收入难以准确计量。一般而言,家庭收入由工资性收入、经营性收入、财产性收入和转移性收入组成,国家能够掌握的收入信息主要是居民的工资性收入。在目前的退出实践中,大多数城市对保障对象的收入资格认定也主要是通过工资收入形式进行判别的。但是,工资性收入仅仅只是家庭收入的一部分,甚至对有些人而言,是家庭收入中并不重要的一个部分。由于租赁型住房保障对象大多从事的临时性、季节性工作,往往具有就业率低且工作不稳定等特征,相应地,其家庭收入也具有很强的隐蔽性和临时性,难以被政府部门监控。

第二,政府与租户之间信息不对称,保障对象的真实信息难以核实。一方面,虽然目前租赁型保障性住房保障的对象限于中低收入住房困难户,但影响居民经济能力的因素很多,所以判断居民是否符合享受住房保障的条件,需要对收入水平、住房水平、资产状况、人口状况等多方面的信息进行了解。但是,由于我国尚未建立家庭财产申报制度和个人信用制度,政府难以全方位掌握居民的完整信息(包括住房、车辆、有价证券等)。另一方面,由于违法、违规继续占有保障性住房所能得到的经济利益远远大于风险成本,退出对象有动力采取多种方式规避相关信息的搜集和审核,甚至隐瞒信息或者虚报信息,从而出现"逆向选择"和"道德风险"问题,因此,政府部门想掌握租户真实信息更是难上加难。

第三,缺乏多部门联动机制。我国目前大部分城市的个人征信数据非常分散,民政、公安、工商、税务、车管所、劳动保障、教育等多个政府部门以及商业银行、通信、保险等商业机构各自保有部分个人信息,但是,这些信息并未形成完整的个人信息管理体系,各部门之间存在信息垄断、信息屏蔽等问题。住房保障管理部门对退出对象的信息审核不仅难度大、成本高,而且效率低下。

3. 退出对象经济上具有特殊性

按现行法规,大多数租赁型保障性住房的承租人都是中低收入者,尤其是其中原廉租住房的承租人。一般而言,他们在劳动力市场上属于专业素质不高、职业适应能力较弱、竞争力不强的群体,特别是在当前劳动力总供给严重超过总需求的情况下,他们要么难以找到稳定的工作,要么难以找到高报酬的工作。因为其他一些条件的变化而不再符合租住保障性住房条件或者出现短期性质的收入水平超过当地的低收入水平而不再符合租住保障性住房的条件,如果他们拒绝退出所租住的保障性住房,无论是采取提高租金,还是采取罚款的形式,或者采取其他强制措施,都要受到这个群体的经济上的特殊性的约束。

4. 不退出的情况非常复杂

笔者在调研中发现,在退出管理中,以下三种情况最为棘手:一是拒不腾退。拒不腾退的原因又多种多样,包括:因工作成本或者因为工作的便利等原因而不愿腾退;因生活便利或者成本低等原因而不愿腾退;因收入水平不高(虽然超过低收入标准,但收入水平仍低)无力按市场租金租到面积相同或者相当的住房而拒绝腾退;年龄大等原因难以在市场上租到适合住房;因其他住户不腾退形成的攀比行为而造成的不腾退;不认可退出判决以及索赔装修费的情况;等等。二是失联,其原因包括戒毒、服刑、服兵役、外出打工等。三是单身死亡。单身死亡的主要问题在于孤寡老人去世后遗留物品的处置和费用结算。可见,不退出的情况和具体原因很多,现行制度又并未对不同的退出具体情况和原因分别采取针对性措施,这导致了在实践中租赁型保障性住房退出工作的操作非常困难。

5. 政府执法成本太高,缺乏动力

租赁型保障性住房退出的执法成本既包括经济成本,也包括社会成本。退出执法的经济成本主要是指收集证据、执法过程中所消耗的经费和物质资源,而退出执法的社会成本则是因为退出执法而可能导致的社会不稳定事件

以及由此付出的代价。目前,我国政府对于租赁型保障性住房退出问题的执法成本非常高。就经济成本而言,一方面,由于政府在退出对象的信息收集、核实方面存在着客观困难,信息搜寻成本巨大;另一方面,住房保障管理部门若想对退出对象进行强制腾退必须先得到人民法院的许可,这就需要其花费大量的时间和精力去收集证据,并经历出庭应讼等漫长而烦琐的司法程序,最后可能还要承担高昂的诉讼成本。就社会成本而言,如前所述,租赁型保障性住房的保障对象是中低收入住房困难群体,即使他们由于收入困境消失而不再符合保障条件,但其收入水平依然有限,仍属于社会中的弱势群体,如果对其实行强制性清退可能造成一系列的负面问题,甚至影响社会的稳定,因此,退出执法的社会成本也很高。在实践中,很多城市在强行清退租户(尤其是廉租住房租户)时,都遭遇过这类的困境。由于取消保障对象的保障资格而引发的信访、投诉令相关单位及责任人疲于应对。

总体而言,由于保障性住房应退未退的责任往往是由租户承担,现实中也缺乏对政府有关部门进行退出执法的激励机制,而且,政府部门对保障性住房退出"放任"的利益远远大于"不放任"带来的执法成本,政府有关部门缺乏对租赁型保障性住房的退出问题进行严格执法的动力,各地的退出工作成效并不理想。

(二)产权型保障性住房退出实践面临的主要困难

与租赁型保障性住房相似,经济适用住房的退出实践也存在着住户对保障性住房退出的认同度不高、掌握住户真实信息存在困难、退出对象经济上具有特殊性、不退出的情况非常复杂、政府执法成本太高,缺乏动力等困难,在此不再赘述。但除上述困难之外,产权型保障性住房的退出面临着特殊的困难。

住房作为实现居民居住需求的载体,并非普通消费品,而是一种最典型的持久耐用品。保障对象在购买经济适用住房时需要支出一大笔资金,购买之后会办理房屋产权登记(即使不是完全产权),在入住之前又会投入资金进行装修,入住之后容易对所居住的房屋产生感情依赖,因此,产权型保障性住房的购房人希望也有理由要求在住房中稳定的居住较长的时间。但是,在较长的时间中,购房人的家庭结构和收入情况都不可避免地会发生变化。例如,在购买经济适用住房时,购房人的子女尚未成年,而若干年后购房人的子女长大成人并购买了自己的商品住房,原购房家庭可能就不再符合享受经济适用住房保障的资格;再如,已购经济适用住房的单身人士与拥有其他住房的单身人士结婚之后,新组建的家庭在拥有经济适用住房的同时就又拥有了其他住房,也不再符合享受经济适用住房保障的资格。如果由于家庭结构和收入情况的变化导致保障家庭购房不久之后就面临着退出的可能,尤其是在退出方式较为单一(政府回购)的情况下,对购房人而言是不公平的,不仅导致购房人丧失居住的安全感,也会导致购房人对退出工作产生较大抵触,给退出的实施造成了困难。

第五章　优化中国租赁型保障性住房退出机制的基本构想

　　本章在以武汉市为例对公共租赁住房租户的退出意愿及其影响因素进行调研和分析的基础上,提出了建立和完善中国租赁型保障性住房退出机制的基本构想,从租赁型保障性住房的退出管理体制、退出对象、退出方式、退出激励机制和退出程序等五个方面阐述了租赁型保障性住房退出机制的制度设计,以期能够为政府部门制定合理的租赁型保障性住房的退出政策提供有益参考。

第一节　租赁型保障性住房租户的退出意愿影响因素的理论与实证分析

　　租赁型保障性住房租户的退出是一个非常复杂的问题。寻找和梳理影响租户退出意愿的主要因素,研究这些因素对于租户退出意愿的影响机制、影响性质及程度,对于改进和完善现有的租赁型保障性住房退出制度具有极大的理论和现实意义。同时,公共租赁住房的租户都是潜在的退出对象,他们的意见对改进和完善现行的租赁型保障性住房的退出机制具有重要意义。本节以武汉市为例,对公共租赁住房租户的退出意愿进行了现场走访和问卷调查,并根据调研数据对影响租赁型保障性住房租户退出意愿的因素进行实证分析，以期对改进和完善现有的租赁型保障性住房退出制度有所裨益。

一、 租赁型保障性住房租户退出意愿的主要影响因素

公共租赁住房租户的退出意愿直接反映了租户退出公共租赁住房的可能性，对最后的退出行为决策具有决定性影响。一般而言，租户的退出意愿越强烈，最终越有可能按时主动退出公共租赁住房。当然，公共租赁住房承租人的退出意愿受到一系列复杂因素的影响，既包括内在因素，也包括外在因素；既包括租户个人的主观因素，也包括客观条件因素；既包括经济因素，也包括非经济因素。在前人的研究基础上，笔者将租赁型保障性住房租户退出意愿影响因素划分为个人及家庭特征因素、现居住条件因素、政策认知因素和对未来改善居住条件的主观意愿因素四大类型。

（一）个人及家庭特征因素

国内外文献表明，个人及家庭特征因素（如性别、年龄、受教育程度、收入等）可能对退出公共住房产生影响。从性别来看，女性比男性更难退出公共住房。从年龄来看，年轻人家庭退出公共住房的可能性要远高于老年人家庭。[①] 就受教育程度和收入水平而言，一般而言，承租人的受教育程度、收入水平都与退出意愿呈现出正相关关系，即受教育程度越高，越容易进入劳动力市场，进而改善自身住房条件，退出公共住房；收入水平越高的家庭也越容易退出公共住房。[②] 但是，也有不少学者的实证研究表明部分家庭特征（如收入

---

① 参见 Verma, N., "Staying or Leaving: Lessons from Jobs-Plus About the Mobility of Public Housing Residents and Implications for Place-Based Initiatives", Manpower Demonstration Research Corporation, New York City, 2003, http://www.mdrc.org/sites/default/files/full_512.pdf。

② 参见 Susin, S., *Durations in Subsidized Housing*, New York: Center for Real Estate and Urban Policy, New York University, 1999, pp.3-5。

等)对退出公共住房的影响并不显著。[1]

(二)现居住条件因素

1. 共同居住人口数量

共同居住人口数量会对公共住房租户的退出意愿产生多重影响。一方面,共同居住人口数量越多,意味着个人居住空间越小,居住舒适度越低,越有可能促使租户搬离公共租赁住房;但另一方面,共同居住人口数量越多,也可能意味着该承租家庭的人均收入越低,家庭结构越复杂,搬离公共租赁住房在经济上的可行性越小。

2. 在公共租赁住房内的持续居住时间

在公共租赁住房内的持续居住时间可能对其租户的退出意愿产生显著影响。国内外文献表明,公共住房作为一种福利制度安排,容易滋生福利依赖。美国 HUD 统计数据表明,"多数住房救助在 5 年内就可结束,大部分在 10 年内也可结束。纽约公共住房退出率在 10 年左右达到峰值"[2]。如果受助者居住在公共住房内的时间过长,则容易失去努力工作改变现状的动力,退出公共住房的可能性会显著降低。[3]

3. 对现居住条件的满意程度

租户对现居住条件的满意程度也对公共租赁住房租户的退出意愿产生显著影响。租户对现居住条件的满意程度是租户根据公共住房的质量、环境、交通便利程度等客观条件,结合自身的需求状况,对公共住房作出一种综合主观

---

[1]　曾辉:《基于演化博弈与委托代理理论的公共租赁住房退出问题研究》,博士学位论文,浙江工业大学工商管理专业,2016 年。

[2]　李进涛等:《公共住房退出的影响因素、决策与阻滞治理——文献的视角》,《中国房地产(学术版)》2016 年第 11 期,第 60—68 页。

[3]　参见 Plotnick, R., "Turnover in the AFDC population: An Event History Analysis", *Journal of Human Resources*, Vol. 18, No. 1, (1983), pp. 65 - 81; Kimenyi, M. S., "Rational Choice, Culture of Poverty, and the Intergenerational Transmission of Welfare Dependency", *Southern Economic Journal*, Vol.57, No.4, (1991), pp.947-960。

评价。一般而言,租户对现居住条件的满意程度越高,越不愿意退出所承租的公共租赁住房。

(三)政策认知因素

1. 对公共租赁住房性质的认知

租户能否对公共租赁住房的性质有正确的认知会直接影响其最终的退出行为选择。就本质而言,公共租赁住房是政府给予中低收入住房困难居民的有租赁期限的过渡性保障住房,而不是政府给予中低收入住房困难居民的永久性福利住房。只有清楚、正确地认识公共租赁住房的性质,承租人才可能在不再符合条件时主动、按时退出公共租赁住房。

2. 对公共租赁住房退出政策的了解程度及执行信心的认知

从理论上讲,对公共租赁住房退出政策的了解程度会影响租户的退出意愿。租户对公共租赁住房退出政策的了解程度越高,才越可能接受公共租赁住房的退出政策,认为退出是一件正常的行为,那么,在其不再符合继续租住公共租赁住房条件的时候,也才越可能主动按时退出公共租赁住房。

同时,租户对公共租赁住房退出政策的执行信心的认知也会影响其退出意愿。一般而言,租户对政府公共租赁住房退出政策的执行越有信心,越会意识到所处环境是积极支持退出行为的,从而未来在其不再符合继续租住公共租赁住房条件时退出意愿越强;反之,若租户对政府公共租赁住房退出政策的执行越没有信心,则未来在其不再符合继续租住公共租赁住房条件时退出意愿越弱。

3. 对应退不退行为现状的认知及态度

应退行为主要包括以下三类:一是租户已经不再符合继续租住公共租赁住房的条件(收入或资产条件),即"赖租";二是租户违法、违规使用公共租赁住房(主要指转租、转借、长期空置公租房、擅自拆改房屋结构、故意损坏住房及其附属设备、未按时交纳房租或提交复核材料等);三是租户通过提供不实材料获取公共租赁住房继续租住资格,即"骗租"。美国心理学家阿尔伯特·班杜拉(Albert Bandura)于1971年提出的社会认知理论指出人的多数行为是通过观察别人的行为和行为的结果而学得的。根据该理论,若公共租赁住房租户认为身边应退不退的行为越普遍,越可能模仿此类行为,那么,在其不再符合继续租住公共租赁住房条件的时候,则越难以主动按时退出公共租赁住房。

公共租赁住房租户对应退不退行为的态度也决定了其未来的退出意愿。一般而言,公共租赁住房租户对应退不退行为的态度越鄙视,未来在其不再符合继续租住公共租赁住房条件的时候,才越可能主动按时退出公共租赁住房;反之,公共租赁住房租户对应退不退行为的态度越宽容,那么,未来在其不再符合继续租住公共租赁住房条件的时候,则越不可能主动按时退出公共租赁住房。[1]

4. 对退出政策改善的认知及态度

从理论上讲,退出政策的改善(例如,退出过渡期适当延长、梯度租金补贴政策、严惩严罚政策、加大退出优惠政策等)也可能对租户的退出意愿产生显著影响。第一,退出过渡期。退出过渡期越长,租户的退出意愿越高。第二,梯度租金补贴政策,即将承租人所能获得的租金补贴与其收入水平相挂钩,经济条件越好的租户所获得的租金补贴额度越少。该类政策的实行反映了公共租赁住房政策内在的退出激励性,可以有助于提升公共租赁住房租户的退出意愿。第三,严惩严罚政策,即政府加大对违法违规使用公共租赁住房、骗取公共租赁住房、不再符合租住条件却拒不退出等行为的严惩力度。该类政策的实行有助于增加公共租赁住房租户应退不退行为的成本,从而增加租户的退出意愿。第四,加大退出优惠政策,主要包括:给予现金奖励;给予精神奖励;退还部分租金;限价商品住房的优先购买权;降低购买商品住宅的首付比例、贷款利率;减免购买商品住宅的契税等。该类政策的实行有助于增强租户在退出公共租赁住房之后的住房消费能力,从而提高租户的退出意愿。

---

① 李进涛等:《计划行为视角的公共租赁住房退出意愿研究——以武汉市为例》,《社会保障研究》2016年第5期,第63—72页。

总之,租户越是倾向于支持上述政策,未来在其不再符合继续租住公共租赁住房条件的时候,越可能主动按时退出公共租赁住房。①

(四)对改善居住条件的信心及迫切程度因素

1. 未来独立解决住房问题的信心

未来独立解决住房问题的信心将直接影响公共租赁住房租户的退出行为选择。从理论上讲,租户对未来独立解决住房问题越有信心,意味着其退出住房保障体系后独立解决住房问题的能力越强,则越倾向于做出按时退出的行为选择;反之,租户对未来独立解决住房问题越没有信心,意味着其对退出公共租赁住房之后的潜在风险感知越大,那么,在行为选择上将越倾向于拒不退出。

2. 对未来改善居住条件的迫切程度

"住有所居""安居乐业"是千百年来中国人的梦想和追求。对于中国人而言,或多或少都有拥有自有住房的愿望。从理论上讲,公共租赁住房的承租人对改善现有居住条件、购置自有住房的愿望越强烈,其越可能努力改变现状,未来在其不再符合继续租住公共租赁住房条件的时候,越可能主动按时退出公共租赁住房。

二、 租赁型保障性住房租户退出意愿及其影响因素调查

(一)调查对象、方法和内容

截至 2017 年 7 月底,武汉市已交付并入住的政府类②公共租赁住房

---

① 参见潘雨红等:《公共租赁房腾退意愿研究及政策建议——以重庆为例》,《建筑经济》2015 年第 1 期,第 103—107 页。

② 目前武汉市公共租赁住房的房源主要分为三种:一是政府长期租赁的社会房源,长期租赁的住房主要是房源相对集中的拆迁还建住宅区;二是政府投资新建的公共租赁住房,以单元式住宅为主,由政府委托运营机构,通过市场方式进行管理,主要用以解决具有本市户籍的低收入、住房困难家庭的居住问题;三是社会投资建设的公共租赁住房,该类公租房以宿舍式为主,主要由武汉市企业、事业单位自行投资建设,自行管理,用于解决本企事业单位职工的居住需求。前两类房源统称为政府类公共租赁住房。

42886 套,分布在全市七个主城区及部分远城区。房屋面积主要在 60 平方米以内,户型以一室一厅为主。目前,政府类公共租赁住房全部是装修住房,装修情况主要为简单装修,包括地面瓷砖,墙壁粉刷,卫生间及厨房,能满足基本居住的条件。①

1. 调查对象

由于武汉市的公共租赁住房小区分布非常分散,考虑到问卷调查多元性和典型性,本课题组分别选取了位于江岸区的"城开·天兴花园""惠民苑"和"惠民居"、位于洪山区的"南湖新城家园"和位于汉阳区的"华立苑"5 个政府类公共租赁住房项目(含原廉租住房)的租户作为调查对象。本课题组成员自 2017 年 7 月起对上述小区的公共租赁住房租户进行了问卷调查。每户家庭仅限调查 1 人,且受访对象的年龄限制在 16 岁以上。

2. 调查方法及样本回收情况

本次调查采取了预调查和正式调查两个阶段。

在预调查阶段,课题组在"惠民居"小区随机走访了 20 户公共租赁住房(含廉租住房)承租家庭,填写 20 份问卷。通过预调查,课题组充分认识到:一方面,对于公共租赁住房的承租人而言,退出问题涉及其是否能继续享受住房保障,因而是一个非常敏感的话题,配合意愿不强;另一方面,公共租赁住房的承租人很多年龄偏大且文化程度不高,难以独立完成问卷,调研难度极大。基于上述情况,课题组简化了调研问卷的篇幅和难度,形成最终的调查问卷,详情参见本书附录 3。

在正式调查阶段,课题组在"城开·天兴花园""惠民苑""惠民居""南湖新城家园""华立苑"5 个小区实地发放调查问卷,全部采取调查人员与调查对象"一对一"访谈的调查形式。若调查对象对问卷中的题目和选项存疑,调查人员将在尽可能不影响调查对象答题的前提下对存疑部分进行解答,从而

---

① 数据由武汉市住房保障和房屋管理局提供。

确保调查对象能够顺利完成调查问卷,并且,对调查家庭赠予小礼品以提高其参与调查的积极性。

最终,本次调查实际发放问卷 320 份,共回收问卷 320 份,剔除其中整份问卷所勾选的选项皆为同一个、漏答数超过 8 个以及存在明显逻辑错误的无效问卷 44 份,共回收有效问卷 276 份,有效问卷回收率达到 86.25%,详见表 5.1。

表 5.1 调研样本分布表

样本选点	样本量(个)	有效样本(个)
城开·天兴花园	120	102
惠民苑	85	73
惠民居	60	53
南湖新城家园	25	20
华立苑	30	28
总计	320	276

3. 调查内容及问卷设计

本次调研的目的是研究公共租赁住房承租人退出意愿的影响因素,因此,问卷的设计也主要是钊对公共租赁住房租户的退出意愿及相关问题进行调查。依据上述对租赁型保障性住房租户退出意愿影响因素的理论分析,本次调研问卷主要包括五个部分的内容:第一部分为公共租赁住房承租人(或共同居住人)的个人及家庭特征,具体包括受访对象的性别、年龄、婚姻状况、受教育程度、就业状态、收入等基本特征。第二部分为公共租赁住房承租人的现居住情况,包括现共同居住人数、已在公共租赁住房(含原廉租住房)内居住的年限及对目前承租的公共租赁住房的居住条件的满意程度。第三部分为公共租赁住房承租人对公共租赁住房及其退出政策的认知情况。除了调查租户的退出意愿之外,还包括对公共租赁住房性质的认知、对公共租赁住房退出政策的了解程度及执行信心的认知、对应退不退行为现状的认知及态度、对退出政策改善的认知及态度等。第四部分为公共租赁住房承租人对未来改善居住条件的信心及意愿,包括对退出后依靠自己的能力解决住房问题的信心程度、未来的购房打算等。此外,调查问卷的最后一部分还包括一个开放性问题,即"您对公共租赁住房退出管理有何建议或意见?",便于受访对象自由、充分地表达对公共租赁住房退出管理工作的态度和意见。

课题组根据影响公共租赁住房退出行为选择的因素分析,设计了 22 个调查问卷问题,具体如表 5.2 所示。

表 5.2　调查问卷设计

类别	影响因素	问题设计
个人及家庭特征因素	性别	1. 您的性别是什么?
	年龄	2. 您的年龄是多少?
	婚姻状况	3. 您的婚姻状况是什么?
	受教育程度	4. 您的受教育程度是什么?
	就业状态	5. 您的就业状态是什么?
	家庭收入	6. 您的家庭每月人均可支配收入大约是多少?
现居住条件因素	共同居住人数	7. 您承租的公共租赁住房目前居住人数(含本人)是多少?
	居住时间	8. 您已在公共租赁住房(含原廉住住房)内居住多长时间?
	住房满意度	9. 您对目前承租的公共租赁住房的居住条件(主要包括住房的地理位置、房屋质量、装修情况、居住环境及邻里交往感受)是否满意?

续表

类别	影响因素	问题设计
政策认知因素	对公租房性质的认知	10. 您认为公共租赁住房的性质是什么?
	对公共租赁住房退出政策的了解程度及执行信心的认知	11. 您了解公共租赁住房的退出政策吗? 12. 如果公共租赁住房管理部门对租户下达了取消公共租赁住房承租资格的决定书,您认为该政策能够顺利执行吗?
	对应退不退行为现状的认知及态度	13. 据您所知,您身边是否有租户虽然已经不再符合继续租住公共租赁住房的条件却不按要求及时办理退出手续的情况? 14. 据您所知,您身边是否有公共租赁住房租户违法、违规使用房屋(主要指转租、转借、长期空置公租房、擅自拆改房屋结构、故意损坏住房及其附属设备、未按时交纳房租或提交复核材料等)的情况? 15. 据您所知,您身边是否有租户通过提供不实材料获取公共租赁住房继续租住资格的情况? 16. 您对不符合继续租住公共租赁住房的条件却拒不退出这种行为的看法是什么?
	对退出政策改善的认知及态度	17. 如果您不再符合继续租住公共租赁住房的条件,您认为您需要多久的腾退过渡期? 18. 如果政府实施公共租赁住房实行"梯度租金补贴政策"(家庭经济条件越好所获得的租金补贴额度越少),您的态度是? 19. 如果政府加大对违法违规使用公共租赁住房、骗取公共租赁住房、不再符合租住条件却拒不退出等行为的严惩力度,您的态度是? 20. 如果政府对主动退出且信用良好的承租人给予优惠政策(例如,给予现金奖励;给予精神奖励;退还部分租金;限价商品住房的优先购买权;降低购买商品住宅的首付比例、贷款利率;减免购买商品住宅的契税等),您的态度是?
对改善居住条件的信心及迫切程度因素	未来独立解决住房问题的信心	21. 您如果选择退出公共租赁住房,您对未来依靠自己的能力解决住房问题有信心吗?
	对未来改善居住条件的迫切程度	22. 您计划在几年内购买自有住房?

(二)变量名称及定义

关于租赁型保障性住房租户退出意愿的研究,本书对相关变量的定义见表5.3。

表 5.3　变量定义与量化

类别	变量名称	变量量化
因变量	退出意愿(exit)	不会=1,视政府采取的措施而定=2,会=3
个人及家庭特征(X1)	性别(gender)	男=1,女=2
	年龄(age)	连续变量
	婚姻状况(marr)	未婚=1,已婚=2
	受教育程度(edu)	初中及以下=1,高中(中专)=2,大专=3,本科=4,硕士及以上=5
	就业状态(empl)	党政机关工作人员/企事业单位员工=1,个体工商户/自由职业者=2,离退休人员=3,无业及其他=4
	家庭人均月可支配收入(income)	600元及以下=1,601—1000元=2,1001—2000元=3,2001—3000元=4,3001元及以上=5
现居住情况(X2)	共同居住人数(peop)	连续变量
	居住时间(length)	2年以内=1,2—5年=2,5—10年=3,10年以上=4
	住房满意度(hsatis)	非常不满意=1,不满意=2,一般=3,满意=4,非常满意=5
对公共租赁住房及其退出政策的认知情况(X3)	对公租房性质认知(essence)	永久性福利住房、不清楚=1,过渡性保障住房=2
	对退出政策的了解程度(epknow)	非常不了解=1,不了解=2,一般=3,了解=4,非常了解=5
	对退出政策执行的认知(epeknow)	不能=1,不确定=2,能够=3
	对"赖租"现状的认知(nomeet)	没有=1,有少量=2,有很多=3,不清楚=4
	对违法违规使用公租房现状的认知(illegaluse)	没有=1,有少量=2,有很多=3,不清楚=4
	对"骗租"现状的认知(deceive)	没有=1,有少量=2,有很多=3,不清楚=4
	对应退不退行为的态度(rqattit)	正常=1,可以理解=2,鄙视=3,举报=4
	过渡期需求(trans)	小于3个月=1,3—6个月=2,6个月—1年=3,1年及以上=4
	对"梯度租金补贴政策"的态度(rentsub)	不赞成=1,无所谓=2,赞成=3

续表

类别	变量名称	变量量化
对公共租赁住房及其退出政策的认知情况（X3）	对严惩严罚政策的态度（punish）	不赞成＝1，无所谓＝2，赞成＝3
	对加大退出优惠政策的态度（prefer）	不赞成＝1，无所谓＝2，赞成＝3
对改善居住条件的信心及迫切程度（X4）	未来独立解决住房问题的信心（confi）	没有信心＝1，一般＝2，有信心＝3
	对未来改善居住条件的迫切程度（buy）	2年以内＝1，2—5年＝2，5—10年＝3，10年以上或不打算购买＝4

（三）问卷信度及效度分析

1. 信度分析

信度（reliability）主要评价问卷的准确性、稳定性和一致性。检测信度的方法有很多，本书选取最常用的克朗巴哈系数法（Cronbach's alpha 或 Cronbach's α）来对本次调查问卷检测信度。Cronbach's α 系数越大，表明问卷的可信度也就越大。不同的研究者对信度系数的界限值也存在不同的看法，一般而言，Cronbach's α 系数若不超过 0.6，说明内部一致信度不足；若达到 0.7—0.8，说明调查问卷具有相当的信度，若达到 0.8—0.9，表明调查问卷信度非常好。"通常实际应用中，比较常用的界限值为 0.7"，即 Cronbach's α 系数至少应达到 0.7 才能接受。[①]

本书利用 Stata13 检验调查问卷的整体 Cronbach's α 系数。由于人口统计学变量不纳入信效度分析，扣除本人及家庭特征变量后，共有 16 个变量进行信度分析。如表 5.4 所示，问卷的 Cronbach's α 系数为 0.8185，表明本问卷量表信度非常好，具有内部一致性。

---

① 王小兵：《教育发展中融资创新研究》，博士学位论文，中南大学管理科学与工程专业，2011 年。

表 5.4 样本的 Cronbach's α 系数

Average interitem covariance	0.1613231
Number of items in the scale	16
Scale reliability coefficient	0.8185

2. 效度分析

效度(validity)主要是评价问卷的准确度、有效性和正确性,即测量工具在多大程度上反映了所需测定的内容。本书采用主成分分析法对此次问卷的总体效度进行检验,即进行 KMO 和 Bartlett 球形检验从而断定调研数据是否适合进行因子分析。KMO 值越大,则表示问卷变量之间的共同因素越多,越适合进行因子分析。一般而言,当 KMO 值小于 0.5 时,说明样本不适合进行因子分析;当 KMO 值达到 0.5—0.6 时,表明样本勉强能够进行因子分析;当 KMO 值达到 0.6—0.8 时,表明样本可以进行因子分析;当 KMO 值达到 0.8—0.9 时,表明合适进行因子分析;当 KMO 值超过 0.9 时,说明样本非常合适进行因子分析。本书利用 Stata13 对调查问卷进行的 KMO 和 Bartlett 球形检验结果如表 5.5 所示,KMO 值达到 0.829,Bartlett 球形检验显著,说明本次调查样本适合进行因子分析,从而说明问卷设计可以通过效度检验。

表 5.5 样本的 KMO 和 Bartlett 球形检验结果

Kaiser-Meyer-Olkin Measure of Sampling Adequacy		0.829
Bartlett test of sphericity	Chi-square	3526.690
	Degrees of freedom	253
	p-value	0.000

（四）调查问卷的描述性统计分析

1. 个人及家庭特征

公共租赁住房承租人的个人及家庭特征主要包括受访对象的性别、年龄、婚姻状况、受教育程度、就业状态、家庭每月人均可支配收入等6个变量，具体统计结果见表5.6。

表5.6 承租人个人及家庭特征变量的描述性统计

变量	选项	数量	占比	均值	标准差
性别	男	113	40.94%	1.591	0.493
	女	163	59.06%		
年龄	—	—	—	50.250	15.290
婚姻状况	未婚	37	13.41%	1.866	0.341
	已婚	239	86.59%		
受教育程度	初中及以下	124	44.93%	2.011	1.107
	高中(中专)	65	23.55%		
	大专	50	18.12%		
	本科	34	12.32%		
	硕士及以上	3	1.09%		
就业状态	党政机关工作人员/企事业单位员工	70	25.36%	2.489	1.014
	个体工商户/自由职业者	38	13.77%		
	离退休人员	131	47.46%		
	无业及其他	37	13.41%		

变量	选项	数量	占比	均值	标准差
家庭人均 月可支配收入	600 元及以下	11	3.99%	3.326	0.896
	601—1000 元	28	10.14%		
	1001—2000 元	116	42.03%		
	2001—3000 元	102	36.96%		
	3001 元及以上	19	6.88%		

　　从性别情况看,在参与本次调查的 276 位公共租赁住房承租人中,男性占 40.94%,女性占 59.06%。本次调查全都在白天进行入户调查,而女性的工作年限短于男性,因此,受访者中女性的比重偏大。从年龄情况看,在本次调查的 276 位受访者中,年龄最小的 16 岁,年龄最大的 88 岁,平均年龄为 50.25 岁,60 岁以上的承租人 87 人,占全部受访对象的 31.52%。这一方面说明了公共租赁住房的承租人中老龄人口比重较大,另一方面也可能是因白天进行入户调查时年轻人在家较少而导致的。从婚姻状况来看,未婚人口占 13.41%,已婚人口占 86.59%,已婚受访者占绝大多数。从受教育程度来看,受访者差异较大,初中及以下学历比重最大,占 44.93%,高中(中专)学历占 23.55%,大专学历占 18.12%,本科学历占 12.32%,硕士及以上学历最少,仅占 1.09%,这说明公共租赁住房的承租人学历大部分偏低,这也决定了大部分租户通过自身能力提高收入改善居住条件的可能性较小,退出难度较大。从受访者的就业状态来看,离退休人员比重最高,占 47.46%,其次是党政机关工作人员及企事业单位员工,占 25.36%,再次是个体工商户/自由职业者,占 13.77%,无业及其他比重最低,占 13.41%。从家庭收入来看,家庭人均月可支配收入在 1001—2000 元阶段的承租人最多,占 42.03%,家庭人均月可支配收入在 600 元及以下、601—1000 元、2001—3000 元分别占 3.99%、10.14% 和 36.96%,这说明大部分租户的收入水平仍然是比较低

的。值得注意的是,在此次调查对象中,承认家庭人均月可支配收入在3001 元及以上的受访者有 19 人,占全部受访对象的 6.88%。按照武汉市的现行政策,这部分人群已经达到了公共租赁住房的退出条件,但仍然居住于公共租赁住房当中。

2. 现居住情况

公共租赁住房承租人的现居住情况主要包括承租的公共租赁住房共同居住人数、已在公共租赁住房内居住的时间、住房满意度等 3 个变量,具体统计结果见表 5.7。

表 5.7　承租人现居住情况变量的描述性统计

变量	选项	数量	占比	均值	标准差
共同居住人数	—	—	—	2.949	1.133
居住时间	2 年以内	47	17.03%	2.739	1.026
	2—5 年	49	17.75%		
	5—10 年	109	39.49%		
	10 年以上	71	25.72%		
住房满意度	非常不满意	24	8.70%	3.105	1.030
	不满意	39	14.13%		
	一般	119	43.12%		
	满意	72	26.09%		
	非常满意	22	7.97%		

从共同居住人数来看,在本次调查的 276 位受访者中,最少的 1 人(独居),最多的 6 人,平均共同居住人数为 2.949 人,共同居住人数以 3 人为主,占全部受访对象的 38.77%。

从居住时间来看,大部分受访对象已在公共租赁住房内居住了 5 年以上,居住时间 5—10 年的租户占 39.49%、10 年以上的占 25.72%,两者合计占比

65.22%,这说明武汉市公共租赁住房的流转率偏低。

从住房满意度来看,受访人对现承租的公共租赁住房的居住条件总体还是满意的,选择一般及以上满意水平的租户比重达到了77.17%,但是也有8.7%的租户对现居住条件非常不满意。通过一对一访谈,租户对公共租赁住房的不满意原因主要集中在房屋质量差、交通不便利、周围的配套设施不健全、物业管理差等方面。

3. 对公共租赁住房及其退出政策的认知情况

公共租赁住房承租人对公共租赁住房及其退出政策的认知情况主要包括对公共租赁住房性质的认知、对公共租赁住房退出政策的了解程度、对退出政策执行的认知、对"赖租"和"骗租"及违法违规使用公共租赁住房现状的认知、对应退不退行为的态度、对退出过渡期的需求、对"梯度租金补贴政策"的态度、对严惩严罚政策的态度、对加大退出优惠政策的态度等11个变量,具体统计结果见表5.8。

从对公租房性质认知来看,在本次调查的276位受访者中,有15.22%的人认为公共租赁住房的性质是"政府给予中低收入住房困难居民的永久性福利住房",有59.78%的人表示不清楚公租房的性质,两者合计占比75%,仅有25%的人认识到公共租赁住房的性质是"政府给予中低收入住房困难居民的有租赁期限的过渡性保障住房"。这说明大部分公共租赁住房的承租人对于公租房的性质并没有清楚的认知。

从对退出政策的了解程度来看,29.35%的受访者表示对公租房的退出政策非常不了解,这些租户有相当一部分是高龄老人,是由儿女帮助其完成入住申请,所以对公租房的性质完全不了解。35.14%的受访者表示对公租房的退出政策不了解,22.10%的受访者表示对公租房的退出政策了解程度一般,认为自己了解或非常了解公租房退出政策的仅占全部受访对象的13.41%。可见,公共租赁住房退出政策的宣传力度还有待提高。

表5.8　承租人对公共租赁住房及其退出政策的认知情况变量的描述性统计

变量	选项	数量	占比	均值	标准差
对公租房性质的认知	永久性福利住房	42	15.22%	1.250	0.434
	不清楚	165	59.78%		
	过渡性保障住房	69	25.00%		
对退出政策的了解程度	非常不了解	81	29.35%	2.203	1.024
	不了解	97	35.14%		
	一般	61	22.10%		
	了解	35	12.68%		
	非常了解	2	0.72%		
对退出政策执行信心的认知	不能	43	15.58%	1.982	0.542
	不确定	195	70.65%		
	能够	38	13.77%		
对"赖租"现状的认知	没有	20	7.25%	2.902	1.017
	有少量	97	35.14%		
	有很多	49	17.75%		
	不清楚	110	39.86%		
对违法违规使用公租房现状的认知	没有	18	6.52%	2.895	0.969
	有少量	91	32.97%		
	有很多	69	25.00%		
	不清楚	98	35.51%		
对"骗租"现状的认知	没有	123	44.57%	2.341	1.372
	有少量	41	14.86%		
	有很多	7	2.54%		
	不清楚	105	38.04%		

变量	选项	数量	占比	均值	标准差
对应退不退行为的态度	正常	23	8.33%	2.152	0.564
	可以理解	191	69.20%		
	鄙视	59	21.38%		
	举报	3	1.09%		
过渡期需求	小于3个月	24	8.70%	3.319	0.976
	3—6个月	29	10.51%		
	6个月—1年	58	21.01%		
	1年及以上	165	59.78%		
对"梯度租金补贴政策"的态度	不赞成	50	18.12%	2.333	0.766
	无所谓	84	30.43%		
	赞成	142	51.45%		
对严惩严罚政策的态度	不赞成	32	11.59%	2.478	0.695
	无所谓	80	28.99%		
	赞成	164	59.42%		
对加大退出优惠政策的态度	不赞成	8	2.90%	2.761	0.491
	无所谓	50	18.12%		
	赞成	218	78.99%		

从对退出政策执行的认知来看,15.58%的受访对象认为公共租赁住房的退出政策不能顺利执行,13.77%的受访对象则认为公共租赁住房的退出政策能够顺利执行,另外,有70.65%的受访对象选择不清楚该政策是否能够顺利执行。

从对应退不退现状的认知来看,在本次调查的276位受访者中,认为目前"赖租"行为(即虽然已经不再符合继续租住公共租赁住房的条件却不按要求及时办理退出手续的行为)"有少量"和"有很多"的比重分别为35.14%和17.75%,只有7.25%的受访对象认为没有"赖租"现象,另外,还有39.86%的受访对象选择不知道是否存在"赖租"现象;认为目前违法违规使用公租房的行为(主要指转租、转借、长期空置公租房、擅自拆改房屋结构、故意损坏住房及其附属设备、未按时交纳房租或提交复核材料等)"有少量"和"有很多"的比重分别为32.97%和25%,只有6.52%的受访对象认为没有违法违规使用公租房的现象,另外,还有35.51%的受访对象选择不知道是否存在此现象;认为目前"骗租"行为(即通过提供不实材料获取公共租赁住房继续租住资格的行为)"有少量"和"有很多"的比重只有14.86%和2.54%,而44.57%的受访对象都认为没有通过提供不实材料获取公共租赁住房继续租住资格的现象,另外,还有38.04%的受访对象选择不知道是否存在此现象。

从对应退不退行为的态度来看,8.33%的受访者认为"不符合继续租住公共租赁住房的条件却拒不退出这种行为"很正常,公共资源不占白不占,69.2%的受访者认为"这种现象不应该,但是如果租户确有退出困难还是可以理解的"。当然,也有21.38%的受访者表示"鄙视这种侵占公共资源的行为",有1.09%的受访者表示"不能容忍这种行为,会向相关部门举报"。

从过渡期需求来看,在本次调查的276位受访者中,59.78%的人认为需要1年及以上的腾退过渡期,21.01%的人认为需要6个月—1年的腾退过渡期,10.51%的人认为需要3—6个月的腾退过渡期,仅有8.70%的人认为腾退过渡期可以小于3个月。可见,当承租人退出公共租赁住房时,所需过渡期倾向于长期。

从对"梯度租金补贴政策"的态度来看,51.45%的受访者选择赞成,30.43%的受访者表示无所谓,仅有18.12%的受访者不赞成该政策;从对严惩严罚政策的态度来看,59.42%的受访者选择赞成,28.99%的受访者表示无所谓,仅有11.59%的受访者不赞成该政策;从对加大退出优惠政策的态度来看,78.99%的受访者选择赞成,18.12%的受访者表示无所谓,仅有2.9%的受访者不赞成该政策。可见,在公共租赁住房退出过程中,实行梯度租金补贴政策、加强对应退不退行为的惩罚、加大退出激励政策都是具备可行性的。

4. 对未来改善居住条件的信心及意愿

公共租赁住房承租人对未来改善居住条件的信心及意愿包括对退出后依靠自己的能力解决住房问题的信心程度和未来的购房打算等 2 个变量,具体统计结果见表 5.9。

表 5.9 承租人对未来改善居住条件的信心及意愿变量的描述性统计

变量	选项	数量	占比	均值	标准差
未来独立解决住房问题的信心	没有信心	235	85.14%	1.178	0.452
	一般	33	11.96%		
	有信心	8	2.90%		
对未来改善居住条件的迫切程度	2 年以内	23	8.33%	3.036	1.005
	2—5 年	65	23.55%		
	5—10 年	67	24.28%		
	10 年以上或不打算购买	121	43.84%		

从未来独立解决住房问题的信心来看,在本次调查的 276 位受访者中,85.14% 的人表示对未来的依靠自己的能力解决住房问题没有信心,11.96% 的人对未来独立解决住房问题的信心一般,只有 2.9% 的人对未来独立解决住房问题有信心,这部分租户可能已经达到了公共租赁住房的退出条件。

从对未来改善居住条件的迫切程度来看,43.84% 的受访对象表示未来 10 年以上购房或不打算购买,这部分租户基本可以认为是没有退出公共租赁住房打算的;24.28% 的受访对象计划在未来 5—10 年内购房;23.55% 的受访对象计划在未来 2—5 年内购房;仅有 8.33% 的受访对象计划在未来 2 年以内购房。

5. 退出意愿

在被问及如果您不再符合继续租住公共租赁住房条件,您是否会选择按时退出时,22.46% 的受访对象表示会主动按时退出,21.38% 的受访对象表示

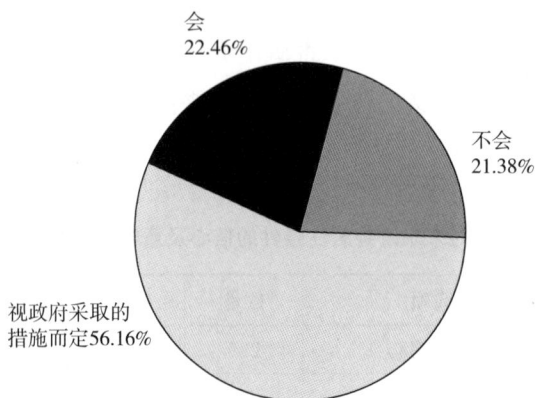

图 5.1 公共租赁住房的退出意愿

不会主动按时退出;56.16%的受访对象则表示将视政府采取的措施而定。

三、 租赁型保障性住房租户退出意愿影响因素的实证分析

(一)模型设定

由于公共租赁住房租户的退出意愿是有序分类变量而非连续变量的形式,直接使用 OLS 回归并不妥当,因此本书采用有序 Logistic 模型进行分析。模型设定如下:

$$exit = \beta_0 + \beta_1 X1 + \beta_2 X2 + \beta_3 X3 + \beta_4 X4 + \varepsilon \qquad (5.1)$$

上式中,exit 代表公共租赁住房租户的退出意愿;X1 代表受访者个人及家庭特征,包括性别(gender)、年龄(age)、婚姻状况(marr)、受教育程度(edu)、就业状态(empl)、家庭人均月可支配收入(income)等 6 个变量;X2 代表受访者现居住情况,包括共同居住人数(peop)、住房满意度(hsatis)、居住时间(length)等 3 个变量;X3 代表受访者对公共租赁住房及其退出政策的认知情况,包括对公租房性质认知(essence)、对退出政策的了解程度(epknow)、对退出政策执行的认知(epeknow)、对"赖租"现状的认知(nomeet)、对违法违规使用公租房现状的认知(illegaluse)、对"骗租"现状的认知(deceive)、对应退

不退行为的态度(rqattit)、过渡期需求(trans)、对"梯度租金补贴政策"的态度(rentsub)、对严惩严罚政策的态度(punish)、对加大退出优惠政策的态度(prefer)等11个变量;X4代表受访者对改善居住条件的信心及迫切程度,包括未来独立解决住房问题的信心(confi)、对未来改善居住条件的迫切程度(buy)等2个变量;模型中的ε表示随机扰动项。

（二）实证结果

本书运用统计软件 stata13,采取有序 Logistic 模型进行回归分析。由于 Logistic 回归方法的变量筛选及参数估计都要求变量之间是相互独立的。如果变量之间存在多重共线性则会导致回归模型拟合上存在不稳定性和偏差。因此,在进行有序 Logistic 模型回归分析之前,先对自变量进行了多重共线性检查。经验表明:当 0<VIF<10,不存在多重共线性;当 10≤VIF<100,存在较强的多重共线性;当 VIF≥100,存在严重多重共线性。如表 5.10 所示,本书所涉及的 22 个自变量的 VIF 均小于 10,说明不存在多重共线性问题。

表 5.10　自变量多重共线性检验结果

变量	VIF（方差膨胀因子）	容忍度（1/VIF）
edu	4.65	0.215210
illegaluse	4.54	0.220267
nomeet	4.25	0.235188
buy	4.11	0.243350
age	4.05	0.246897
income	3.03	0.329540
deceive	2.92	0.342558
punish	2.90	0.344896
essence	2.58	0.386850
rentsub	2.53	0.395018

续表

变量	VIF（方差膨胀因子）	容忍度（1/VIF）
empl	2.29	0.437230
confi	2.20	0.455149
epknow	2.06	0.486069
peop	1.92	0.521677
preferential	1.82	0.548663
marr	1.80	0.556071
trans	1.75	0.571742
epeknow	1.60	0.624197
length	1.41	0.710633
hsatis	1.20	0.836508
gender	1.09	0.920570
Mean VIF	2.60	——

本书首先分别对个人及家庭特征、现居住条件、政策认知、对改善居住条件的信心及迫切程度等四个方面进行拟合，得到模型1、模型2、模型3和模型4；然后，在个人及家庭特征的基础上，依次增加现居住条件和政策认知变量进行拟合，得到模型5和模型6；最后，对全部变量进行拟合，得到模型7。如表5.11所示，在模型1—6中大部分显著的变量在模型7中仍然比较显著，且模型7的Pseudo R^2值达到0.612，较模型1—6有明显改善。因此，本文主要依据模型7的回归结果对影响公共租赁住房租户退出意愿的因素进行分析。

1. 个人及家庭特征

性别（gender）、年龄（age）、婚姻状况（marr）和受教育程度（edu）变量在大多数所涉及的回归模型中都并不显著，意味着承租人的性别、年龄、婚姻状况和受教育程度对其退出公租房意愿的影响都不大。就业状态变量（empl）的系数在大多数所涉及的回归模型中都显著为负,说明承租人的就业状态越不稳定,其退出公租房的意愿就越弱。收入变量(income)虽然在模型 7 中并不显著,但是在模型 1、模型 5 和模型 6 中系数显著为正,说明承租人的家庭人均月收入对其退出意愿具有显著的正向影响,即承租人的家庭人均月收入越高,退出公租房的意愿就越强。

2. 现居住情况

共同居住人口(peop)变量在模型 5、模型 6 和模型 7 中并不显著,但在模型 2 中,系数却在 10% 的水平下显著为负,说明承租人的共同居住人口可能对其退出意愿产生了负向影响。由于目前公租房的面积受到严格限制,武汉市的公租房面积基本都在 60 平方米以内,共同居住人口越多,意味着居住空间越狭窄,因此,承租人退出其公租房的意愿也就越强烈。

居住时间变量(length)的系数显著为负,这意味着承租人在公租房内的居住持续时间越久,其退出公租房的意愿就越弱。这说明贫困人口对住房福利的路径依赖现象确实存在,由于长时间无法摆脱贫困状况,承租人居住于公租房的时间越长,搬出则变得越发困难。

对现居住条件的满意程度变量(hsatis)的系数全部在 1% 的水平下显著为负,这意味着承租人对其租住的公租房越不满意,在其不再符合继续租住公租房条件的时候,才越可能做出按时退出的行为选择。

3. 政策认知情况

对公租房性质的认知(essence)在所有涉及模型中都并不显著,说明承租人对公租房性质的认知并未如前述预期对其退出意愿产生显著影响。这有可能是由于在该问题的回答中选择"不清楚"公租房性质的受访者比重太大(59.78%),这部分受访者可能相当一部分是隐藏了自身的真实想法和态度的,从而影响了该变量估计结果的显著性。

对公租房退出政策的了解程度(epknow)的系数在模型 6 和模型 7 中均显著为正,这说明承租人公租房退出政策的了解程度对其退出意愿产生了显著的正向影响,即承租人越不了解公租房的退出政策,越难以产生按时退出的意愿。

对公租房退出政策的执行信心的认知(epeknow)的系数在所有涉及模型中都在1%的水平下显著为正,这意味着承租人对公租房退出政策的执行越有信心,其退出意愿也越强。

在对应退不退行为的认知方面,实证结果表明:租户对于"赖租"行为的"学习与模仿效应"并不明显,对于违法违规使用公租房行为也并未如前述预期那样存在"学习与模仿效应",笔者认为这可能是由于受访者选择"不清楚"的比重太大,影响了回归结果的稳定性和可靠性。尽管如此,对"骗租"现状的认知(deceive)在模型3和模型7中系数均显著为负,这说明对于"骗租"行为仍然存在着明显的"学习与模仿效应",即承租人越是认为周围的"骗租"行为非常普遍,越会模仿此类行为,难以产生按时退出公租房的意愿。这也说明在上述三类应退不退行为中,"骗租"行为的性质最为恶劣①,由此引发的后果也最严重,对其他租户的"学习与模仿效应"也是最显著的。

对应退不退行为的态度(rqattit)的系数在所有涉及模型中均在1%的水平下显著为正,这说明公租房的承租人对应退不退行为的态度越宽容,在未来其不再符合继续租住条件的时候其越不可能主动按时退出公租房。

对退出过渡期的需求(trans)的系数在模型6和模型7中均显著为正,说明退出过渡期越长,越有利于承租人未来在不再符合继续租住条件时做出按时退出的行为选择。

对"梯度租金补贴政策"的态度(rentsub)、对严惩严罚政策的态度

---

① 从主观上讲,承租人明知自己的行为会导致管理部门对住房保障资源的错误配置,仍希望这种结果发生,存在着主观故意;从行为后果上讲,承租人获得享受住房保障资格后,可以以低于市场价格的租金租住保障性住房,或者从政府获得租金货币补贴,这些都侵犯了公共住房保障资源,属于非法所得,同时,还严重破坏了住房保障资源的公平分配秩序。因此,此类行为在性质上属于诈骗既遂。

（punish）和对加大退出优惠政策的态度（prefer）的系数在所有涉及模型中均显著为正，这说明承租人越是支持上述退出激励政策，其未来退出公租房的意愿越强烈；反正，越是不支持上述政策的实施，其未来退出公租房的意愿越弱。

4. 对改善居住条件的信心及迫切程度

未来独立解决住房问题的信心（confi）的系数均显著为正，这说明承租人对未来独立解决住房问题越有信心，则越倾向于未来在不再符合继续租住条件时做出按时退出的行为选择。

未来打算购房的年限（buy）的系数均显著为负。未来购房打算的年限反映了承租人对未来改善居住条件的迫切程度，这意味着承租人对未来改善居住条件的迫切程度对其退出公租房的意愿产生了显著的负向影响，即未来购房打算的年限越短，越可能主动按时退出公租房。

（三）基本结论

第一，承租人的年龄对其退出公共租赁住房的意愿具有显著的负向影响。鉴于公共租赁住房（尤其是原廉租住房）中，老年承租人口比重相当大，老年人口的退出问题应该引起住房保障管理部门的高度重视，若处理不当则容易激发新的社会矛盾。

第二，承租人的就业稳定性对其退出公共租赁住房的意愿具有显著的负向影响；承租人的家庭人均月收入和未来独立解决住房问题的信心则会对其退出意愿产生显著的正向影响。可见，为贫困的公共租赁住房承租人提供稳定的就业岗位、提高家庭收入水平，从而树立未来独立解决住房问题的信心是促进其顺利退出的基础条件。

第三，承租人在公共租赁住房内的持续居住时间对其退出意愿具有显著的负向影响。从这个意义上讲，设定公共租赁住房的租约期限，限制租户的居住时间，对于促进租户良性退出、加快公共租赁住房的周转效率都是具有积极意义的。

第四,承租人对现居住条件的满意程度对其退出公共租赁住房的意愿具有显著的负向影响。共同居住人口的数量也对其退出意愿具有潜在的负向影响。这说明:就增强租户的退出意愿而言,严格控制公共租赁住房的面积、户型、装修标准等是非常必要的。

第五,承租人对公共租赁住房退出政策的了解程度、对退出政策的执行信心和对应退不退行为的态度都会对其退出意愿产生显著的正向影响。这说明政府通过在承租人当中加强对公共租赁住房退出政策的宣传,帮助其了解退出政策的内容、树立对退出政策能够有效执行的信心、端正其对应退不退行为的态度,将有利于承租人做出按时退出的行为选择。

第六,承租人对"赖租"现状的认知对其退出意愿产生负向影响,但影响不显著;承租人对"骗租"现状的认知对其退出意愿产生显著的负向影响。因此,加大打击现存的应退不退现象,尤其是"骗租"和"赖租"行为,将有利于增强公共租赁住房承租人未来的退出意愿。

第七,退出过渡期的长短对承租人退出公共租赁住房的意愿产生显著的正向影响,这说明延长过渡期将对增强租户的退出意愿具有积极意义。

第八,承租人对"梯度租金补贴政策"的态度、对严惩严罚政策的态度和对加大退出优惠政策的态度均对其退出公共租赁住房的意愿产生了显著的正向影响。这意味着实施"梯度租金补贴政策"、政府加大对违法违规使用公共租赁住房、骗取公共租赁住房、不再符合租住条件却拒不退出等行为的严惩力度、实施退出优惠政策,都将有利于公共租赁住房的退出工作。

第九,承租人未来打算购房的年限对其退出公共租赁住房的意愿产生了显著的负向影响。事实上,中国人受到"住有所居""安居乐业"的传统观念的影响,或多或少都有拥有自有住房的愿望。若政府对承租人购房给予一定的政策支持,进一步激发其未来改善居住条件的愿望,将有利于促进承租人的顺利退出。

表 5.11　公共租赁住房租户退出意愿模型的回归结果

类别	变量名称	模型 1 β	模型 1 Exp(β)	模型 2 β	模型 2 Exp(β)	模型 3 β	模型 3 Exp(β)	模型 4 β	模型 4 Exp(β)	模型 5 β	模型 5 Exp(β)	模型 6 β	模型 6 Exp(β)	模型 7 β	模型 7 Exp(β)
X1	gender	0.283	1.327							0.254	1.289	-0.166	0.847	-0.120	0.887
	age	-0.053***	0.948							-0.037**	0.963	0.003	1.003	0.011	1.011
	marr	-0.375	0.687							-0.498	0.608	-0.315	0.730	0.138	1.148
	edu	-0.299	0.741							-0.253	0.776	-0.066	0.936	-0.590	0.554
	empl	-0.351**	0.704							-0.341**	0.711	-0.157	0.854	-0.040+	0.961
	income	0.235+	1.265							0.374**	1.453	0.724***	2.063	0.176	1.193
X2	peop			-0.187*	0.829					0.172	1.188	0.447	1.564	0.310	1.363
	length			-0.467***	0.627					-0.245*	0.783	0.056	1.057	-0.037+	0.964
	hsatis			-0.636***	0.529					-0.592***	0.553	-0.705***	0.494	-0.824***	0.439
X3	essence					0.138	1.148					0.521	1.683	0.530	1.699
	epknow					0.279	1.322					0.356+	1.428	0.531**	1.700
	epeknow					1.914***	6.777					1.906***	6.723	2.021***	7.548
	nomeet					-0.418	0.658					-0.366	0.693	-0.421	0.657
	illegaluse					0.674*	1.961					0.544+	1.723	0.601+	1.825
	deceive					-0.389**	0.678					-0.297	0.743	-0.364+	0.695
	rqutit					2.280***	9.781					2.079***	7.996	1.804***	6.075
	trans					0.136	1.146					0.385*	1.469	0.623**	1.865
	rentsub					1.997***	7.368					2.084***	8.040	1.954***	7.055
	punish					1.084**	2.958					1.378***	3.967	1.397***	4.043
	prefer					1.634***	5.122					1.146**	3.145	1.587***	4.888

续表

类别	变量名称	模型 1		模型 2		模型 3		模型 4		模型 5		模型 6		模型 7	
		β	$Exp(\beta)$	β	$Exp(\beta)$	β	$Exp(\beta)$	β	$Exp(\beta)$	β	$Exp(\beta)$	β	$Exp(\beta)$	β	$Exp(\beta)$
X4	confi							0.954**	2.597					1.725**	5.611
	buy							-1.169***	0.311					-1.115***	0.328
	截距 1	-5.181	—	-5.328	—	17.982	—	-4.216	—	-6.190	—	18.733	—	15.959	—
	截距 2	-2.204	—	-2.367	—	25.024	—	-0.729	—	-2.976	—	26.359	—	24.692	—
	N	276		276		276		276		276		276		276	
	LR Chi2	53.09		52.14		288.09		109.82		78.80		309.28		334.22	
	Prob	0.000		0.000		0.000		0.000		0.000		0.000		0.000	
	Pseudo R²	0.097		0.096		0.528		0.201		0.144		0.566		0.612	

注：+、*、**、*** 分别表示在15%、10%、5%、1% 水平上显著。

第二节 优化中国租赁型保障性
住房退出机制的构想

一、 优化租赁型保障性住房的退出管理体制构想

（一）租赁型保障性住房的退出管理的基本原则

1. 统一管理

租赁型保障性住房的退出工作实现统一管理包含以下三个方面的含义：一是建立统一的行政管理机构。明确相关行政机构的职责，整合各级住房保障机构的人员力量。二是形成统一的政策体系。虽然各地区的具体退出标准可以根据当地实际情况略有差别，但各项基本的退出政策应该保持规范和统一。三是建立统一的信息平台。通过建立网络化信息平台形成一套完整的信息管理体系，从而实现各部门的信息共享和各类信息的动态监管。

2. 市场化运营

现行租赁型保障性住房管理模式基本上都是政府直接管理的模式。在租赁型保障性住房的覆盖面小、住房数量少的条件下，这种政府直接管理模式总体来说还是行之有效的。但在加大租赁型保障性住房供应，租赁型保障性住房租户大幅度增加之后，政府直接管理的模式将面临严峻的挑战。总的来看，除了那些租赁型保障性住房数量较少的小城镇之外，其他城市采用政府直接管理模式都会遇到很大的困难。2012 年 8 月李克强总理指出："保障房的运行管理，既要体现政府职责，又要发挥市场机制作用，市场能办的事情就应当交给市场，这样有利于提高服务质量和效率。"①因此，在租赁型保障性住房的

---

① 《李克强在北京市考察保障性安居工程建设情况》，2012 年 8 月 22 日，见 http://www. gov.cn/ldhd/2012-08/22/content_2208723.htm。

后期管理(包括退出管理)中必须坚持市场化运营原则。

租赁型保障性住房的后期管理必须遵循市场规律、充分体现市场经济运行的基本准则,具体表现在:第一,政府从市场上购买租赁型保障性住房的运营主体(运营机构)的服务,通过市场化的专业管理和社会服务,确保租赁型保障性住房的可持续运营。第二,按市场原则以契约方式对租赁型保障性住房后期管理涉及的各方主体之间的责、权、利进行界定,应以经济处罚、法律制裁等手段对违约、违规行为进行处置。

3. 严格监管

鉴于租赁型保障性住房的准公共物品性质,政府理所当然应该成为其配租管理的监管主体。但是由于租赁型保障性住房的退出管理涉及内容复杂、利益关系主体众多,完全由政府进行全程监管也是不现实的,因此,必须综合运用行政、司法、社会舆论等多种手段,对租赁型保障性住房的退出管理实施全面的监管。首先,要根据监管内容的不同建立起多层次的监管体系。市级住房保障部门要对租赁型保障性住房运营机构进行指导、监督;区县级住房保障部门要定期检查和抽查租赁型保障性住房保障对象的资格、退出申请的受理、审核、公示、复核、备案等工作,并向有关各方反馈结果;租赁型保障性住房运营机构对承租人的日常租赁行为进行监管。其次,在法律制度上要建立起对租赁型保障性住房退出过程中的严重违法、违规行为的处罚程序和处罚手段。最后,还应建立第三方监督机制,通过专门监管机构、舆论媒体、社会大众对租赁型保障性住房的退出管理的合法性、合理性进行全程监督。

(二)优化租赁型保障性住房的退出管理体制设计

1. 建立专门的租赁型保障性住房管理机构

如前所述,租赁型保障性住房退出工作是一个非常复杂的系统工程,涉及财政、物价、社保、民政、公安、司法等诸多部门,需要建立专门的管理机构,才能统筹各部门工作,确保租赁型保障性住房退出工作的有效运行。主要市场经济国家及地区的实践经验也表明建立租赁型保障性住房统一的主管部门是十分必要的。建议各城市成立市级专门的租赁型保障性住房管理机构(类似重庆市公共租赁住房管理局),全面负责本地区的包括租赁型保障性住房退出在内的各项管理工作,并在各区、县设立分机构。由地区房地产行政主管部门制定租赁型保障性住房工作的建设计划,由租赁型保障性住房管理机构具体负责公共租赁住房的分配和后期管理工作。为了提高租赁型保障性住房退出管理的效率,应该在住房保障管理机构下设专门的退出管理部门,比如,住房退出管理处,专门指导和监管公共租赁住房的退出等工作,做到专业化和系统化的退出管理。

2. 建立市级住房保障领导协调小组

如前所述,在现行制度安排中,租赁型保障性住房各相关负责部门职能分工不清,难以形成一个有效平台,时常导致政出多门、多头管理等现象的发生。针对这一问题,除了要明确各部门在公共租赁住房管理中的具体职责,建议成立市级的住房保障领导小组。该小组应该由主要市领导挂帅,任组长,而该小组成员则由所有相关部门(住房保障、财政、物价、民政、社保、公安、执法和司法等)的主要负责领导构成,还可以聘请一部分相关领域的专家共同参与工作。该领导协调小组是领导与协调机构,负责统筹协调解决公共租赁住房各项政策(包括后期管理)执行过程中遇到的问题,从而形成住房保障与民政、规划、社保、公安、财政等各职能部门间有效的沟通联动机制,共同做好租赁型保障性住房项目后期管理工作。

3. 成立专业化租赁型保障性住房运营机构

在区住房保障部门及相关政府部门的监管下,成立采取市场机制专业化运作的租赁型保障性住房运营机构,对租赁型保障性住房的后期管理业务进行独立的企业化运营。这些租赁型保障性住房运营机构应该以保本微利为目标,着重体现公共服务的功能。其主要负责租赁型保障性住房的入住管理、租金管理、退出及续租管理、房屋异动与巡查、维修管理、物业管理等。

4. 建立租赁型保障性住房小区租户委员会

当前租赁型保障性住房小区居民处于被管理的角色,缺乏归属感,遇事缺乏与运营机构的中间调解渠道,租户之间政策的误传无权威平台予以纠正,因而,在相对集中的租赁型保障性住房小区,可以建立租户委员会,使其起到缓解矛盾、上传下达、促进沟通、促进公租房小区和谐的作用。租户委员会应主要起到调节矛盾的作用,能通过租户委员会解决的矛盾则应尽量避免法律调节,提高调解效率。租户委员会应选取租户中的权威代表,更有震慑力和协调力。

二、 优化租赁型保障性住房的退出对象构想

如前所述,按照原保障对象退出意愿的不同,保障性住房的退出可划分为主动退出和被动退出两种类型。这两类退出对象无论是从其行为性质还是对于退出管理的影响来看,都是截然不同的。同时,导致承租人被动退出租赁型保障性住房的原因很多,这些原因的性质同样存在极大差别,因而,需要在退出方式的安排和退出激励机制设计上区别对待。基于此,可以将租赁型保障性住房的退出对象按照退出意愿和原因进行分类,严格实行分类退出,即对不同类型的退出对象制定差异化退出政策,详见表5.15。

(一)主动退出对象及其退出条件

承租人主动退出主要包括两种情形:一是租赁合同期满后主动选择不再续租;二是租赁合同存续期内主动申请退出。事实上,导致承租人主动退出租赁型保障性住房的原因很多,比如,承租人收入或住房困境得以改善、承租人迁到外地工作等。无论承租人出于何种原因选择主动退出租赁型保障性住房,都属于承租人的自愿行为,退出管理难度小,管理成本也低,是最理想的一类退出情况。

就主动退出对象而言,只要其租赁合同期满后主动选择不再续租,或是租赁合同存续期内主动提出退出申请,即满足退出条件,可以办理租赁型保障性住房的相关退出手续。

（二）被动退出对象及其退出条件

被动退出对象又可以依据其必须退出的原因划分为以下几种类型：

1. 由于收入或住房困境状态消失而丧失保障资格的承租人

租赁型保障性住房旨在为中低收入住房困难户提供的住房保障，这就意味着一旦承租人的收入或住房困难得到了改善就自然应该退出租赁型保障性住房。此类型的被动退出对象既包括租赁合同期满后申请续租但未获得批准的承租人，也应当包括租赁合同存续期内由于收入或住房困境状态消失而不再符合享受租赁型保障性住房条件的承租人。也就是说，无论租赁合同期限是否届满，只要承租人的收入或住房困境状态消失而不再符合享受租赁型保障性住房条件，就应当成为退出对象。

对于此类退出对象，最核心的问题就是要制定全面、合理的退出条件，从而准确判断其是否具备继续享有承租资格。目前，许多城市在制定退出条件时，选择的指标往往只考虑了收入和住房两方面，这显然存在根本的缺陷。从许多市场经济国家及地区的成功经验来看，通常要对承租家庭当前的收入、资产、人口结构和特征、住房水平等情况进行全面的考察，制定出多方面的退出条件。全面、合理的退出条件既是确保住房保障对象基本住房权利的需要，也是确保租赁型保障性住房分配公平的需要。因此，应该对现有的退出条件进行改革，从比较单一的收入和住房水平方面的条件扩大到收入水平、住房水平、资产水平、承租期限等多方面的条件。

（1）退出的住房条件。政府提供住房保障旨在解决特定居民的住房困难问题，因此，是否存在住房困难应该是判断承租家庭是否具备继续享有承租保障性住房资格的首要条件。无论承租家庭的收入、资产、租赁期限、人口结构如何，只要其不存在住房困难了，就不再是住房保障对象，应当退出租赁型保障性住房。笔者认为，若存在以下几种情况，则可认定承租家庭的住房困难已经消失：第一，由于承租家庭人口减少（家庭成员死亡或分户）而导致人均住房面积增加,且超过当地申请租赁型保障性住房面积标准①。第二,承租人(含共同申请人)在租赁期内通过购买、受赠、继承等方式在当地获得其他住房(商品住房、保障性住房、军产房、集资房等),且超出了当地申请租赁型保障性住房面积标准。第三,承租人死亡,且该家庭无共同申请人。第四,承租人具有法定抚养关系的抚养人在当地有两套以上自有住房,且人均住房建筑面积超过当地人均住房建筑面积的平均水平的。第五,承租人全部家庭成员户籍均迁出保障性住房所在城市。

(2)退出的收入条件。政府提供住房保障旨在解决住房支付能力不足的居民住房困难问题,因此,是否存在住房支付能力不足也应该是判断承租家庭是否具备继续享有承租保障性住房资格的重要条件。从主要市场经济国家及地区的经验来看,基本都是按照承租家庭的人均可支配收入作为判断其是否存在住房支付能力不足的首要指标。各地区可以根据当地的经济发展状况和居民平均收入水平自行制定,并定期调整,但需要注意以下两点:第一,实物配租退出的收入标准与进入标准应该区别对待。如前所述,考虑到租赁型保障性住房的承租家庭收入稳定性较差、即使刚刚超过准入的收入标准也并不意味着他们就具备了在市场上购买或租赁适当住房的能力等因素,笔者认为,实物配租的退出标准应该略高于进入标准。可以考虑将退出的收入标准适当放宽到准入标准的1.2—1.3倍。第二,收入标准应该对特殊人群适当放宽。无论何时何地,保障性住房租户都会有一批特殊人群,包括老年人、单亲家庭、孤儿、残疾人、从特殊行业退役、重大疾病患者等。通过向他们提供租赁型保障性住房,或者是体现人道主义关怀,或者是使他们享受应该享受的福利待遇。一刀切地退出收入标准将会使他们的权益或者福利得不到保障,因此,对特殊人群租赁型保障性住房的退出应该做出特殊的安排。笔者建议,若承租家庭的人均可支配收入高于当地的规定标准,但该家庭存在需要特殊照顾的成员,则

---

① 该面积标准由各地区根据当地居民住房的平均水平自行制定,并定期调整。

可以对其放松人均可支配收入标准,例如,在当地的人均可支配收入标准的基础上乘以一个大于1的调整系数,只有当承租家庭的人均可支配收入高于调整之后的标准,才可认定该家庭的收入困难已经消失,从而将其视为退出对象。

(3)退出的资产条件。承租家庭的资产情况也是判断其是否存在住房支付能力不足的重要指标。但是,由于我国尚未建立家庭财产申报制度和个人信用制度,政府难以全方位掌握居民的完整信息(包括住房、车辆、有价证券等),加之有些类型的资产评估也比较困难,大多数城市在制定租赁型住房保障的退出条件时并未规定资产标准。这造成了一些准备长期租住保障性住房的居民家庭根据退出条件而选择其个人财产的配置结构。在对武汉市公共租赁住房承租家庭退出意愿的实地调研中,笔者发现有不少承租家庭手握数百万的拆迁补偿款却选择不购买住房,这样就能继续符合享受公共租赁住房的收入和住房条件,因此,仍然继续享受住房保障,这无疑也是住房保障资源的分配不公平。

表 5.12　租赁型保障性住房退出条件中应该包含的资产类型

资产类型	具体内容
自有住房	现居住及以外所拥有的自有住宅、商业物业、停车位等
固定资产	生产经营性房产、机器、设备等
车辆及牌照	非经营性机动车辆(残疾人专用车除外)、可转让的汽车牌照等
货币资金	现金、活期存款、定期存款等
金融资产	股票、债券、基金、商品期货、纸黄金等
业务经营资产	个体、合伙经营企业或有限公司的权益等

笔者认为,在制定退出条件时,应当将承租家庭的资产也考虑在内,即当承租家庭的净资产超过规定标准①,可认定承租家庭的住房支付能力不足问题已经解决,从而将其视为退出对象。如表 5.12 所示,家庭资产应该包括承

---

① 净资产=资产-负债。净资产标准由各地区根据当地经济发展和居民收入水平自行制定,并定期调整。

租家庭拥有的自有住房、固定资产、车辆及牌照、货币资金、金融资产、业务经营资产等。其中,承租家庭的自有住房可以按当时当地的经济适用住房价格标准计入家庭资产额度;承租家庭的商业物业和停车位可以按市场评估价值计入家庭资产额度;承租家庭购买的非经营性机动车辆(残疾人专用车除外)和可转让的汽车牌照折价计入家庭资产额度;承租家庭拥有的各类生产、经营性房产、机器、设备等固定资产按市场评估价值计入家庭资产额度;承租家庭成员的货币资金、金融资产和业务经营资产亦计入家庭财产额度。

(4)退出的租赁期限条件。2012年7月开始实行的《公共租赁住房管理办法》第十八条明确规定:"公共租赁住房租赁期限一般不超过5年。"[1]很多城市也规定了租赁型保障性住房的租赁合同期限,一般为3—5年。当然,租赁合同期限届满并不意味着承租人就必然成了退出对象。如前文所述,承租人收入或住房困境的改善与享受住房保障的时间并不具有必然的一致性,因此,不宜以是否达到租赁期限作为判断其是否继续享有承租保障性住房资格的条件。但是,前文的实证研究已经表明,承租人在保障性住房内的持续居住时间对其退出意愿具有显著的负向影响,说明承租人对住房福利的路径依赖现象确实存在,因此,规定租赁型保障性住房的租赁期限将有利于改变承租人的心理预期,减少承租人对住房福利的依赖,这对于促进承租人良性退出、加快公共租赁住房的周转效率都是具有积极意义的。基于此,笔者认为,应该设定租赁型保障性住房的租赁期限。当承租家庭达到租赁期限时,必须重新接受租赁型保障性住房的资格认定审核。若经过审核确实符合承租的住房、收入和资产条件,可以继续租住;若不再符合承租的住房、收入和资产条件,则必须退出租赁型保障性住房。

需要强调的是,住房保障的实质目的在于帮助那些住房支付能力不足的家庭解决住房困难问题,因此,除了那些出于防止住房保障资源滥用而设立的

---

① 《公共租赁住房管理办法》(中华人民共和国住房和城乡建设部令第11号),2012年5月28日,中国政府网,见 http://www.gov.cn/gongbao/content/2012/content_2226147.htm。

退出条件之外,与承租家庭的住房困难和住房支付困难没有直接关系的指标(例如,是否有违反国家计划生育政策行为、是否有犯罪记录等)都不应该作为判断其是否退出租赁型保障性住房的条件。

2. 欺诈骗取租赁型保障性住房或租金补贴的承租人

这主要是指承租家庭或个人以未能如实申报家庭收入(资产)、人口、户籍和住房等状况骗取租住租赁型保障性住房资格或领取租金补贴。从主观上讲,承租人明知自己的行为会导致管理部门对租赁型住房保障资源的错误配置,仍希望这种结果发生,存在着主观故意;从行为后果上讲,承租人获得享受租赁型住房保障资格后,可以以低于市场价格的租金租住保障性住房,或者能够从政府获得租金货币补贴,这些都侵犯了公共住房保障资源,属于非法所得,同时,还严重破坏了租赁型住房保障资源的公平分配秩序。因此,此类行为在性质上属于诈骗既遂。在所有退出对象中,此类退出对象的性质最为恶劣。

3. 存在违反租赁合同约定行为的承租人

按照《公共租赁住房管理办法》的规定,需要退出公共租赁住房的违反合约约定行为主要包括以下几种情况:"①转借、转租或者擅自调换所承租公共租赁住房的;②改变所承租公共租赁住房用途的;③破坏或者擅自装修所承租公共租赁住房,且拒不恢复原状的;④在公共租赁住房内从事违法活动的;⑤无正当理由连续6个月以上闲置公共租赁住房的。"①各地方法规的规定基本同此。前已述及,退出对象的规定很不完备,从而导致了退出制度的不公平。因此,为了实现退出公平、提高住房保障资源的利用效率,可以借鉴主要市场经济国家及地区公共住房的退出经验,对需要退出租赁型保障性住房的违反合约约定行为追加以下几种情形:一是无正当理由累计6个月以上未交纳租金;二是无正当理由累计6个月以上未交纳物业管理费;三是违反物业管理公约、严重影响社区居住环境,且拒不改正的;四是损毁、破坏、改变住房配套设

---

① 《公共租赁住房管理办法》(中华人民共和国住房和城乡建设部令第11号),2012年5月28日,中国政府网,见 http://www.gov.cn/gongbao/content/2012/content_2226147.htm。

施,且拒不恢复原状的。

对于第二类退出对象和第三类被动退出对象,只要其在租约存续期内存在违反租赁合同约定行为或欺诈骗取租赁型保障性住房的行为,即满足退出条件,应当办理租赁型保障性住房的相关退出手续。

需要说明的是,我国租赁型住房保障有实物配租和货币补贴两种模式。对于实物配租而言,上述三类被动退出对象都是存在的;而对于货币补贴模式而言,被动退出对象不存在对租赁型保障性住房的实际使用问题,因此,仅存在前两种情况。

三、 优化中国租赁型保障性住房的退出方式设计

如前所述,不同类型的退出对象的行为性质及其对退出管理的影响都截然不同,因而,需要在退出方式的安排上区别对待。

(一)针对主动退出对象的退出方式安排

如表 5.13 所示,在实物配租模式下,承租人若租赁合同期满后主动选择不再续租,或在租赁合同存续期内主动申请退出,政府按照规定程序收回租赁型保障性住房即可完成退出。

表 5.13 租赁型保障性住房主动退出对象的退出方式设计

配租模式	退出方式	适用情况
实物配租	收回承租住房	一般情况
	出售承租住房	①当地租赁型保障性住房整体处于供求平衡状态;②承租家庭无其他任何形式的自有产权住房,在租赁型保障性住房居住达到一定年限,且家庭收入水平达到可以购买保障性住房的最低门槛。
货币补贴	停止发放租金补贴	所有此类退出对象

在有条件的地区,也可以通过向符合条件的主动退出家庭出售其所承租

的租赁型保障性住房来实现退出。所谓有条件的地区主要是指承租人所在地的租赁型保障性住房整体处于供求平衡的状态。对于政府而言,虽然出售租赁型保障性住房带来的资金回流可以加快住房保障资金的回流,提高住房保障资金的运转效率,但是,租赁型保障性住房一旦出售会减少该类型保障性住房的存量,由于任何社会始终都存在一部分中低收入群体无力购买产权型保障性住房,租赁型保障性住房规模的缩减可能会导致这部分群体的住房保障需求难以保证。因此,只有在确保符合享受承租保障性住房条件家庭的住房需求的前提下,才能够适当减少租赁型保障性住房的数量。这就意味着,除非承租人所在地的租赁型保障性住房整体处于供求平衡的状态,否则不建议政府对主动退出对象提供该退出方式。此外,政府对申请购买现承租住房的主动退出家庭设定以下几个约束条件:一是承租家庭无其他任何形式的自有产权住房;二是承租家庭需要在租赁型保障性住房连续居住达到一定年限(建议设定为5年);三是家庭收入或资产水平达到可以购买保障性住房的最低门槛。承租人必须同时满足以上几个条件才能申请以购买现承租住房的方式实现退出,这不仅是为了控制出售规模,同时,也是为了防止住房保障资源的滥用,确保该退出方式能够顺利持续进行。

对于购买退出方式,除了要确保施行的宏观条件和申请家庭的微观约束之外,还要注意以下两个方面的问题:一是要制定合理的销售价格和支付方式,二是要对该类保障性住房售后的交易进行严格控制。建议按照产权型保障性住房的销售价格、支付方式和上市交易的相关规定执行(具体参见第六章)。

在货币补贴模式下,主动退出对象的退出方式就是停止发放租金货币补贴。

(二)针对被动退出对象的退出方式安排

1. 在实物配租模式下被动退出对象的退出方式安排

在实物配租模式下,被动退出对象可以分为由于收入或住房困境状态消失而丧失承租资格、由于欺诈骗取租赁型保障性住房而需要退出、存在违反租赁合同约定行为而需要退出这三种类型。

1）由于收入或住房困境状态消失而丧失承租资格的承租人

对于由于收入或住房困境状态消失而丧失承租资格的承租人，应当实行多元化的梯度退出制度。

（1）由于收入困境状态消失而丧失承租资格的承租人

①收回承租住房

对于由于收入困境状态消失而丧失承租资格的承租人而言，在租赁合同期限届满之前，可暂不腾退住房，但在此期间政府应该收取准市场租金，并停止发放租金补贴。准市场租金应当高于原租金水平且低于市场租金，具体数额由各地区根据当地市场平均租金水平自行制定，并定期调整。之所以在租赁合同期限届满之前不要求承租人腾退住房，主要是考虑到承租人的收入具有很强的脆弱性。虽然其短时间内收入水平提高而不再符合租赁条件，但是一段时间之后可能会再次陷入低收入状态。如果一旦发现承租家庭的收入水平超过了退出的收入标准就要求其腾退住房，那么，其可能很快又会由于收入下降再来申请入住，政府再来审核、配租，这既影响居民的生活质量和住房保障，也会大大增加管理成本和社会成本。因此，我们可以将从承租家庭收入困境状态消失而丧失承租资格的时点开始到租赁合同期限届满为止的这段时间视为对退出对象收入水平的观察期。若在此期间，若退出对象的家庭收入水平下降且符合租赁保障性住房的条件，则不需要腾退住房，仍然可以继续租赁保障性住房。同时，这也意味着政府给予了退出对象一定时间的缓冲期，让其对腾退住房做好充分的心理准备期。

租赁合同期限届满，政府应当收回承租住房，并给予承租人一定时间的腾退过渡期。在过渡期内，政府应当收取市场租金，并停止发放租金补贴。腾退过渡期时间不宜过短，因为若时间过短，退出对象不一定能在市场上找到合适的住房并进行搬迁安顿。前文的实证研究也表明，延长过渡期将对增强租户的退出意愿具有正向影响。同时,腾退过渡期时间也不宜过长,因为时间过长不利于加快租赁型保障性住房的周转,尤其是大部分退出对象都在租赁合同期满之前已经享受了一段时间的退出缓冲期。因此,腾退过渡期以 6 个月为宜。在腾退过渡期内,若退出对象的家庭收入水平下降且符合租赁保障性住房的条件,经审核批准后,仍然可以继续租赁保障性住房。过渡期届满,承租人应当腾退住房。若承租家庭存在怀孕、子女学位等暂时性腾退困难可以申请延长过渡期。延长期不得超过 1 年。在过渡期的延长期内,承租人可暂不腾退住房,但必须交纳市场租金。一旦导致暂时性腾退困难的情况消失或者延长期届满,承租家庭必须腾退住房。

在这一过程中,无论是收取准市场租金,还是收取市场租金,都属于临时性措施,最终的目的还是促使退出对象腾退住房。

②收取市场租金

基于人性化的退出原则和人道主义考虑,对于腾退住房确实存在困难的家庭,可以不实行强制腾退住房,而是采取收取市场租金的方式来实现退出。由于实物配租住房有限,对实行此类退出方式的对象应该有严格的要求。首先,承租家庭无其他任何形式的自有产权住房。其次,腾退住房确实存在困难且这种困难具有长期性,主要包括以下几种情形:承租人为高龄独居老人(80岁及以上);承租家庭成员有重大疾病患者;承租家庭成员有领取困难残疾人生活补贴或重度残疾人护理补贴的残疾人;等等。

③出售承租住房

在有条件的地区,也可以通过向符合条件的被动退出家庭出售其所承租的租赁型保障性住房来实现退出。对被动退出家庭出售承租住房所需要具备的宏观条件和申请家庭的微观条件应当与对主动退出家庭出售承租住房的条件相一致,具体参见表 5.15。

(2)由于住房困境状态消失而丧失承租资格的承租人

对于由于住房困境状态消失而丧失承租资格的承租人而言,一旦其达到了租赁型住房保障的退出条件,无论租赁合同期限是否届满,政府都应当收回承租住房,并给予承租人一定时间的腾退过渡期。在过渡期内,政府应当收取市场租金,并停止发放租金补贴。考虑到该种情况下,承租人不需要在市场上寻找合适住房,且住房困境的改善具有持久性,腾退过渡期为3个月即可。若承租人虽已拥有自有住房,但暂不具备入住条件,比如,住房为毛坯房或期房,可以给予1年的过渡期的延长期。在过渡期的延长期内,承租人可暂不腾退住房,但必须交纳市场租金。延长期届满,承租家庭必须腾退住房。

2)由于欺诈骗取租赁型保障性住房而需要退出的承租人

对由于欺诈骗取租赁型保障性住房而需要退出的承租人,退出方式就是收回承租住房。此外,还应当收回基于骗取的承租资格所获得的所有不当得利,包括:一是收回之前获得的全部补贴资金;二是补齐承租期间租赁型保障性住房租金与市场租金之间租金差额。若退出对象确实存在腾退困难(主要包括:承租家庭存在怀孕、子女学位等问题;承租人为高龄独居老人;家庭成员有重大疾病患者;家庭成员有领取困难残疾人生活补贴或重度残疾人护理补贴的残疾人;等等),可以给予3个月的腾退过渡期。在过渡期内,承租人可暂不腾退住房,但必须交纳市场租金。过渡期届满,承租家庭必须腾退住房。

3)存在违反租赁合同约定行为而需要退出的承租人

对存在违反租赁合同约定行为而需要退出的承租人,退出方式就是收回承租住房。承租家庭若对承租住房及其配套设施有损毁、破坏的,必须予以恢复、修理和赔偿;若承租家庭通过转借、转租或改变所承租住房用途、从事违法行为实现获利的,必须退回全部不当所得;若承租家庭欠缴房租或物业管理费的,必须交清全部房租和物业管理费。如果退出对象确实存在腾退困难(主要包括:承租家庭存在怀孕、子女学位等问题;承租人为高龄独居老人;家庭成员有重大疾病患者;家庭成员有领取困难残疾人生活补贴或重度残疾人护理补贴的残疾人;等等),可以给予3个月的腾退过渡期。在过渡期内,承租人可暂不腾退住房,但必须交纳市场租金。过渡期届满,承租家庭必须腾退住房。

2. 在货币补贴模式下被动退出对象的退出方式安排

在货币补贴模式下,被动退出对象可以分为由于收入或住房困境状态消失而丧失保障资格和欺诈骗取租赁型保障性住房补贴两种类型。

1)由于收入或住房困境状态消失而丧失保障资格的承租人

(1)由于收入困境状态消失而丧失保障资格的承租人

对于由于收入困境状态消失而丧失保障资格的承租人而言,在租赁合同期限届满之前,暂不停止发放租金补贴。之所以在租赁合同期限届满之前暂不停止发放租金补贴,主要也是考虑到承租家庭收入的脆弱性。我们可以将从承租家庭收入困境状态消失而丧失保障资格的时点开始到租赁合同期限届满为止的这段时间视为对退出对象收入水平的观察期。在此期间,若退出对象的家庭收入水平下降且符合享受租赁型住房保障的条件,则仍然可以继续领取货币补贴。

租赁合同期限届满,应当给予承租人一定时间的过渡期。在过渡期内,政府发放原租金补贴50%。对于享受货币补贴的家庭而言,不存在在市场上寻找合适住房并进行搬迁安顿的问题,因此,过渡期时间不宜过长,以3个月为宜。过渡期届满,政府停止发放全额租金补贴。

(2)由于住房困境状态消失而丧失保障资格的承租人

对于由于住房困境状态消失而丧失保障资格的承租人而言,一旦其达到退出租赁型住房保障的住房退出条件,无论租赁合同期限是否届满,政府都应当停止发放租金补贴,但考虑到退出对象往往需要一段时间的退出心理准备期,为了减少退出阻力,仍然应当给予承租人一定时间的过渡期。对于享受货币补贴的家庭而言,一则在退出之后不需要在市场上寻找合适住房并进行搬迁安顿,二则住房困境的改善具有持久性,因此,过渡期时间不宜过长,以3个月为宜。在过渡期内,政府发放原租金补贴50%。过渡期届满,政府停止发放全额租金补贴。

2)由于欺诈骗取住房租金补贴的承租人

对于欺诈骗取住房租金补贴的被动退出对象,退出方式也是停止发放租金补贴。此外,还应当收回之前骗取的全部补贴资金。对于享受货币补贴的家庭而言,在退出之后不需要在市场上寻找合适住房并进行搬迁安顿,且考虑到欺诈骗取住房租金补贴的行为性质恶劣,因此,对此类退出对象无须给予过渡期。

总体而言,如表5.14所示,无论在哪种配租模式下,对于因收入或住房困境状态消失而丧失保障资格的住户,尤其是因收入困境状态消失而丧失保障资格的住户,退出方式的安排应当相对宽松、多元化和人性化,注重建立退出的缓冲机制;对于由于欺诈骗取保障性住房和存在违反租赁合同约定行为而需要退出的住户,退出方式的安排则应当从严。无论是何种类型的退出对象,对于需要实际腾退住房的,必须给予必要的缓冲机制,避免产生激烈的社会矛盾。

四、 优化租赁型保障性住房的激励机制设计

前文实证研究的结果表明,政府加大对违法违规使用公共租赁住房、骗取公共租赁住房、不再符合租住条件却拒不退出等行为的严惩严罚政策、实施退出优惠政策均可以显著增强承租人的主动退出意愿。因此,合理的退出激励机制对形成良性循环的保障性住房退出机制起着至关重要的作用。

依据性质不同,退出激励措施大体可以划分为:第一,经济手段。正向的经济激励主要包括:发放一次性主动退出奖励金、返还部分租金、提供包括低息贷款、税费减免在内的一系列购房优惠政策等。负向的经济激励措施主要包括:收取惩罚性租金、收取违约金、不予退还租赁保证金等。第二,行政手段。正向的行政手段主要包括:提供优先购买权、给予优先配租权等;负向的行政手段主要包括:责令改正并恢复原状或赔偿损失、没收违法所得、罚款、向承租人所在单位通报要求处理、记入个人征信记录、取消若干年内申请住房保障的资格等。第三,法律手段,主要包括法院强制执行、刑事处罚等。第四,媒体手段,主要包括利用新闻媒体向社会公示和通报等。

表 5.14　租赁型保障性住房的被动退出对象的退出方式设计

配租模式	退出对象类型	退出方式	缓冲机制	适用情况
实物配租	因收入困境状态消失而丧失资格	收回承租住房	● 租赁合同期限届满前,可暂不腾退住房,但收取准市场租金,并停止发放租金补贴 ● 租赁合同期限届满后,收取市场租金,给予承租人6个月的过渡期,并停止发放租金补贴	一般情况
		收回承租住房	● 可给予不超过1年的过渡期的延长期,此间收取市场租金 ● 一旦暂时性腾退困难消失或延长期期满,必须腾退住房	承租家庭存在怀孕、子女学位等暂时性腾退困难
		收取市场租金	无	①承租家庭无其他自有住房 ②腾退住房存在困难的特殊家庭,包括:高龄独居老人;家庭成员有领取困难残疾人生活补贴或重度残疾人护理补贴的残疾人;等等
		出售承租住房	无	①当地租赁型保障性住房整体供过于求 ②承租家庭无其他自有住房,在租赁型保障性住房居住达到一定年限,且家庭收入水平达到可以购买保障性住房的最低门槛
	因住房困境状态消失而丧失资格	收回承租住房	可给予3个月过渡期,此间收取市场租金,并停发租金补贴	一般情况
		收回承租住房	● 可给予1年的过渡期的延长期,此间收取市场租金 ● 延长期届满,必须腾退住房	承租人员已拥有自有房产,但暂不具备入住条件(如住房为毛坯房或期房)
	欺诈骗取租赁型保障性住房	收回承租住房	一旦发现,立即退出,无过渡期	一般情况
		收回承租住房	● 可给予3个月的过渡期,此间收取市场租金 ● 过渡期届满,必须腾退住房	承租家庭存在怀孕、子女学位等问题;家庭成员有重大疾病患者或重度残疾人;家庭成员有领取困难残疾人生活补贴或重度残疾人护理补贴的残疾人;等等
	存在违反租赁合同约定行为	收回承租住房	一旦发现,立即退出,无过渡期	一般情况
		收回承租住房	● 可给予3个月的过渡期,此间收取市场租金 ● 过渡期届满,必须腾退住房	承租家庭存在怀孕、子女学位等问题;承租人为高龄独居老人;家庭成员有重大疾病患者或重度残疾人;家庭成员有领取困难残疾人生活补贴或重度残疾人护理补贴的残疾人;等等

续表

配租模式	退出对象类型	退出方式	缓冲机制	适用情况
货币补贴	因收入困境状态消失而丧失资格	停止发放租金补贴	• 租赁合同期满前,暂不停止发放租金补贴 • 租赁合同期满后,给予承租人 3 个月的过渡期,此间发放原租金补贴 50% • 过渡期届满,停止发放全额租金补贴	所有此类退出对象
	因住房困境状态消失而丧失资格	停止发放租金补贴	• 自因住房困境状态消失而丧失资格起,给予承租人 3 个月的过渡期,此间发放原租金补贴的 50% • 过渡期届满,停止发放全额租金补贴	所有此类退出对象
	欺诈骗取住房租金补贴		一旦发现,立即退出,无过渡期	所有此类退出对象

如前所述,不同类型的退出对象的行为性质及其对退出管理的影响都截然不同,因而,需要在退出激励机制的安排上也有所区别。

(一)针对主动退出对象的激励机制设计

主动退出由于管理难度小、管理成本低,是最理想的一类退出情况。但是,在现实生活中,主动退出对象在总体退出对象中的比重是很低的,政府应该通过设计合理的正向激励机制来引导和鼓励承租人由被动退出转变为主动退出。笔者认为,为了鼓励承租家庭主动退出,政府可以根据退出对象的实际情况实行多元化的正向激励方式,主要包括:

第一,发放一次性主动退出奖励金。为了体现出主动退出和被动退出的区别,建议为主动退出家庭发放一次性主动退出奖励金。承租家庭可以获得的主动退出奖励金应该大体与被动退出家庭在暂不退出所能够继续享受到的住房福利相当。例如,对于主动退出的承租家庭发放的主动退出奖励金的数额=(市场月租金-保障性住房的月租金)×6倍,即市场月租金与保障性住房月租金之差的6倍,这相当于将被动退出家庭在6个月内继续享受到的住房福利一次性给了主动退出家庭,这将增加承租家庭主动退出所能获得的收益,有利于承租家庭变被动退出为主动退出。

第二,实行梯度租金返还。在现行制度下,政府会确定租赁型保障性住房的基本租金,承租家庭在租赁合同期内按照政府规定的租金标准交纳租金,并依据自身的实际情况获得相应的租金补贴。梯度租金返还制度则意味着:若承租家庭主动退出租赁型保障性住房,可以对其返还一定比例的净租金[①]作为对其主动退出行为的奖励;主动退出对象所能够获得的返还租金比例与其租住保障性住房的时间负相关,即承租家庭已经承租该保障性住房的时间越短,可以获得的租金返还比例就高。例如,可以规定租赁型保障性住房的租赁

---

① 净租金为承租家庭交纳的住房租金扣除所获得的租金补贴之后的余额,反映了承租家庭的实际住房消费支出。

期限为 5 年。若承租人租赁保障性住房一年后主动申请退出,可以返还租金的 20%;若承租人租赁保障性住房两年后主动申请退出,可以返还租金的 15%;若承租人租赁保障性住房三年后主动申请退出,可以返还租金的 10%;若承租人租赁保障性住房四年后主动申请退出,可以返还租金的 5%;随着租赁时间的增加,承租家庭可以获得的租金返还逐渐降低,直至没有。可见,承租家庭越早退出,则获益越多。梯度租金返还制度有助于激励承租人在收入或住房条件改善后尽早退出。

第三,提供购房优惠政策。前文实证研究表明,承租人未来打算购房的年限对其退出公共租赁住房的意愿产生了显著的负向影响。若政府对承租人购房给予一定的政策支持,进一步激发起未来改善居住条件的愿望,将有利于促进承租人的顺利退出。基于此,笔者认为可以为主动退出的家庭购买自主住房提供以下购房优惠政策:①减免部分税费;②提供低于市场利率 1—2 个百分点的购房贷款,尤其是对于无法获得或者无法足额获得住房公积金贷款的主动退出对象,应当给予一定的贷款贴息,贴息额度等于商业贷款利息与住房公积金贷款利息之间的差额;③适当降低购房的首付比例;④适当放宽商业银行对于购房贷款的条件;⑤给予一定的还款过渡期,例如,主动退出家庭在购买住房后的一段时间内,可以选择仅支付贷款利息、暂不偿还本金的方式;⑥对购买能力有限的租户实行产权分享形式,即先购买部分产权,其余部分仍继续付房租,等将来经济能力提高后,再买下整套住房;等等。这些优惠政策既可以帮助承租人尽早拥有自有住房,也可以使主动退出的承租人获得真正的实惠,从而引导其尽早退出。

第四,提供优先购买权。若承租家庭主动退出现租赁的保障性住房,可以为其提供优先购买产权型保障性住房或所承租的租赁型保障性住房①的权利。无论是产权型保障性住房,还是所承租的租赁型保障性住房,其出售价格

---

① 承租人若要购买所承租的租赁型保障性住房必须满足表 5.14 中的相关规定要求。

都要低于市场商品住房的价格,基本处于供不应求的状态。在很多城市,即便是具备购买保障性住房资格的申请人都要通过较长时间的轮候和摇号的方式才能购得,因此,给予主动退出家庭优先购买售价相对低廉的保障性住房的权利也能够有效地激发承租人的退出意愿。

第五,给予优先配租权。对于主动退出的家庭,若未来再次符合享受租赁型住房保障的资格,只要其通过了配租资格审核,无须经过长时间的轮候,就可以优先租住租赁型保障性住房,以此来解决主动退出家庭退出的后顾之忧。

(二)针对被动退出对象的激励机制设计

1. 由于收入或住房困境状态消失而丧失保障资格的承租人

对于由于收入或住房困境状态消失而丧失保障资格的承租人,一方面,要给予必要的正向激励,只要其依据政府规定按时退出,仍然可以享受优先购买权和购房优惠政策,其可以享受的优先购买权和购房优惠政策与前述主动退出对象可以享受的优先购买权和购房优惠政策设计一致。另一方面,还要对拒不退出行为给予有力的惩罚,双管齐下,减少退出的滞阻。对于此类被动退出对象,若逾期拒不退出,可以采取以下惩罚措施:

第一,惩罚性累进租金。逾期拒不退出,可以按照退出对象的家庭收入、资产、住房情况分类收取惩罚性租金:家庭可支配收入或资产在租赁型保障性住房收入或资产退出限额1.5倍以内的,可以选择按照租赁型保障性住房租金的1.5倍计租,或者按照家庭月可支配收入的20%计租;家庭可支配收入或资产在租赁型保障性住房收入或资产退出限额1.5倍至3倍之间的,按照租赁型保障性住房租金的2倍计租;家庭可支配收入或资产为租赁型保障性住房收入或资产退出限额3倍以上的,必须腾退现住房。

第二,不予退还租赁保证金。为保证租赁合同的正常履行,承租人在入住租赁型保障性住房之前应当先缴纳租赁保证金。若承租人由于收入或住房困境状态消失而丧失保障资格且到期又拒不退出,则属于违反了租赁合同,应当不予退还租赁保证金。

第三,记入个人征信记录。若承租人由于收入或住房困境状态消失而丧失保障资格且到期又拒不退出,可以将其拒不退出行为记入个人征信记录。

第四,法院强制执行强制退出。承租人拒不退出的,住房保障主管部门应当责令其限期退回;逾期仍不退回的,住房保障主管部门可向有管辖权的人民法院起诉,拒不执行的,可以依法申请人民法院强制搬迁。

第五,通报。若承租人由于收入或住房困境状态消失而丧失保障资格且到期又拒不退出,可以向承租人所在单位通报要求处理。情节严重的,还可以利用新闻媒体向社会通报和曝光。

2. 欺诈骗取租赁型保障性住房或租金补贴而需要退出的承租人

鉴于此类退出对象的行为性质最为恶劣,对此类退出对象的惩罚措施应当最为严格,主要包括以下措施:

第一,没收违法所得。对于骗取实物补贴的,住房保障主管部门不仅要收回之前已发放的全部补贴资金,还应当要求其补齐承租期间租赁型保障性住房租金与市场租金之间租金差额。对于骗取租金补贴的,住房保障主管部门要收回之前已发放的全部补贴资金。实际上,没收违法所得本质上并不属于惩罚措施,只不过是政府恢复其权利而已。

第二,罚款。《公共租赁住房管理办法》第三十五条明确规定:"以欺骗等不正当手段,登记为轮候对象或者承租公共租赁住房的,由市、县级人民政府住房保障主管部门处以 1000 元以下罚款。"[1]对于以欺骗等不正当手段已承租公共住房或获得租金补贴的,处以 1000 元以下罚款显然过轻,罚金数额远远低于骗取租赁型住房保障所获得的利益。建议按照情节轻重,处以不超过 3 万元的罚款。

第三,记入个人征信记录。若承租人欺诈骗取租赁型保障性住房或租金

---

① 《公共租赁住房管理办法》(中华人民共和国住房和城乡建设部令第 11 号),2012 年 5 月 28 日,中国政府网,见 http://www.gov.cn/gongbao/content/2012/content_2226147.htm。

补贴,可以将诈骗行为记入个人征信记录。

第四,取消若干年内申请住房保障的资格。《公共租赁住房管理办法》第三十五条明确规定:"已承租公共租赁住房的,责令限期退回所承租公共租赁住房,承租人自退回公共租赁住房之日起五年内不得再次申请公共租赁住房。"①因此,对于以欺骗等不正当手段已承租公共住房的,自退回住房之日起5年内不再受理当事人及其配偶的住房保障申请;对于以欺骗等不正当手段已获得租金补贴的,自责令退还决定之日起5年内不再受理当事人及其配偶的住房保障申请。

第五,法院强制执行强制退出。承租人拒不退出的,住房保障主管部门应当责令其限期退回;对拒不履行处理决定的,住房保障主管部门可向有管辖权的人民法院起诉,拒不执行的,可以依法申请人民法院强制搬迁。

第六,刑事处罚。有关当事人涉嫌伪造、编造或者使用伪造、编造的国家机关、人民团体、企业、事业单位或者其他组织的公文、证件、证明文件的,以及涉嫌诈骗、伪造公文印章、贿赂等犯罪的,住房保障行政主管部门应当移送有关公安、司法机关依法处理。

第七,通报。对欺诈骗取租赁型保障性住房或租金补贴的承租人,不仅要向其所在单位进行通报,还应当利用新闻媒体向社会通报和曝光。

3. 存在违反租赁合同约定行为而需要退出的承租人

第一,责令限期改正,并恢复原状或赔偿损失。有下列行为之一的,由住房保障主管部门责令限期改正:①转借、转租或者擅自调换所承租住房的;②改变所承租住房用途的;③在住房内从事违法活动的;④破坏或者擅自装修所承租住房,且拒不恢复原状的;⑤损毁、破坏、改变住房配套设施,且拒不恢复原状的;⑥违反物业管理公约、严重影响社区居住环境,且拒不改正的。有下列行为之一的,承租人需要恢复原状或赔偿损失:①改变所承租住房用途的;

---

① 《公共租赁住房管理办法》(中华人民共和国住房和城乡建设部令第11号),2012年5月28日,中国政府网,见 http://www.gov.cn/gongbao/content/2012/content_2226147.htm。

②破坏或者擅自装修所承租住房,且拒不恢复原状的;③损毁、破坏、改变住房配套设施,且拒不恢复原状的。

第二,没收违法所得。违反合约约定行为有很多情况,其中,可能带来不当得利的行为有:①转借、转租或者擅自调换所承租住房的;②改变所承租住房用途的;③在住房内从事违法活动的。对于因上述行为需要退出的承租人,住房保障行政主管部门应当没收其违法所得。实际上,上述两项措施都不属于惩罚措施,只不过是政府恢复其权利而已。

第三,罚款。对于前述可能带来违法所得的行为,可以处以违法所得3倍以下但不超过3万元的罚款;对于不能带来违法所得的行为,可以处以不超过1000元的罚款,这些行为包括:①无正当理由连续6个月以上闲置住房的;②无正当理由累计6个月以上未交纳租金的;③无正当理由累计6个月以上未交纳物业管理费的;④违反物业管理公约、严重影响社区居住环境且拒不整改的;⑤损毁、破坏、改变住房配套设施,且拒不恢复原状的。

第四,不予退还租赁保证金。若承租人因存在违反租赁合同约定行为而需要退出,也属于违反了租赁合同,应当不予退还租赁保证金。

第五,记入个人征信记录。若承租人因存在违反租赁合同约定行为而需要退出,可以将违约行为记入个人征信记录。

第六,法院强制执行强制退出。承租人拒不退出的,住房保障主管部门应当责令其限期退出;逾期仍不退出的,住房保障主管部门可向有管辖权的人民法院起诉,拒不执行的,可以依法申请人民法院强制搬迁。

第七,通报。对逾期拒不退出的此类承租人,应当向其所在单位进行通报;对转借、转租或者擅自调换所承租住房的、改变所承租住房用途的、在住房内从事违法活动等严重的违规行为,还应当利用新闻媒体向社会通报和曝光。

总体而言,对于主动退出对象,激励机制就是正向激励措施;对于被动退出对象而言,鉴于前文实证研究已经表明承租人对"应退不退"现象,尤其是"骗租"和"赖租"行为,具有明显的学习和模仿效应,政府对此类退出对象应

表 5.15　租赁型保障性住房的退出对象分类及其激励机制

类型	具体分类		负向激励(惩罚措施)	正向激励
主动退出对象	租赁合同期满后自主动选择不再续租		无	一次性主动退出奖励金;梯度租金返还;购房优惠政策:①减免部分税费;②提供低息购房贷款;③适当降低购房款的首付比例;④适当放宽商业银行对于购房贷款的条件;⑤给予一定的还款过渡期;⑥实行产权分享形式;⑦优先购买权;⑧优先配租权;等等
	租赁合同存续期内主动申请退出			
	由于收入或住房困境状态消失而丧失保障资格		拒不退出的:惩罚性累进租金;不予退还租赁保证金;记入不良信用记录;法院强制执行强制退出;通报	按时退出的:优先购买权;购房优惠政策
	欺诈骗取租赁型保障性住房或租金补贴		收回违法所得;处以3万元以下罚款;取消5年内申请住房保障的资格;不予退还租赁保证金;记入不良信用记录;法院强制执行强制退出;刑事处罚;通报	无
被动退出对象	存在违反租赁合同约定行为	转借、转租或者擅自装修所承租住房的;在承租住房内从事违法活动的	责令限期改正;收回违法所得,处以违法所得3倍以下(但不超过3万元的)罚款;不予退还租赁保证金;记入不良信用记录;法院强制执行强制退出;通报	无
		改变所承租住房用途的	责令限期改正;恢复原状或赔偿损失,处以违法所得3倍以下(但不超过3万元的)罚款;不予退还租赁保证金;记入不良信用记录;法院强制执行强制退出;通报	
		破坏或者擅自装修所承租公共租赁住房,且拒不恢复原状;损毁、破坏、改变住房配套设施的,且拒不恢复原状的	责令限期改正;恢复原状或赔偿损失;不予退还租赁保证金;记入不良信用记录;承租人有自有住房的,法院强制执行强制退出;通报	
		无正当理由连续6个月以上闲置住房的;无正当理由由连续6个月以上未交纳租金的;无正当理由由连续6个月以上未交纳物业管理费的	处以1000元以下的罚款;不予退还租赁保证金;记入不良信用记录;承租人有自有住房的,法院强制执行强制退出;通报	
		违反物业管理公约,严重影响社区居住环境,且拒不改正的	责令限期改正;处以1000元以下的罚款;不予退还租赁保证金;记入不良信用记录;承租人有自有住房的,法院强制执行强制退出;通报	

当奖惩并重,以罚为主,提高经济方面的惩罚标准,加大法律方面的责任承担。当然,即使同为被动退出对象,退出的原因却各不相同,行为性质恶劣程度也存在较大差异,因此,政府对其的惩罚程度也应该有所区别。从恶劣性质上说,由于资格不符导致的"应退不退"行为的恶劣程度最轻,对其惩罚程度也是最轻的,尽量通过正向激励措施引导其顺利退出;而欺诈骗取租赁型保障性住房或租金补贴的行为性质最为恶劣,对其惩罚程度也应当相应地最重。

五、 优化租赁型保障性住房的退出程序设计

(一)主动退出的程序设计

对于租赁合同期满后主动选择不再续租的,承租人应该结清租金、水、电、物业服务等费用,对原有住房及设施的损坏和遗失进行恢复、修理和赔偿,如拒不赔偿的,可以从承租人入住时交纳的保证金中进行抵扣;然后,承租人需在租赁合同届满之日后规定的时间内(一般为30天)腾退租赁型保障性住房。

对于租赁合同存续期内主动申请退出的,首先,承租人应该向产权单位或其委托经营机构提出解除租赁合同的书面申请;其次,租赁型保障性住房的产权单位或其委托经营机构对申请进行审核批准,有条件的地区,还应当对租赁型保障性住房进行现场查看之后再作出是否准予退出的决定;再次,租赁型保障性住房的产权单位或其委托经营机构与退出对象签订退出协议或者解除原租赁合约,并通知退出对象原申请所在地区的住房保障管理部门;最后,退出对象需在签订退出协议或者解除原租赁合约之日后规定的时间内(一般为30天)腾退租赁型保障性住房,并将户籍迁出该房屋。腾退住房之前,退出对象应结清租金、水、电、物业服务等费用,对原有住房及设施的损坏和遗失进行恢复、修理和赔偿,如拒不赔偿的,可以从承租人入住时交纳的保证金中进行抵扣。

（二）被动退出的程序设计

由于被动退出并非承租人的自愿行为，政府应当强化退出程序设计，但同时，也应当注重保护承租人的合法权益。

1. 建立被动退出对象的发现识别机制

准确地发现识别被动退出对象是退出程序的首要步骤。政府应当建立起包括个人申报、定期审核和动态审核、日常使用监管和建立租户信息管理系统在内的被动退出对象的发现识别机制。

首先，个人申报。在享受租赁型住房保障期间，保障对象应该主动履行申报义务。无论其是获得实物配租，还是领取货币补贴，只要保障对象在住房、家庭收入、资产、人口等方面的状况发生变动的，必须自发生变动之日起30日内如实向当地住房保障管理部门申报；保障对象在上述方面未发生变化的，也应当定期（一般为每年一次）如实向当地住房保障管理部门进行申报。

其次，定期审核和动态审核。定期审核是指当地住房保障管理部门会同民政、社会保障、税务、房管、车辆、工商、金融等部门对享受住房保障政策的家庭定期（一般为每年一次）进行一次住房保障资格复核。动态审核是指当地住房保障管理部门会同民政等部门对享受住房保障政策的家庭的住房、收入、资产、人口等变化情况进行动态监管。当地住房保障管理部门根据核实结果作出延续、调整、终止住房保障或者追缴补贴资金的决定。

再次，日常使用监管。当地住房保障管理部门一是要定期（一般为每年一次）对租赁型保障性住房的使用情况进行监督检查；二是要建立举报平台，对群众举报各类"应退不退"行为，尤其是欺诈骗取租赁型保障性住房或租金补贴和租户各类违反租赁合同约定行为给予奖励；三是加强物业服务公司、居民委员会对租赁型保障性住房日常使用情况的监督，及时发现各类违法违规行为。

最后，建立保障性住房的信息管理系统。建立统一的租赁型保障性住房信息和信用管理平台,对租赁型保障性住房的保障对象建立数字档案,对以下内容进行记载:①保障对象的申请、审核、轮候、配租、入住等情况;②保障对象的家庭人口、住房、收入、资产情况及变更记录;③保障对象的不良行为记录;④保障对象的定期复核记录。当地住房保障管理部门要根据定期复核结果对保障家庭的信息和信用管理档案进行及时调整和变更。

2. 完善被动退出对象的退出程序

(1)由于收入或住房困境状态消失而丧失承租资格的承租人

第一,作出取消保障资格的决定。地方住房保障管理部门在识别出丧失资格的承租人之后,作出取消保障资格的决定,并在规定日期内书面告知租赁型保障性住房的产权单位或其委托经营机构。同时,地方住房保障管理部门应当将取消资格的决定录入保障性住房的信息管理系统。

第二,书面通知退出对象。租赁型保障性住房的产权单位或其委托经营机构应当书面告知当事人取消其享受租赁型住房保障资格的决定,并向其说明取消其继续享受租赁型住房保障资格的理由,既要说明取消其享受租赁型住房保障资格的客观事实依据,也要说明取消其享受租赁型住房保障资格的具有合法性的法律规范。

第三,退出对象可申请行政复议。取消保障对象继续享受租赁型住房保障资格直接关系到当事人的居住权,因此,若保障对象对取消其享受租赁型住房保障资格的决定存在异议,可以申请行政复议。地方住房保障管理部门根据申请人的异议申请再次核查其住房保障资格。每个申请家庭限异议复核一次。

第四,退出对象退出租赁型住房保障。对于满足一定条件的退出对象(具体条件参见表5.14),可以采取收取市场租金或出售租赁型保障性住房的退出方式。对于需要腾退住房的退出对象,在过渡期内,收取市场租金,并停止发放租金补贴。若退出对象存在怀孕、子女学位等暂时性腾退困难,可以给予不超过1年的过渡期的延长期。在过渡期的延长期内,收取市场租金。一旦暂时性腾退困难消失或者延长期届满,必须腾退住房。在腾退住房之前,必须结清租金、水、电、物业服务等费用,对原有住房及设施的损坏和遗失进行恢复、修理和赔偿,如拒不赔偿的,可以从承租人入住时交纳的保证金中进行抵扣。同时,在规定期限内将其户籍迁出该房屋。

第五,监督与惩罚。地方住房保障管理部门对取消保障资格家庭的腾退情况实施监督。逾期未退的,地方住房保障管理部门应当责令其限期退回,并收取惩罚性累进租金,给予不予退还租赁保证金、记入个人征信记录、通报等惩罚。承租人仍然拒不退出的,住房保障主管部门可向有管辖权的人民法院起诉,拒不执行的,可以依法申请人民法院强制搬迁。

(2)欺诈骗取租赁型保障性住房或租金补贴和存在违反租赁合同约定行为而需要退出的承租人

第一,立案调查。无论是欺诈骗取租赁型保障性住房,还是存在违反租赁合同约定行为,都属于违法违规行为。当地方住房保障管理部门通过定期审核、动态审核、举报或日常巡查,发现承租家庭有涉嫌违法违规行为,应予以审查,决定是否立案。地方住房保障管理部门对立案的案件,应该及时通过现场了解核实情况、搜集证据等进行调查取证。调查时应允许当事人辩解陈述。

第二,审查和听证。地方住房保障管理部门通过审理案件调查报告,对案件违法违规事实、证据、调查取证程序、法律适用、处罚类型和程度等方面进行审查,提出处理意见。取消保障对象继续享受租赁型住房保障资格直接关系到当事人的居住权,后续一些惩罚措施甚至会直接影响到其未来享受住房保障的资格。因此,地方住房保障管理部门在做出取消保障对象继续享受租赁型住房保障资格和处罚的决定之前,应告知当事人,并视情况进行听证,承租家庭有权在听证环节进行质辩、反驳和证据主张,从而保护承租人的合法权益。

第三,做出取消资格和进行处罚的决定。地方住房保障管理部门依据审查和听证结果,做出取消资格和处罚决定,并在规定日期内书面告知租赁型保障性住房的产权单位或其委托经营机构。处罚决定包括：责令限期改正，并恢复原状或赔偿损失、没收违法所得、罚款、给予不予退还租赁保证金、记入个人征信记录、取消若干年内申请住房保障的资格、通报等。同时，地方住房保障管理部门应当将取消资格和进行处罚的决定录入保障性住房的信息管理系统。

第四，书面通知退出对象。租赁型保障性住房的产权单位或其委托经营机构应当书面告知当事人取消其享受租赁型住房保障资格和处罚的决定及理由，既要说明取消其享受租赁型住房保障资格的客观事实依据，也要说明取消其享受租赁型住房保障资格和对其进行处罚的具有合法性的法律规范。

第五，退出对象若有异议，可以申请行政复议。地方住房保障管理部门根据申请人的异议申请再次核查其住房保障资格。每个申请家庭限异议复核一次。

第六，腾退住房。若退出对象确实存在腾退困难（具体情形参见表5.14），可以给予3个月的腾退过渡期，在过渡期内，收取市场租金。过渡期届满，必须腾退住房。在腾退住房之前，必须结清租金、水、电、物业服务等费用，并在规定期限内将其户籍迁出该房屋。

第七，监督并执行处罚决定。地方住房保障管理部门对取消保障资格家庭的腾退情况和落实处罚的情况实施监督。原有住房和设施有损坏、遗失的，承租人需要恢复、修理和赔偿，如拒不赔偿的，可以从承租人入住时交纳的保证金中进行抵扣，并上交违法所得和罚款等。涉嫌犯罪的，住房保障行政主管部门应当移送有关公安、司法机关依法处理。对拒不履行处理决定的，住房保障主管部门可向人民法院起诉，拒不执行的，可以依法申请人民法院强制搬迁。

第六章　优化中国产权型保障性住房退出机制的思路和基本构想

如前所述,保障性住房可以划分为租赁型保障性住房和产权型保障性住房。以经济适用住房为代表的产权型保障性住房通过向住房保障对象出售住房产权来满足其住房需求。虽然近年来我国住房保障制度的重心逐渐转向大力发展租赁型保障性住房,但是,产权型保障性住房还是满足了一部分中低收入家庭的需求——既买不起商品住房,但又有一定的经济能力,想要获得产权型的住房保障,同时也减轻了租赁型保障性住房的供应压力,因此,在现阶段,产权型保障性住房的存在仍然是必要的。但是,如何进一步完善产权型住房保障制度,特别是如何完善其退出机制,真正实现产权型保障性住房的民生保障功能则显得尤为重要。本章在提出优化产权型保障性住房退出机制的基本思路(从有限产权模式到共有产权模式)基础上,提出了建立和完善中国产权型保障性住房退出机制的基本构想,从产权型保障性住房的退出管理体制、退出对象、退出方式、退出激励机制和退出程序等五个方面阐述了产权型保障性住房退出机制的具体制度设计,以期能够为政府部门制定合理的产权型保障性住房的退出政策提供有益参考。

第一节　优化产权型保障性住房退出机制的基本思路：
从"有限产权"模式到"共有产权"模式

一、　现行产权型保障性住房的产权性质及缺陷

（一）现行产权型保障性住房的产权性质：有限产权

产权是经济所有制关系的法律表现形式。从广义上看，产权包括财产的所有权、占有权、支配权、使用权、收益权和处置权；从狭义上看，产权仅指所有权，包括占有、使用、收益和处分四大权能。住房产权是指住房的所有权。所谓住房的"有限产权"是相对于"完全产权"而言的，是指购房人"对其所购住房享有占有、使用、部分收益和有限处分之权"①。

对于普通商品住房而言，建设用地是通过出让方式获得，开发商需要足额交纳土地出让金，出售对象没有特殊限制，出售价格是由开发商根据商品住房市场的供求关系等因素决定，交易双方在法律地位上是平等的，开发商在出售商品住房前对该住房享有完整的产权，而购房人在支付相应的价格并完成房屋登记之后即取得该住房的完整产权。

与普通商品住房相比，经济适用住房的产权性质有其特殊性。作为主要的保障性住房形式之一，经济适用住房享受了一系列政策优惠，主要包括：第一，在建设用地上，经济适用住房用地一般采取行政划拨方式，建设者免交土地出让金，这意味着经济适用住房的购房人也能免费取得该经济适用住房所依附的建设用地使用权；第二，"经济适用住房建设项目免收城市基础设施配套费等各种行政事业性收费和政府性基金。经济适用住房项目外基础设施建设费用，由政府负担。经济适用住房建设单位可以以在建项目作抵押向商业

---

① 崔建远：《住房有限产权论纲》，《吉林大学社会科学学报》1994 年第 1 期，第 28 页。

银行申请住房开发贷款"①;第三,在销售价格上,经济适用住房以"保本微利"为原则,在"综合考虑建设、管理成本和利润的基础上"实行政府指导价。基于此,《经济适用住房管理办法》第 30 条明确规定,"经济适用住房购房人拥有有限产权"②。

经济适用住房的产权性质为有限产权,即经济适用住房的购房人"通过支付相应价款获得经济适用住房的所有权,但不能任意转让和处置,在处分权的行使上受到一定限制。"③经济适用住房的"有限产权"表现出以下特点:第一,经济适用住房的购房人获得该住房的单独所有权,"在所有权结构上单一";第二,经济适用住房的购房人对该住房的"收益、转让和处分上存在限制,并没有他人与之共享所有权"④。从处分权来看,经济适用住房满 5 年才可上市交易;从收益权来看,经济适用住房的购房人在未获得该住房的完全产权之前,不得将其用于出租或其他经营活动;从转让权来看,经济适用住房的购房人必须向政府交纳一定的土地收益等相关价款后方可转让,且在转让对象上政府具有优先回购权。正是基于此,我国政府将经济适用住房产权性质定位为"有限产权"。

(二)"有限产权"模式存在的主要问题

1."有限产权"的法律位阶太低,不符合"物权法定"的基本原则

尽管"有限产权"理论对于解释经济适用住房的产权性质具有一定的合理性,但是,"有限产权"的法律位阶太低,不符合"物权法定"的基本原则。

---

① 《经济适用住房管理办法》(建住房〔2007〕258 号),2007 年 11 月 11 日,见 http://www.mohurd.gov.cn/wjfb/200712/t20071201_157795.html。

② 《经济适用住房管理办法》(建住房〔2007〕258 号),2007 年 11 月 11 日,见 http://www.mohurd.gov.cn/wjfb/200712/t20071201_157795.html。

③ 申卫星:《经济适用住房共有产权论——基本住房保障制度的物权法之维》,《政治与法律》2013 年第 1 期,第 3 页。

④ 申卫星:《经济适用房共有产权论——基本住房保障制度的物权法之维》,《政治与法律》2013 年第 1 期,第 3 页。

所谓物权是指"权利人依法对特定的物享有直接支配和排他的权利,包括所有权、用益物权和担保物权"①。物权法定是指物权的种类与内容只能由法律来规定,不允许当事人自由创设,这是物权法中最重要的基本原则。我国立法上对"物权法定"原则也予以了明确。《物权法》在第五条中规定"物权的种类和内容,由法律规定"②。这意味着在我国除了法律之外的其他位阶的法律规范性文件是无权创设物权的种类和内容的。

"有限产权"具有物权的鲜明特点,在实践中也采取了物权登记的公示方式,理应属于物权的一种。但是,目前我国的《物权法》所规定的物权类型仅有"所有权、用益物权和担保物权"③,并未包含"有限产权"的概念。从物权内容上看,如前所述,经济适用住房的"有限产权"具有占有、受限制的使用和处分三项权能,这与《物权法》中的"所有权、用益物权和担保物权"的内容也不相同,可见,"有限产权"不符合我国任何一种现有的物权定义。

经济适用住房的"有限产权"性质是由建设部、国家发展和改革委员会、监察部、财政部、国土资源部、中国人民银行、国家税务总局等七部门在 2007年 12 月 1 日联合发布的《经济适用住房管理办法》所规定的,该办法也是迄今为止我国关于经济适用住房法律位阶最高的规范。显然,《经济适用住房管理办法》在法律位阶上仅属于部门规章,是否属于"物权法定"原则之"法"的范畴在理论界还存在极大争议。理论界主流的看法是"物权法定"原则之"法"的范畴既包含全国人大或全国人大常委会制定的法律,也包括在有法律授权的前提下的行政法规,但是,部门规章、地方性法规及以下位阶的规范性文件都不属于"物权法定"原则之"法"的范畴。可见,将"有限产权"作为一

---

① 《中华人民共和国物权法》(中华人民共和国主席令第 62 号),2007 年 3 月 16 日,中国政府网,见 http://www.gov.cn/ziliao/flfg/2007-03/19/content_554452.htm。

② 《中华人民共和国物权法》(中华人民共和国主席令第 62 号),2007 年 3 月 16 日,中国政府网,见 http://www.gov.cn/ziliao/flfg/2007-03/19/content_554452.htm。

③ 《中华人民共和国物权法》(中华人民共和国主席令第 62 号),2007 年 3 月 16 日,中国政府网,见 http://www.gov.cn/ziliao/flfg/2007-03/19/content_554452.htm。

种单独的物权类型难以找到法律依据。"有限产权"法律依据上的瑕疵必然影响权利行使的合法性与正当性。

2."有限产权"无法根本解决经济适用住房投机牟利的行为

依据"有限产权"的制度设计,经济适用住房在交易期限、交易价格等方面都受到了一定的限制,但是,经济适用住房的购房人在购买经济适用住房满5年,且交纳土地收益等相关价款之后,仍然是可以上市交易的。而且,土地收益等相关价款数额通常远远低于土地的增值收益,即使在交纳土地收益等相关价款之后,经济适用住房的卖出人仍然可以获得较多的收益,牟利的空间巨大,这也刺激了很多人通过造假、寻租等违法违规手段获取购买经济适用住房的资格,进而投机牟利。武汉"六连号"等事件层出不穷,甚至引发了关于经济适用住房的存废之争。

在利益的驱动下,在实践中,一些经济适用住房的购房人购房不满5年就违规转让,由此产生大量的司法纠纷,对于此类住房买卖合同是否有效在司法实践中仍存在巨大争议。还有不少购房人在未取得完全产权且不满5年的情况下出售该经济适用住房,并和买方约定等5年期满后再办理房屋的过户手续,从而刻意规避"购买经济适用住房不满5年,不得直接上市交易"①的规定。

3. 建立在"有限产权"基础上的经济适用住房退出制度的合理性存疑

我国的土地权利和房屋权利是独立的,即房屋的所有权与土地的使用权可以属于不同的主体。但是,由于土地和房屋的不可分割性,我国实行房地权利一致原则,即房屋所有权与该房屋所占用的土地使用权必须归属同一主体(包括法人和自然人)。由于经济适用住房的用地一般采取行政划拨方式,购房人没有交纳土地出让金,购房人在交纳一定的土地收益等相关价款之前,是无法获得经济适用住房的完全产权的。这也就意味着在购房人取得经济适用

---

① 《经济适用住房管理办法》(建住房〔2007〕258 号),2007 年 11 月 11 日,见 http://www. mohurd.gov.cn/wjfb/200712/t20071201_157795. html。

住房的完全产权之前,政府对该经济适用住房所占土地是享有权利的。但在"有限产权"下,政府并未对其土地上的权利进行登记,因此,土地的权利主体是不明确的,在此基础上建立的经济适用住房退出制度也缺乏权利基础。例如,《经济适用住房管理办法》第 30 条规定:"购买经济适用住房满 5 年,购房人上市转让经济适用住房的,应按照届时同地段普通商品住房与经济适用住房差价的一定比例向政府交纳土地收益等相关价款。"①那么,政府为何要收取"土地收益等相关价款"? 如果购房人不支付"土地收益等相关价款",政府请求支付的依据又是什么呢? 显然,政府的权利基础模糊,不利于经济适用住房的退出管理。

《经济适用住房管理办法》第 30 条还规定:"购买经济适用住房不满 5 年,不得直接上市交易,购房人因特殊原因确需转让经济适用住房的,由政府按照原价格并考虑折旧和物价水平等因素进行回购。购买经济适用住房满 5 年……政府可优先回购。"②此处,政府"优先回购"的权利属于一种"优先购买权"。优先购买权"要求权利主体与出卖人之间先前存在一定的法律关系,且购买标的在先前的基础法律关系中与优先购买权人具有特殊关系"③,但是,在"有限产权"下,政府与经济适用住房的出卖人之间并没有形成先前法律关系,这使得政府优先回购权缺乏合理性。

如前所述,经济适用住房"有限产权"是一种受到限制的单独所有权。经济适用住房的购房人以全款或者抵押贷款的方式支付了"房价"(不包含土地收益等价款),并获得了产权证(标明"经济适用住房"),就意味着其购买行为是通过签订购买合同和登记备案成立的法律行为。在这种情况下,即便是产权受到了一定的限制,当购房人不再符合保障条件之后强制要求其退出(通

---

① 《经济适用住房管理办法》(建住房〔2007〕258 号),2007 年 11 月 11 日,见 http://www.mohurd.gov.cn/wjfb/200712/t20071201_157795.html。

② 《经济适用住房管理办法》(建住房〔2007〕258 号),2007 年 11 月 11 日,见 http://www.mohurd.gov.cn/wjfb/200712/t20071201_157795.html。

③ 许尚豪等:《优先购买权制度研究》,中国法制出版社 2006 年版,第 32 页。

常是以政府回购经济适用住房的方式）或剥夺其应得的增值收益都是缺乏法理依据的。

此外，在"有限产权"下，政府的角色只能定位于行政管理部门，仅对购房人的行为进行限制，并收取土地收益价款，而并非民事活动的主体，也就不用在房地产民事活动中承担义务，对于因不动产产生的债权债务均不承担连带责任。这种权利义务分配不对等的规定也破坏了民法权利与义务对等的基本原则。

二、 产权型保障性住房"共有产权"模式的合理性

与"有限产权"模式相比，运用"共有产权"理论来分析产权型保障性住房权利性质则具合理性。

第一，"共有产权"符合"物权法定"的基本原则。所谓"共有"是指"两个或两个以上的民事主体对同一财产所共同享有的所有权"①。与"有限产权"不一样，"共有产权"在我国《物权法》上是有明确依据的。《物权法》第九十三条明确规定："不动产或者动产可以由两个以上单位、个人共有。"②因此，经济适用住房的"共有产权"模式是符合"物权法定"的基本原则的，不会影响权利行使的合法性与正当性。

第二，"共有产权"模式使产权型保障性住房的产权配置更加清晰。在"共有产权"模式下，政府将用于经济适用住房的财政性支出（包括减免的土地出让金及其他行政税费等）转化为对经济适用住房的投资，有利于实现政府住房福利显性化。政府按其投资比例与经济适用住房的购房人共同享有经济适用住房的产权。由于经济适用住房是由保障对象和政府共同购置的，房屋产权共享有其坚实的理论支撑。

---

① 杨立新：《共有权研究》，高等教育出版社 2003 年版，第 11 页。
② 《中华人民共和国物权法》（中华人民共和国主席令第 62 号），2007 年 3 月 16 日，中国政府网，见 http://www.gov.cn/ziliao/flfg/2007-03/19/content_554452.htm。

第三,"共有产权"模式有利于减少保障性住房的牟利空间,遏制造假、寻租等现象。在"共有产权"模式下,由于经济适用住房的购房者和政府之间的产权份额清晰明确,购房者在转让经济适用住房时仅能够获得其相应部分的利润,与"有限产权"相比,"共有产权"模式下可获取的牟利空间大大减少,这既体现了"谁投资谁享有权益"的基本法律原则,又能确保政府的住房保障资源不会由于造假、寻租等行为而白白流失。

第四,"共有产权"模式有利于形成良好的强制退出机制,减少退出管理中的纠纷。在目前"有限产权"经济适用住房制度下,政府在退出管理中处于被动地位,即只有在购买人愿意取得经济适用住房的完全产权或将其上市交易或接受政府回购的情形下,政府才能实现住房保障资源的回流、获得投资收益。在取得经济适用住房的投资收益上,政府和购房人也存在着明显的优劣势差异。在"共有产权"模式下,购房人与政府对经济适用住房的产权按份共有,那么,在未来经济适用住房价值增值之后退出时,购房人与政府也应当按照各自投入的比例分享相适应的权益。在这种制度设计下,政府强制不符合享受经济适用住房资格的已购房家庭退出经济适用住房体系则具备了合理性和可行性。而且,此时政府不仅是行政管理主体,更是民事活动主体,可以通过在经济适用住房配售过程中将其权利写入交易合约(比如优先回购权等)来确保其经济权利。

三、 以"共有产权"模式优化产权型保障性住房退出机制

保障性住房的"共有产权"模式不仅得到了理论界的广泛认可,在实践中也逐步兴起。2007年淮安市率先开始进行经济适用住房的共有产权模式试点。2010年上海市推出共有产权保障房试点,2016年先后颁布了《上海市共有产权保障住房管理办法》和《上海市共有产权保障住房供后管理实施细则》;2016年4月,住建部将北京、上海、深圳、成都、黄石、淮安等6个城市列为全国共有产权住房试点城市;2017年8月北京市颁布了《北京市共有产权

住房管理暂行办法》。截至目前,"共有产权"模式已在我国多个城市进行试点。虽然各地区共有产权住房的具体制度存在不少差异,但大体思路基本一致,即地方政府让渡部分土地出让收益,以低价配售给符合相应条件的购房者,政府与购房者按出资比例共同拥有住房的产权份额。未来购房者可以按照双方约定的价格(或定价方式)购买政府产权份额而获得全部产权,也可以将自己拥有的产权份额出售给政府或其他购房者。

如前所述,"共有产权"模式可以克服"有限产权"模式的保障性住房的诸多弊端,因此,在大力发展共有产权住房的同时,更应当积极地用"共有产权"模式来对现有的经济适用住房制度进行改革,以物权的按份共有对现有经济适用住房产权进行改造,从而重塑良性的经济适用住房退出机制。

(一)明晰经济适用住房的产权比例

《物权法》第九十三条明确规定:"共有包括按份共有和共同共有。"[①]对于经济适用住房而言,政府与购房人之间没有法律上特殊的结合关系,因此,应该采用按份共有模式,而并非共同共有模式。这种共有关系是基于政府与购房人自愿订立的经济适用住房买卖合同而产生。政府与购房人按出资比例享有不同份额的所有权,并依据该份额对经济适用住房享有权利和承担义务。因此,明晰政府与购房人经济适用住房的产权比例尤为重要。

在经济适用住房的出资方式上,保障对象直接以购房资金的形式出资,而政府则是以免征土地出让金及其他减免行政税费等方式进行出资,投资方式较为隐蔽。若不明晰两者之间的出资比例关系,那么,在未来保障对象退出经济适用住房(上市转让或由政府回购)时,如何在购房人和政府之间分配收益将缺乏产权依据,从而留下矛盾隐患。

1999 年财政部等三部委颁布的《已购公有住房和经济适用住房上市出售

---

① 《中华人民共和国物权法》(中华人民共和国主席令第 62 号),2007 年 3 月 16 日,中国政府网,见 http://www.gov.cn/ziliao/flfg/2007-03/19/content_554452.htm。

土地出让金和收益分配管理的若干规定》(财综字〔1999〕113号)规定"已购公有住房和经济适用住房上市出售时,由购房者按规定缴纳土地出让金或相当于土地出让金的价款。缴纳标准按不低于所购买的已购公有住房或经济适用住房坐落位置的标定地价的10%确定"。① 2004年出台的《经济适用住房管理办法》进一步规定:经济适用住房"出售时,应当按照届时同地段普通商品住房与经济适用住房差价的一定比例向政府交纳收益。具体年限和比例由市、县人民政府确定。"②这一提法被2007年修订之后的《经济适用住房管理办法》所沿用。虽然政府可以通过规定经济适用住房出售时需要交纳的"同地段普通商品住房与经济适用住房差价"的比例来实现经济适用住房在退出时购房人与政府之间的收益分配,但这种通过"规定"确定的比例关系显然缺乏理论依据。而从技术手段上讲,经济适用住房的用地通过市场化的出让方式来取得其真实的市场价值。因此,笔者认为,政府对经济适用住房的出资投入可以通过同地段普通商品住房的价格与经济适用住房的售价之间的差额进行计算,具体计算公式为:政府产权比例=(同地段普通商品住房的价格—经济适用住房的售价)/同地段普通商品住房的价格。未来在保障对象退出经济适用住房(上市转让或由政府回购)时,依据"谁投资谁享有权益"的原则,政府按照该产权比例收回投资并分享房产的增值收益,从而有效防止政府住房保障资源的流失。

(二)以合同方式明确约定经济适用住房产权转让的相关规定

从理论上讲,在普通的共有关系存续期间,共有人是可以自由处分(包括转让)其份额的。我国《物权法》第一百零一条规定:"按份共有人可以转让其

---

① 《已购公有住房和经济适用住房上市出售土地出让金和收益分配管理的若干规定》(财综字〔1999〕113号),1999年7月15日,http://www.mohurd.gov.cn/wjfb/200611/t20061101_157429.html。

② 《经济适用住房管理办法》(建住房〔2004〕77号),2004年5月13日,http://www.shui5.cn/article/fe/24494.html。

享有的共有的不动产或者动产份额。"①据此,经济适用住房的产权共有人也是可以将其产权份额进行转让的,既可以是共有人在内部之间转让产权份额,即在政府与保障对象之间转让,也可以是共有人将产权份额转让给第三人。但是,由于经济适用住房产权份额转让可能会引起其保障性住房性质的改变,基于经济适用住房准公共物品的特殊性质,共有人的转让权利应该在政府与保障对象签订的共有合同中予以明确限制,为将来经济适用住房的退出提供法律依据。

1. 共有人在内部之间转让产权份额

经济适用住房共有人内部之间转让产权份额既可以是保障对象购买政府手中的产权份额,也可以是政府回购保障对象手中的产权份额。无论是上述哪种情况,都能够使经济适用住房的权利主体归于单一。在"共有产权"模式下,保障对象若要取得经济适用住房的完全产权,不再需要交纳土地收益等价款,而是通过购买政府手中的产权份额来实现。此时,经济适用住房产权份额的内部转让价格不受购房期限的限制。而政府回购保障对象手中的产权份额则可能是基于以下两种情况:一是保障对象主动放弃其所持份额,自愿要求政府回购;二是政府强制保障对象向其出售所持份额,被动退出经济适用住房。上述两种情况需要区别对待,并在政府与保障对象签订的合同中明确予以约定。

第一,当保障对象主动要求政府回购时,回购价格应当根据购房期限的不同而不同。为了防止利用经济适用住房进行短期投机套利,政府规定了经济适用住房的最低保有期限(一般是 5 年)。在最低保有期限以内,保障对象要求政府回购其持有的产权份额实质上是自愿放弃了产权型住房保障的行为,此时的回购价格只需保护保障对象的基本利益即可,不需要过分考虑房屋的

---

① 《中华人民共和国物权法》(中华人民共和国主席令第 62 号),2007 年 3 月 16 日,中国政府网,见 http://www.gov.cn/ziliao/flfg/2007-03/19/content_554452.htm。

增值收益,因此,回购价格可以按照保障对象的购房原价并考虑利息成本的方式确定。而一旦保障对象购买经济适用住房超过了政府规定的最低保有期限,政府回购保障对象手中的产权份额则需适当参考市场价格,从而"发挥经济适用住房财富积累、共享改革成果的功效"①。

第二,设定政府强制回购权,且政府回购价格应当因回购原因不同而不同。政府强制回购权是指"在出现住房保障功能无法实现的情形下,政府应该强制受保障对象出售其所有份额,还原经济适用住房所有权原始状态"②的权利。导致经济适用住房的住房保障功能无法实现的情形主要包括三类:一是购房家庭或个人通过弄虚作假,隐瞒家庭收入(资产)、人口、户籍和住房等状况骗取购买经济适用住房资格,或通过贿赂等不正当手段获取购买经济适用住房资格;二是保障对象在共有关系存续期间存在擅自出租、转让、出质所购经济适用住房等严重违反合约的行为;三是保障对象在共有关系存续期间由于收入或住房困境状态消失而丧失保障资格,例如,已经购买商品住宅等。在以上三种情况中,保障对象都失去了获得产权型住房保障的资格。这就要求政府在与保障对象签订的合同中,事先约定若出现上述三种情况,政府可以强制命令保障对象出售其所持经济适用住房的产权份额,从而实现强制退出。具体强制回购价格则要视情况而定。

2. 共有人将产权份额转让给第三人

第一,保障对象将其所持产权份额转让给第三人必须受到购房期限和出售对象的限制。为了防止利用经济适用住房进行短期投机套利,在保障对象购买经济适用住房的最低保有期限(一般是 5 年)以内,保障对象只能将其所持产权份额转让给共有人(政府),不得转让给第三人;而超过了最低保有期

---

① 申卫星:《经济适用房共有产权论——基本住房保障制度的物权法之维》,《政治与法律》2013 年第 1 期,第 8—9 页。
② 申卫星:《经济适用房共有产权论——基本住房保障制度的物权法之维》,《政治与法律》2013 年第 1 期,第 9 页。

限,在与共有人协商同意的情况下,保障对象可以将其所持产权份额转让给第三人。但是,一旦保障对象将其所持产权份额转让给第三人,可能会导致经济适用住房的性质发生变化,因此,必须对其转让对象进行限制。因此,政府在与保障对象签订的合同中需要明确:只有在政府放弃优先回购权的情况下,保障对象可以将其所持产权份额转让给其他符合经济适用住房购买资格的第三人,从而保证经济适用住房的保障性住房性质不发生改变。当然,在保障性住房供求矛盾缓和的地区,在取得政府同意的情况下,也可以由保障对象和政府一起将经济适用住房的完全产权出售给第三人,此时,经济适用住房的性质会发生变化,即由保障性住房变为普通商品住宅,转让经济适用住房所得价款也应该依据保障对象和政府的产权比例进行分配,从而确保政府住房保障资源不会白白流失。

第二,设定政府的优先购买权。虽然从理论上讲,保障对象一旦购买经济适用住房超过了最低保有期限是可以将其所持产权份额转让给第三人的,但是,这种转让会导致经济适用住房的性质发生改变,造成保障性住房供应的减少,因此,有必要对这种转让行为进行一定的限制,具体做法是:政府在与保障对象签订的合同中事先设定政府的优先购买权,只有当政府主动放弃优先购买权时,保障对象可以将其所持产权份额转让给第三人。优先购买权是"一种附有条件的形成权,是依附于共有关系而生,其所附条件是必须在购买者出卖产权型保障房时,才可以行使该权利"①。我国《物权法》第一百零一条规定:"其他共有人在同等条件下享有优先购买的权利。"②显然,政府在与保障对象签订的合同中需要设定的政府优先购买权与《物权法》中"共有人的优先购买权"是有区别的,"共有人的优先购买权"强调"在同等条件下",即当优先

---

① 陈耀东等:《我国保障房退出机制的法律检视——以产权型保障房与租赁型保障房界分为标准》,《天津法学》2014年第1期,第35页。

② 《中华人民共和国物权法》(中华人民共和国主席令第62号),2007年3月16日,中国政府网,见 http://www.gov.cn/ziliao/flfg/2007-03/19/content_554452.htm。

购买权人所支付的价款与第三人相同时,优先购买权人才能够行使优先购买权。而基于经济适用住房的准公共物品性质,政府在与保障对象签订的合同中设定的政府优先购买权不应以"同等条件"为前提,而应该"在购买者所享有的份额内,在原购房价与市场价值之间寻找一个平衡点,保证购买者权益的同时也突出了保障房的公益性"[①]。政府行使优先购买权可以使经济适用住房的完全产权重新归于政府,进而继续投入到住房保障体系当中,持续发挥住房保障功能。

(三)按份共有与租赁合同相结合

在"有限产权"模式下,保障对象在取得完全产权之前一直是免费占用政府所给予的政策优惠(包括免征的土地出让金及其他减免的行政税费等)的。只要保障对象没有获取经济适用住房全部产权的主观意愿,政府就无法收回这部分住房保障资源,这显然既违背了住房保障的宗旨,也损害了公平原则。在共有产权模式下,经济适用住房的所有权是保障对象和政府按份共有的,但只有保障对象才是经济适用住房的实际使用人,这相当于政府将其所持有的那一部分产权份额租赁给了保障对象。因此,政府在与保障对象除了要签订共有协议之外,还应当同时签订租赁合同。在租赁合同中,双方约定:第一,若保障对象符合享受经济适用住房资格,则可以免交租金;若保障对象不再符合享受经济适用住房资格,则必须交纳租金,租金额应该参考市场租金依据政府所占产权份额进行确定。第二,保障对象在承租期间承担房屋的维修、物业费用。第三,保障对象在承租期间不得存在出租、出借、改变房屋使用性质等违约行为,否则,政府可以行使强制回购权。

---

① 陈耀东等:《我国保障房退出机制的法律检视——以产权型保障房与租赁型保障房界分为标准》,《天津法学》2014年第1期,第35页。

第二节 优化中国产权型保障性住房退出机制的基本构想

本节在"共有产权"模式的基础上,阐述优化中国产权型保障性住房退出机制的基本构想。

一、 优化产权型保障性住房的退出管理体制构想

(一)建立专门的产权型保障性住房管理机构

如前所述,产权型保障性住房退出工作是一个非常复杂的系统工程,涉及财政、物价、社保、民政、公安、司法等诸多部门,需要建立专门的管理机构,才能统筹各部门工作,确保产权型保障性住房退出工作的有效运行。建议各城市成立市级的专门的产权型保障性住房退出工作管理机构,全面负责本地区的产权型保障性住房退出工作的各项管理工作,并在各区县设立分机构。由地区房地产行政主管部门制定产权型保障性住房的建设计划,由专门产权型保障性住房管理机构具体负责产权型保障性住房的分配和后期管理。

为了确保产权型保障性住房的退出机制能够得到顺利的实施,有必要从以下两个方面健全管理机构设置:首先,设立专门的产权型保障性住房回购管理部门。政府回购是产权型保障性住房退出的主要方式之一。回购对象的确定、回购资金的管理、回购价格的确定、回购的产权型保障性住房的管理等业务都具有较强的专业性和技术性,需要专门的管理部门和具有熟练的业务、技术与经验的管理人员。其次,设立专门的产权型保障性住房监管部门。一方面,通过整合相关财务等统计数据对产权型保障性住房保障对象的收入、资产、家庭人口变动情况进行监控,从而发出启动产权型保障性住房退出机制的信号。另一方面,监管部门应不定期的对产权型保障性住房的使用状况进行

实地检查,以便及时掌握保障对象及其使用产权型保障性住房的真实情况,从而决定是否对其启动产权型保障性住房退出程序。

(二)建立严格的产权型保障性住房监管机制

鉴于产权型保障性住房的准公共物品性质,政府理所当然应该成为其退出管理的监管主体。但是由于产权型保障性住房的退出管理涉及内容复杂、利益关系主体众多,完全由政府进行全程监管也是不现实的,因此,除了设立专门的产权型保障性住房监管部门之外,还必须综合运用行政、司法、社会舆论等多种手段,对产权型保障性住房的退出管理实施全面的监管。就行政层面而言,专业监管部门要对产权型保障性住房保障对象进行定期和不定期的监督;就司法层面而言,要建立对产权型保障性住房退出过程中的严重违法、违规行为的处罚程序和处罚手段;就社会层面而言,应建立举报投诉机制,鼓励社会公众一旦发现保障对象有"骗购"、违法违规使用保障性住房、不符合住房保障资格却拒不退出等行为,可以向产权型保障性住房监管部门进行举报,并获得一定的奖励。此外,还应当建立第三方监督机制,通过舆论媒体、社会大众对产权型保障性住房的退出管理的合法性、合理性进行全程监督。

二、 优化产权型保障性住房的退出对象构想

如前所述,按照原保障对象退出意愿的不同,产权型保障性住房的退出也可划分为主动退出和被动退出两种类型。显然,这两类退出对象无论是从其行为性质还是对于退出管理的影响来看,都是截然不同的。同时,导致购房人需要退出产权型保障性住房的原因也很多,这些原因的性质同样存在极大差别,因而,需要在退出方式的安排和退出激励机制设计上区别对待。基于此,可以将产权型保障性住房的退出对象按照退出意愿和原因进行分类,严格实行分类退出,即对不同类型的退出对象制定差异化退出政

策,详见表6.1。

(一)主动退出对象及其条件

产权型保障性住房的购房人主动退出主要包括两种情形:第一种情形是购房人要求获取其已购经济适用住房的完全产权,这既可能是由于部分购房人在收入改善后通过获得其住房的完全产权来满足"居者有其屋""居者有其产"的更高住房需求,也可能是购房人为将来出售该住房做准备。第二种情形是购房人要求出售或转让其已购的产权型保障性住房产权,这既可能是由于购房人在收入改善后通过出售其产权型保障性住房、重新购买商品住房来满足其更高的居住需求,也可能是购房人(家庭)由于疾病、迁到外地工作等各种原因被迫主动出售或转让其已购的产权型保障性住房产权从而实现货币的回流。无论购房人出于何种原因主动选择退出产权型保障性住房,都属于购房人的自愿行为,退出管理难度相对较小,管理成本也低,是最理想的一类退出情况。但在主动退出过程中,政府仍然需要注意建立好套利约束机制,防止通过买卖产权型保障性住房的行为进行套利和住房保障资源的流失。

对第一种情形的主动退出对象而言,可以不受到任何期限和条件的约束,只要购房人主动提出购买完全产权或继续购买住房产权的申请,即满足退出条件,可以按照相关规定办理产权型保障性住房的相关退出手续。

对第二种情形的主动退出对象而言,为了抑制其通过买卖产权型保障性住房进行短期套利的行为,退出必须满足最低的保有期限条件。若购房人购买产权型保障性住房超过了政府规定的最低保有期限,则只要其主动提出出售或转让所持有产权的申请,即满足退出条件,就可以办理相关退出手续。若购房人购买住房未超过政府规定的最低保有期限,则只有在住房保障主管部门认定的存在必须出售或转让所持有产权型保障性住房产权的情形下,才能办理产权型保障性住房的相关退出手续。对购买产权型保障性住房未超过政府规定的最低保有期限而要求出售或转让其已购的产权型保障性住房产权的主动退出对象,对其出售或转让对象、出售或转让价格应当进行严格限制,防止住房保障资源的流失。

(二)被动退出对象及其条件

被动退出对象又可以依据其必须退出的原因划分为以下几种类型:

1. 欺诈骗取产权型保障性住房的购房人

这主要是指购房家庭或个人通过弄虚作假,隐瞒家庭收入(资产)、人口、户籍和住房等状况骗取购买产权型保障性住房资格,或通过贿赂等不正当手段获取购买产权型保障性住房资格。从主观上讲,购房人明知自己的行为会导致管理部门对产权型保障性住房的错误配置,仍希望这种结果发生,存在着主观故意;从行为后果上讲,购房人可以以低于市场水平的价格购买产权型保障性住房,侵犯了公共住房保障资源,属于非法所得,同时,还严重破坏了住房保障资源的公平分配秩序。因此,此类行为在性质上属于诈骗既遂。在所有退出对象中,此类退出对象的性质最为恶劣。

2. 在取得所购产权型保障性住房的完全产权之前存在严重违反合约行为且拒不改正的购房人

此类被动退出对象可以简称为"存在严重违反合同约定行为且拒不改正的购房人"。此类退出对象虽然存在行为不当,但是仍然符合享受产权型保障性住房条件的,因此,除非其存在严重的违反合约行为,否则不能轻易将其归为退出对象。现行的《经济适用住房管理办法》并未对购房人存在哪些违反合约的行为需要退出经济适用住房做出明确界定。参考国内典型城市的做法,笔者认为,购房人在取得所购产权型保障性住房的完全产权之前,若存在下述违反合约约定行为且拒不改正的,就应当退出:①擅自出租、出借、调换所购产权型保障性住房的;②擅自转让、超过份额抵押、出质住房的;③擅自改变所购产权型保障性住房用途和使用功能的;④无正当理

由连续六个月以上未在住房内居住的;⑤逾期不退原租赁型保障性住房的;
等等。

3. 在取得所购产权型保障性住房的完全产权之前由于收入或住房困境状态消失而丧失保障资格的购房人

此类被动退出对象可简称为"因收入、住房困境状态消失而丧失资格的购房人"。产权型保障性住房的保障对象是中低收入的住房困难家庭,这也就意味着在购房人(家庭)取得产权型保障性住房的完全产权之前,一旦收入或住房困难困境状态消失就不再符合继续享受住房保障的条件,应当成为退出对象。

对于此类退出对象,最核心的问题就是要制定全面、合理的退出条件,从而准确判断其是否具备继续享受住房保障的资格。目前,许多城市在制定退出条件时,仅考虑了购房人由于住房困境状态消失而丧失保障资格的退出情形,而忽视了购房人由于收入困境状态消失而丧失保障资格的退出情形,或者说,默认了大批收入困境状态已经消失、完全具备通过市场解决其住房问题的能力的家庭继续居住在经济适用住房之中,这部分住房保障资源始终得不到回流。这显然既违背了住房保障的宗旨,也损害了公平原则。因此,应该对现有的被动退出对象的退出条件进行改革,从比较单一住房水平条件扩大到住房水平、收入水平、资产水平、购房期限等多方面的条件。

(1)退出的住房条件。政府提供住房保障旨在解决特定居民的住房困难问题,因此,是否存在住房困难应该是判断购房家庭是否具备继续享受产权型住房保障资格的首要条件。无论购买产权型保障性住房的家庭的收入、资产、购房年限、人口结构怎样,只要其不存在住房困难了,就不再是住房保障对象,应当退出产权型住房保障。本文认为,若存在以下几种情况,则可认定购房人(家庭)的住房困难已经消失:第一,由于购房家庭人口减少(家庭成员死亡或分户)而导致已有人均住房面积增加,且超过当地申请产权型保障性住房的面积标准①;第二,购房人或者同住人在未取得所购产权型保障性住房的完全产权之前需要购买、受赠或继承当地其他住房(包括商品住房、保障性住房、军产房、集资房等),且超出了当地申请产权型保障性住房面积标准;第三,购房人和同住人均死亡,或购房人死亡且该家庭无共同申请人;第四,购房人具有法定抚养关系的抚养人在当地有两套以上自有住房,且人均住房建筑面积超过当地人均住房建筑面积的平均水平的;第五,购房人全部家庭成员户籍均迁出保障性住房所在城市。

(2)退出的收入条件。政府提供住房保障旨在解决住房支付能力不足的居民的住房困难问题,因此,是否存在住房支付能力不足也应该是判断购房人(家庭)是否具备享受产权型住房保障资格的重要条件。从主要市场经济国家及地区的经验来看,基本都是按照承租家庭的人均可支配收入作为判断其是否存在住房支付能力不足的首要指标。各地区可以根据当地的经济发展状况和居民平均收入水平自行制定,并定期调整,但是,与租赁型保障性住房退出的收入条件一样,需要注意以下两点:第一,退出的收入标准应当略高于进入的收入标准,可以考虑将退出的收入标准适当放宽到准入标准的1.2—1.3倍;第二,收入标准应该对特殊人群(包括老年人、单亲家庭、孤儿、残疾人、从特殊行业退役、重大疾病患者等)适当放宽。笔者建议,若购房家庭的人均可支配收入高于当地的规定标准,但该家庭存在需要特殊照顾的成员,则可以对其放松人均可支配收入标准,例如,在当地的人均可支配收入标准的基础上乘以一个大于1的调整系数,只有当购房家庭的人均可支配收入高于调整之后的标准,才可认定该家庭的收入困难已经消失,从而将其视为退出对象。

(3)退出的资产条件。购房人(家庭)的资产情况也是判断其是否存在住房支付能力不足的重要指标。但是,由于我国尚未建立家庭财产申报制度和

---

① 该面积标准由各地区根据当地居民住房的平均水平自行制定,并定期调整。

个人信用制度,政府难以全方位掌握居民的完整信息(包括住房、车辆、有价证券等),加之有些类型的资产评估也比较困难,几乎所有城市在制定产权型保障性住房保障的退出条件时并未规定资产标准。笔者认为,在制定退出条件时,应当将购房家庭的资产也考虑在内,即当购房家庭的净资产超过规定标准①,可认定购房家庭的住房支付能力不足问题已经解决,从而将其视为退出对象。与租赁型保障性住房相似,购房家庭的资产也应该包括购买产权型保障性住房家庭拥有的自有住房、固定资产、车辆、货币资金、金融资产、业务经营资产等,具体参见表 5.12。其中,购房家庭的自有住房可以按当时当地的产权型保障性住房价格标准计入家庭资产额度;购房家庭的商业物业和停车位可以按市场评估价值计入家庭资产额度;购房家庭购买的非经营性机动车辆(残疾人专用车除外)和可转让的汽车牌照折价计入家庭资产额度;购房家庭拥有的各类生产、经营性房产、机器、设备等固定资产按市场评估价值计入家庭资产额度;购房家庭成员的货币资金、金融资产和业务经营资产亦计入家庭财产额度。

(4)退出的时间期限条件。现行的《经济适用住房管理办法》并未对经济适用住房的购房人规定强制退出的期限条件。如前文所述,购房人收入或住房困境的改善与享受住房保障的时间并不具有必然的一致性,因此,不宜以是否达到退出期限作为判断其是否继续享有住房保障资格的条件。但是,从减少购房人对住房福利的依赖、加快住房保障资源的回流角度出发,规定产权型保障性住房的退出期限是具有积极意义的。笔者认为,政府应当对产权型保障性住房的购房人规定一个强制退出期限。当购房人达到退出期限时,必须重新接受产权型保障性住房的资格认定审核。若经过审核确实符合享受产权型保障性住房的准入条件,可以继续享受产权型保障性住房保障;若不再符合享受产权型保障性住房的准入条件,则必须退出产权型保障性住房。

---

①　净资产=资产-负债。净资产标准由各地区根据当地经济发展和居民收入水平自行制定,并定期调整。

三、 优化中国产权型保障性住房的退出方式设计

（一）主要的可供选择的退出方式

按照前述以"共有产权"模式优化产权型保障性住房退出机制的基本思路,可供产权型保障性住房的退出对象选择的退出方式主要有五种类型。

1. 由保障对象购买政府所持有的产权份额

该退出方式不仅适用于主动退出对象,也可以用于被动退出对象。对于主动退出对象而言,保障对象可以不受保有期限的限制,随时通过购买政府所持有的产权份额来获取产权型保障性住房的完全产权。对于被动退出对象而言,一部分不再符合享受产权型保障性住房资格的购房人不愿离开居住多年的住房。在这种情况下,可以考虑让其购买政府所持有的产权份额来获取产权型保障性住房的完全产权。购买价格应当依据被动退出的原因而有所差异。

以这种方式实现产权型保障性住房的退出将改变产权型保障性住房的性质,使其由保障性住房转变为普通商品住房,但同时政府也收回了在产权型保障性住房上的投资,实现了住房保障资源的回流。

2. 由政府回购保障对象所持有的产权份额

该退出方式不仅适用于主动退出对象,也适用于被动退出对象。对于主动退出对象而言,由于在收入改善后需要重新购买商品住房或由于疾病、迁到外地工作等各种原因,主动放弃其所持产权型保障性住房的份额,自愿要求政府回购。对于此类退出对象,可供选择的退出方式受到购房人保有住房时间的限制。对于被动退出对象而言,当保障对象不再符合享受产权型保障性住房资格时,应当强制其出售所持的产权份额,从而实现强制退出。

政府回购保障对象所持有的产权份额将不会改变保障性住房的性质,政府回购住房之后可以继续以出租或出售的方式帮助中低收入住房困难家庭解

决其住房问题。

3. 保障对象将其所持产权份额转让给其他符合条件的家庭

该退出方式仅适用于主动退出对象,不适用于被动退出对象。如前所述,为了防止利用产权型保障性住房进行短期投机套利,在持有产权型保障性住房的最低保有期限以内,保障对象所持产权份额只能由政府回购,禁止转让给第三人。而超过了最低保有期限,若保障对象欲将其所持产权份额转让,政府享有优先回购权。只有当政府放弃行使优先回购权的情况下,保障对象才可以将其所持产权份额转让给其他符合产权型保障性住房购买资格的第三人。此时,原保障性住房的产权人发生了变化,但保障性住房的性质并未改变,买受保障性住房产权份额的家庭将继承原保障对象的权利和义务,且原产权型保障性住房中政府所持的产权份额将保持不变。

4. 保障对象和政府共同将完全产权出售给第三人

该退出方式也仅适用于主动退出对象,不适用于被动退出对象。与第三类退出方式一样,在持有产权型保障性住房的最低保有期限以内,保障对象和政府所持产权份额都禁止转让给第三人。在当地保障性住房整体处于供过于求的状态下,若持有产权型保障性住房超过了最低保有期限且政府放弃行使优先购买权的情况下,经政府同意,可以由保障对象和政府一起将保障性住房的完全产权出售给第三人。此时,第三人可以不受任何限制,因此,原住房不仅产权人发生了变化,而且其性质也发生了改变,由保障性住房变为普通商品住宅,转让原产权型保障性住房所得的价款也应该依据保障对象和政府的产权比例进行分配,从而确保政府住房保障资源不会白白流失。

需要说明的是,该退出方式不宜在保障性住房处于供不应求的地区采用,主要是因为:第一,该退出方式会导致产权型保障性住房数量的减少,从而加剧当地保障性住房的供求失衡;第二,虽然该退出方式不会导致政府住房保障资源的流失,甚至在房价快速上涨的情况下,政府还能获得不菲的资产增值收益,但是,这显然并不符合政府提供住房保障的初衷,而且从政府将收回的保障资源投入到下一轮保障性住房的建设到保障性住房的最终建成并投入使用还需要一段较长的时间,也不利于改善当地当前的保障性住房短缺问题;第三,该退出方式存在诱发居民通过买卖产权型保障性住房进行套利的可能性,因此,也应该对其适用条件进行严格限制。

5. 政府就其产权份额收取租金

该退出方式仅适用于因收入困境状态消失而丧失资格的被动退出对象。一方面,一部分因收入困境状态消失而丧失资格的购房家庭并不愿离开居住多年的住房;另一方面,此类退出对象的住房困难问题并未得到有效解决。因此,此时政府可以考虑就其产权份额对该类退出对象收取租金。租金额在市场租金的基础上依据政府所占产权份额进行确定。此时,虽然原住房的产权人和住房性质都未发生改变,但确保了政府投资于住房保障的资源能够获得基本收益,也充分地考虑了被动退出对象的实际情况,丰富了其退出方式的选择空间。

当然,政府就其产权份额收取租金只是政府给予因收入困境状态消失而丧失资格的退出对象的一种过渡性退出方式,需要对这种退出方式的适用对象进行严格控制,严禁不存在住房困难问题的退出对象采取这种方式实现退出,这主要是因为:一方面,若允许那些已经不存在住房困难问题的退出对象在交纳政府产权份额租金的情况下继续享受产权型保障性住房,可能会出现这部分退出对象将多余住房出租给他人赚取租金差价的牟利行为;另一方面,对政府而言,通过这种退出方式收回投资时间也是最长的,并不利于住房保障资金的循环利用,也不利于住房保障资金的保值增值。

在退出过程中,各退出主体的利益诉求是不同的,地方政府需要尽快收回对保障性住房的投资,加快住房保障资源的周转速度,而退出对象则想尽量减少住房支出、以较低价格获得住房或获得更多的住房增值收益。不同的退出方式对不同主体的利益诉求满足情况是不一样的。如果退出方式过于单一,各退出主体都想按照有利于自身利益的方式行事,那么,可能会导致退出过程中产生一系列冲突和纠纷。因此,在实践中,应当为退出对象提供多元化的退出方式供其选择,这不仅有利于保护政府和退出对象双方的基本权益,也能够促进退出工作的顺利进行。

(二)针对不同退出对象的退出方式分类设计

如前所述,不同类型的退出对象在退出原因、行为性质、退出管理难度等方面都存在较大差异,因而需要在退出方式的安排上区别对待。基于前述分析,本书针对不同类型的退出对象再次对退出方式进行分类归纳整理,参见表6.1。

1. 针对主动退出对象的退出方式设计

(1)购房人要求获取其已购住房的完全产权

对于此类退出对象,退出方式就是由保障对象购买政府持有的产权份额,对保障对象保有住房的时间等无任何限制。购买价格可以依据保有时间而有所差异。

(2)购房人要求出售或转让其所持产权份额

"共有产权"模式虽然可以压缩通过买卖产权型保障性住房的套利空间,但是,购房者在转让保障性住房时仍然能够获得其相应份额的利润,尤其是在房价上涨加快的时候,这种行为的牟利空间仍然较为可观。此时,政府的住房保障资源成了保障对象的资产收入,从而导致国家保障资源的流失。因此,对于要求出售或转让其所持产权份额的主动退出对象,在注重保护其分享财富增值的合法权利的同时,更要注重建立合理的限制套利机制,防止住房保障资源的流失。

若购房人持有住房在政府规定的最低保有期限以内,退出方式只能是由政府回购保障对象持有的产权份额。且只有在政府认定的存在必须出售或转让所持产权份额的情形下,才能实施此种退出方式。住房保障主管部门认定的存在必须出售或转让所持有产权型保障性住房产权的情形主要包括:购房人或家庭成员由于患重大疾病等而陷入生活困难的;购房人(家庭)由于迁往外地工作或定居等而造成产权型保障性住房闲置的;因离婚析产、无法偿还购房贷款等确需将已购产权型保障性住房产权变现的;等等。回购价格可按照保障对象的购房原价并考虑利息成本的方式确定。

若购房人持有住房超过了政府规定的最低保有期限,可供保障对象选择的退出方式有以下三种:一是由政府回购保障对象持有的产权份额;二是保障对象将其所持产权份额转让给其他符合条件的家庭,只有在政府放弃行使优先回购权的情况下,才能实施此种退出方式;三是保障对象和政府共同将完全产权出售给第三人,只有在保障性住房整体处于供过于求的地区,当地方政府放弃行使优先购买权且同意转让其产权份额的情况下,才能实施此种退出方式。此时,转让价格即为市场价格,转让的所得价款应该依据保障对象和政府的产权比例进行分配。

2. 针对被动退出对象的退出方式设计

(1)购房人欺诈骗取产权型保障性住房

由于"骗购"行为属于诈骗既遂,购房人没有分享房产增值的权利,在退出方式设计上重点应在于防止住房保障资源的流失。对于此类退出对象,退出方式主要是由政府回购保障对象持有的产权份额。政府的回购价格按照保障对象的购房原价(扣除折旧)即可。出于人性化考虑,对于在本地无其他自有住房的"骗购"人(家庭),也可以通过购买政府持有的产权份额的方式实现退出,但此时该产权型保障性住房的出售价格应当是住房的市场价格。

(2)购房人存在严重违反合同约定行为且拒不改正

对于此类退出对象,退出方式既可以是政府回购保障对象持有的产权份额,也可以是由保障对象购买政府持有的产权份额。此类退出是由于保障对象的行为不当所引起的,因此,在退出方式设计上也不需过分考虑房屋的增值收益,但仍然应当保护保障对象的基本利益。基于此,若购房人选择前一种退出方式,则政府的回购价格适宜按照保障对象的购房原价(扣除折旧)并考虑利息成本的方式确定;若购房人选择后一种退出方式,则该产权型保障性住房的出售价格也应当是住房的市场价格。

（3）购房人因收入、住房困境状态消失丧失资格

由于此类购房人并非是由于其行为不当而需要退出的，从公平角度出发，在退出方式设计上，既要防止住房保障资源的流失，也应当注重保护其分享财富增值的合法权利。对于因住房困境状态消失丧失资格的购房人而言，保障对象既可以以政府回购保障对象持有的产权份额的方式实现退出，也可以选择由保障对象购买政府持有的产权份额的方式实现退出。对于因收入困境状态消失丧失资格的购房人而言，除上述两种退出方式之外，还可以选择第三种退出方式——政府就其产权份额收取租金。若购房人选择第一种退出方式，那么，购房人有权获得住房的增值收益；若购房人选择第二种退出方式，则该产权型保障性住房的出售价格可在市场价格上给予一定程度的优惠；若购房人选择第三种退出方式，则购房人交纳的租金应该在市场租金的基础上依据政府所占产权份额确定。

四、 优化产权型保障性住房的激励机制设计

产权型保障性住房的退出不仅可能涉及住房产权人的变更，还可能涉及住房产权性质的变更，因此，在其退出激励机制设计时，不仅要通过经济、行政、法律等多种手段促进退出制度的顺利实施，同时，还要注意激励适度，防止出现激励过度而带来住房保障资源流失过大的问题。这就需要建立健全的套利限制机制，防止保障对象利用产权型保障性住房进行套利，避免住房保障资源的过度流失。总之，应兼顾政府和退出对象双方的利益，在激励与限制之间达到有效平衡。

依据性质不同，退出激励措施大体可以划分为：第一，经济手段。不仅可以通过规定回购价格①或出售价格来实现对退出对象的正向或负向激励，还

---

① 保障性住房的回购价格由购房人的原始购房金额和房地产增值收益两个部分组成。其中，购房人的原始购房金额在回购时应该属于购房人，而房地产增值收益则是由政府和购房人共享的。政府可以依据购房人的退出情况对这部分收益区别对待：若购房人按时退出，则政府可以将房地产的部分增值收益作为奖励归于购房人；若购房人不按时退出或拒不退出，则政府可以通过减少甚至取消给付房地产的增值收益作为惩罚。

表 6.1 针对不同退出对象的退出方式和激励机制分类设计

退出对象类型	退出原因	退出方式		激励机制	
		具体方式	适用情况	负向（惩罚）	正向
主动退出对象	购房人要求获取其已购住房的完全产权	保障对象购买政府持有的产权份额	无限制	—	①梯度价格制度（越早退出则价格越优惠）；②减免部分税费；③提供低利率的购房贷款；④适当放宽购房贷款条件；⑤给予一定的还款过渡期；等等
	最低保有期限以内	政府回购保障对象持有的产权份额	仅适用于政府认定的存在必须转让产权份额的情况	回购价格＝购房原价＋利息成本（不考虑资产增值因素）	—
	超过最低保有期限 购房人要求出售或转让其所持产权份额	政府回购保障对象持有的产权份额	无限制	市场评估价格＞回购价格＞（购房原价＋利息成本）	
		保障对象将其所持产权额转让给其他符合条件的家庭	仅适用于政府放弃优先回购权的情况	—	
		保障对象和政府共同将完全产权出售给第三人	仅适用于未求处于保障性住房整体处于供过于求的地区，且政府放弃回购权优先转让其产权份额的情况	—	

退出对象类型	退出原因	退出方式		激励机制	
		具体方式	适用情况	负向(惩罚)	正向
	购房人欺诈骗取产权型保障性住房	政府回购保障对象持有的产权份额	无限制	①回购价格=购房原价-折旧(每年扣减1%);②补交市场租金;③罚款;⑤取消5年内申请住房保障的资格;⑥法院强制执行强制退出;⑦刑事处罚;⑧通报;等等	
		保障对象购买政府持有的产权份额	仅适用于骗购人(家庭)在本地无其他自有住房的情况	①出售价格=政府所持份额的市场价格+购房人所持份额的增值收益;③罚款;④记入个人征信记录;⑤终身不受理其购买保障性住房;⑥法院强制执行强制退出;⑦刑事处罚;⑧通报;等等	—
被动退出对象	购房人存在严重违反合同约定行为且拒不改正	政府回购保障对象持有的产权份额	无限制	①回购价格=购房原价-折旧(按原价每年扣减1%)+利息成本(不考虑资产增值因素)	—
				②责令限期改正,恢复原状或赔偿损失;③没收所得;④罚款;⑤记入个人征信记录;⑥法院强制执行强制退出;等等	
		保障对象购买政府持有的产权份额	无限制	①出售价格=政府所持份额的市场价格+购房人所持份额的增值收益	
	购房人因收入、住房困境状态消失而丧失资格	政府回购保障对象持有的产权份额	无限制	①拒不退出行为记入个人征信记录;②法院强制执行强制退出;③通报;等等	①回购价格=购房原价+利息成本+等等;②优先保障收益;金融政策支持;等等
		保障对象购买政府持有产权份额	无限制		①价格优惠;②购买的税收优惠政策支持;等等
		政府就其产权份额收取租金	仅适用于因收入困境状态消失而丧失资格的购房人		梯度租金返还制度(越早实现最终退出则租金返还越多)

可以通过返还部分租金、提供包括低息贷款、税费减免在内的一系列购房优惠政策等实现对退出对象的正向激励。第二,行政手段。正向的行政手段主要包括:提供优先保障权等;负向的行政手段主要包括:责令改正、没收违法所得、罚款、向退出对象所在单位通报要求处理、记入个人征信记录、取消若干年内申请住房保障的资格等。第三,法律手段,主要包括法院强制执行、刑事处罚等。第四,媒体手段,主要包括利用新闻媒体向社会公示和通报等。

如前所述,不同类型的退出对象在退出原因、行为性质、退出管理难度等方面都存在较大差异,因而需要在退出激励机制的安排上也有所区别,具体参见表6.1。

(一)针对主动退出对象的激励机制设计

1. 购房人要求获取其已购住房的完全产权

由于此类退出的管理难度小、成本低且非常有利于加快住房保障资金的周转,政府应该通过设计合理的正向激励机制来引导保障对象通过此种方式实现退出。

(1)梯度价格制度

目前,淮安、南京、连云港等城市推出的共有产权住房制度规定,居民在购买共有产权住房之后的前五年内都可以按照原价购买政府所持有的剩余产权,而在购买共有产权住房满五年之后则需要按照市场评估价格购买政府所持有的剩余产权。当房价上涨的时候,在购房五年内允许购房人仍然以原价购买住房的剩余产权相当于政府对其给予了一定的价格优惠,优惠金额为购买住房剩余产权时住房的市场评估价格与原价之间的差额;而购房五年之后购房人不再享受该优惠。此时,购房人会有动力去通过自身的努力尽早购买政府所持有的剩余产权,从而也有利于政府尽快收回投资于共有产权住房的公共资源。

为了鼓励保障对象尽早购买产权型保障性住房的完全产权,政府可以借鉴上述地区共有产权住房的经验,在出售其所持住房份额时实行"梯度价格制度",即政府将出售其产权份额的价格与保障对象的购买时间相挂钩。当购房人在购买产权型保障性住房之后的前五年内都可以按照原价购买政府所持有的产权份额;当购房人在购买产权型保障性住房五年以后八年以内都可以按照原价加上自第六年起的银行同期贷款利息来购买政府所持有的产权份额;而在购买产权型保障性住房满八年之后则需要按照市场评估价格购买政府所持有的产权份额。在此期间,若房价上涨,保障对象在购房八年内购买住房的剩余产权也就相当于政府对其给予了一定的价格优惠,优惠金额为购买住房剩余产权时住房的市场评估价格与原价之间的差额或市场评估价格与原价加上利息成本之间的差额;而购房八年之后保障对象不再享受该优惠。该制度将会激励保障对象积极通过自身努力尽早购买产权型保障性住房的完全产权,从而实现加快政府住房保障资源回流的目的。

当然,由于房价走势的不确定性,此种退出激励方式的效果也具有不确定性。当房价处于上升趋势时,保障对象会有较强的动力尽快购买政府所持住房份额,此做法能够有效激励保障对象的退出;而当房价处于下跌趋势时,此做法还会加重保障对象的购房成本,保障对象则会推迟购买政府所持住房份额,或者改变退出方式,转而尽快销售其拥有的产权,该激励方式失效。但是,就长期而言,由于土地的稀缺性等因素,住房具有良好的保值增值属性,因此,在长期中,梯度价格制度应该可以发挥良好的激励退出功能。

(2)购买的税收、金融政策支持

为了鼓励保障对象尽早退出,政府还可以在保障对象购买政府所持住房份额时给予税收、金融方面的政策支持,主要包括:①减免部分税费;②提供低于市场利率1—2个百分点的购房贷款,尤其是对于无法获得或者无法足额获得住房公积金贷款的主动退出对象,应当给予一定的贷款贴息,贴息额度等于商业贷款利息与住房公积金贷款利息之间的差额;③适当放宽商业银行对于购房贷款的条件;④给予一定的还款过渡期,例如,主动退出家庭在购买住房后的一段时间内，可以选择仅支付贷款利息、暂不偿还本金的方式；等等。这些优惠政策可以使主动退出的保障对象获得真正的实惠，从而引导其尽早退出。

2. 购房人要求出售或转让其所持产权份额

如前所述，保障对象主动要求出售或转让其所持产权份额实质上是自愿放弃了产权型住房保障的行为，而且容易导致买卖产权型保障性住房的套利行为，因此，对此类退出方式不宜采取正向激励措施，而应当注重建立套利限制机制，防止国有资产的流失。

若保障对象在最低保有期限以内出售或转让其所持产权份额，政府可以采取以下三类限制性措施：第一，对能够出售或转让的情形加以限制。只有在政府认定的存在必须出售或转让所持产权份额的情形下，才能实施此种退出方式。第二，对转让的对象加以限制。保障对象只能将其产权份额转让给政府，即由政府回购。第三，对转让价格加以限制。一方面，为了防范短期套利行为，政府回购价格不宜考虑资产增值因素；另一方面，出于对买卖双方公平的考虑，政府回购还是应当考虑保障对象支付房价的资金成本，基于此，政府回购保障对象所持产权的价格应该在保障对象所支付的购房款原价基础上加上与购房款相对应的银行同期存款利息。

若保障对象在持有住房超过了最低保有期限之后要求出售或转让其所持产权份额，政府可以采取以下两类限制性措施：第一，对转让对象加以限制。一是政府具有优先回购权，只有当政府放弃行使优先回购权的情况下，才能转让给第三人；二是买受人必须也具有产权型保障性住房的购买资格。第二，对转让价格加以限制。一方面，保障对象已经持有住房较长时间，转让其所持产权份额不属于短期套利行为，有分享房屋增值收益的正当权益，因此，政府的回购价格不仅应当考虑保障对象支付房价的资金成本，也应适当考虑资产增值因素；另一方面，政府的回购价格也不宜直接采用住房的市场评估价格，因为市场评估价格与原购房价格之间的差距较大，保障对象即便是只能获得与其所持产权份额对应的增值收益，还是存在较大的利润空间，因此，从抑制投机行为的角度出发，政府的回购价格应低于住房的市场评估价格。基于上述两个方面的考虑，此时政府回购保障对象所持产权的价格应该高于保障对象所支付的购房款原价和与购房款相对应的银行同期存款利息，且低于保障对象所持产权份额的市场评估价格。各地政府可以根据自身的情况在这一价格区间内寻找合适的平衡点，兼顾地方政府和保障对象的利益。

（二）针对被动退出对象的激励机制设计

1. 购房人欺诈骗取产权型保障性住房

鉴于此类退出对象的行为性质最为恶劣，对此类退出对象的负向激励（惩罚）措施应当最为严格，主要包括：

第一，政府以原价回购"骗购"人所持有的产权份额并扣除房屋的折旧费用。对于那些通过政府回购其所持产权份额方式实现退出的"骗购"人，政府的回购价格仅为"骗购"人支付的购房原价，并且要扣除房屋的折旧费用，折旧费用可以按原购房价格每年扣减1%。这主要是因为此类退出对象的行为属于诈骗既遂，购房人没有分享房产增值的权利，也不需要考虑其支付房价的资金成本，仅以原价回购且扣除折旧费用也可视为是对"骗购"人的一种经济惩罚。

第二，政府以市场价格出售其所持份额并责令"骗购"人上交其自身所持份额的增值收益。对于在本地无其他自有住房的"骗购"人（家庭），也可以通过购买政府持有的产权份额的方式实现退出，此时，"骗购"人不仅需要以届时住房的市场价格①购买政府所持有的产权份额，还要上交其自身所持产权份额的市场价格与原购买价格差价，这意味着政府实际上应该按照届时的市场价格向"骗购"人出售该住房的完全产权。这主要是由于购房人的"骗购"

---

① 可参照同地段普通商品房的交易价格。

行为导致其没有权利享受房产增值的权利。通过责令"骗购"人上交其自身所持份额的增值收益亦可视为是对"骗购"人的一种经济惩罚。

第三,购房人补交入住产权型保障性住房期间的市场租金。实际上,补交市场租金本质上并不属于惩罚措施,只不过是政府恢复其权利而已。

第四,罚款。现行《经济适用住房管理办法》并未对此类退出对象的罚款做出明确规定,各地区政府可以结合当地的经济发展水平、房价及居民收入水平的因素,按照情节轻重,对该类退出对象处以一定数额的罚款,以加重"骗购"行为的违法成本,从而防止该类行为的发生。

第五,记入个人征信记录。若购房人欺诈骗取产权型保障性住房,可以将诈骗行为记入个人征信记录。

第六,取消若干年内申请住房保障的资格。现行《经济适用住房管理办法》并未对此类退出对象做出类似规定,笔者建议,可以借鉴《公共租赁住房管理办法》,对于那些通过政府回购其所持产权份额方式实现退出的"骗购"人,自退回住房之日起5年内不再受理当事人及其配偶的住房保障申请;对于那些选择以购买政府持有的产权份额的"骗购"人,终身不再受理其购买保障性住房。

第七,法院强制执行强制退出。对于此类退出对象,可以给予不超过3个月的过渡期,过渡期满拒不退出的,住房保障主管部门应当责令其限期退回;对拒不履行退出决定的,住房保障主管部门可向有管辖权的人民法院起诉,拒不执行的,可以依法申请人民法院强制搬迁。

第八,刑事处罚。有关当事人涉嫌伪造、编造或者使用伪造、编造的国家机关、人民团体、企业、事业单位或者其他组织的公文、证件、证明文件的,以及涉嫌诈骗、伪造公文印章、贿赂等犯罪的,住房保障行政主管部门应当移送有关公安、司法机关依法处理。

第九,通报。对存在"骗购"行为的购房人,不仅要向其所在单位进行通报,还应当利用新闻媒体向社会通报和曝光。

2. 购房人存在严重违反合同约定行为且拒不改正

鉴于此类退出对象的行为性质虽然不及第一类被动退出对象恶劣,但影响仍然恶劣,因此,对此类退出对象也应该出台严格的负向激励(惩罚)措施,主要包括:

第一,政府的回购价格不考虑资产增值收益。一方面,此类退出是由于保障对象的行为不当所引起的,可以将剥夺其获得增值收益的权利视为对此类退出对象的一种经济惩罚。但需要注意的是,此类退出对象在住房、收入、资产等方面仍然是符合享受产权型保障性住房条件的,应当保护其基本利益,因此,此时的政府回购价格适宜按照保障对象的购房原价(扣除折旧)并考虑利息成本的方式确定,即政府的回购价格应该在购房人支付的购房原价的基础上,按原购房价格每年扣减1%折旧费用再加上与购房款相对应的银行同期存款利息。

第二,政府以市场价格出售其所持份额并责令"骗购"人上交其自身所持份额的增值收益。如前所述,此类退出对象不仅可以选择以政府回购保障对象持有的产权份额的方式实现退出,也可以选择以购买政府持有的产权份额的方式实现退出。若其选择后者,那么,与第一类被动退出对象一样,购房人不仅需要以届时住房的市场价格购买政府所持有的产权份额,还要上交其自身所持产权份额的市场价格与原购买价格差价,这意味着政府实际上应该按照届时的市场价格向购房人出售该住房的完全产权的。通过责令购房人上交其自身所持份额的增值收益亦可视为是对此类退出对象的一种经济惩罚。

第三,责令限期改正、恢复原状或赔偿损失。有下列行为之一的,由住房保障主管部门责令限期改正:①擅自出租、出借、调换所购产权型保障性住房的;②擅自转让、超过份额抵押、出质住房的;③擅自改变所购产权型保障性住房用途和使用功能的;④逾期不退原租赁型保障性住房的。有下列行为之一的,购房人需要恢复原状或赔偿损失:①擅自出租、出借、调换所购产权型保障性住房的;②擅自转让、超过份额抵押、出质住房的;③擅自改变所购产权型保障性住房用途和使用功能的。

第四,没收违法所得。可能带来不当得利的违反合约约定的行为有:①擅自出租、出借、调换所购产权型保障性住房的;②擅自转让、超过份额抵押、出质住房的;③擅自改变所购产权型保障性住房用途和使用功能的;④逾期不退原租赁型保障性住房的。对于因上述行为需要退出的购房人,住房保障行政主管部门应当没收其违法所得。实际上,上述两项措施都不属于惩罚措施,只不过是政府恢复其权利而已。

第五,罚款。现行《经济适用住房管理办法》并未对此类退出对象的罚款作出明确规定,笔者认为,可以借鉴租赁型保障性住房的经验,对于前述可能带来违法所得的行为,处以违法所得 3 倍以下但不超过 3 万元的罚款;对于无正当理由连续六个月以上未在住房内居住等不能带来违法所得的行为,处以不超过 1000 元的罚款。

第六,记入个人征信记录。若购房人存在严重违反合同约定行为且拒不改正,可以将其违约行为记入个人征信记录。

第七,法院强制执行强制退出。对于此类退出对象,可以给予不超过 6 个月的过渡期,过渡期满拒不退出的,住房保障主管部门应当责令其限期退回;对拒不履行退出决定的,住房保障主管部门可向有管辖权的人民法院起诉,拒不执行的,可以依法申请人民法院强制搬迁。

第八,通报。对逾期拒不退出此类购房人,应当向其所在单位进行通报;对擅自转租、转借、调换所购产权型保障性住房、擅自转让、抵押、出质住房、擅自改变所购产权型保障性住房用途和使用功能、逾期不退原租赁型保障性住房等严重的违规行为,还应当利用新闻媒体向社会通报和曝光。

3. 购房人因收入、住房困境状态消失丧失资格

如前所述,该类购房人只是由于其自身的收入或住房情况得到改善而不再符合享受住房保障条件,而并非由于其行为不当而需要退出的。基于此,对此类退出对象,一方面,要给予必要的正向激励,引导其依据政府规定按时退

出;另一方面,还要对不按时退出或拒不退出行为给予有力的惩罚,双管齐下,减少退出的滞阻。

（1）正向激励

对于以政府回购退出对象所持产权份额的方式实现退出的退出对象而言,政府可以实行以下激励措施:第一,政府在制定回购价格时必须保护退出对象享受住房增值收益的合法权利。在最低保有期限以内,政府回购保障对象所持产权的价格应该在保障对象所支付的购房款原价基础上加上与购房款相对应的银行同期存款利息。一旦持有期限超过了政府规定的最低保有期限,则政府的回购价格应当按照购房人所持产权份额的市场评估价格来计算。确保此类退出对象获得住房的增值收益的权利亦可视为对此类退出对象的一种经济激励。第二,给予此类退出对象优先保障权。若此类退出对象未来再次陷入收入、住房困境且符合享受住房保障的资格,只要其通过了资格审核,无须经过长时间的轮候,就可以优先获得配租或配售保障性住房,以此来解决此类退出对象的后顾之忧。

对于以购买政府所持产权份额的方式来实现退出的退出对象而言,可以采取以下措施,激励其按时退出:第一,给予一定程度的价格优惠。建议按照该产权型保障性住房的市场评估价格进行出售,由于一般而言住房的市场评估价格都要低于其市场价格,因此,允许购房人按照市场评估价格购买政府所持产权份额相对于给予了购房人一定的价格优惠,优惠金额为政府所持产权份额的市场价格与市场评估价格之差。第二,给予购买的税收、金融政策支持,购房人可以享受的税收、金融政策支持与前述主动退出对象可以享受的购买的税收、金融政策支持设计一致。

对于因收入困境状态消失丧失资格的被动退出对象而言,除了可以选择上述两种退出方式之外,还可以通过对政府所持产权份额交纳租金的方式来实现退出。如前所述,政府就其产权份额收取租金只是政府给予一部分被动退出对象的一种过渡性退出方式,为了激励这些退出对象早日通过前两类方式实现最终退出①,政府可以实行梯度租金返还制度,即政府可以对其返还一定比例的租金作为对其主动退出行为的奖励,退出对象所能够获得的返还租金比例与其采用此类过渡性退出方式的时间长短间负相关,即退出对象交纳租金的时间越短,可以获得的租金返还比例就高。例如,可以规定若退出对象一年后主动申请最终退出,可以返还租金的20%;若退出对象两年后主动申请最终退出,可以返还租金的15%;若退出对象三年后主动申请最终退出,可以返还租金的10%;若退出对象四年后主动申请最终退出,可以返还租金的5%;随着交纳租金时间的增加,退出对象可以获得的租金返还逐渐降低,直至没有。可见,退出对象越早实现最终退出,则获益越多。梯度租金返还制度有助于政府尽快收回投资,从而促进住房保障资金的循环利用和保值增值。

（2）负向激励

第一,记入个人征信记录。若因收入或住房困境状态消失而丧失保障资格的退出对象到期拒不退出,可以将其拒不退出行为记入个人征信记录。

第二,法院强制执行强制退出。对于此类退出对象,可以给予6个月到1年的过渡期,过渡期满拒不退出的,住房保障主管部门应当责令其限期退回;逾期仍不退回的,住房保障主管部门可向有管辖权的人民法院起诉,拒不执行的,可以依法申请人民法院强制搬迁。

第三,通报。若因收入或住房困境状态消失而丧失保障资格的退出对象到期拒不退出,可以向退出对象所在单位通报要求处理。情节严重的,还可以利用新闻媒体向社会通报和曝光。

总体而言,即使同为被动退出对象,退出的原因却各不相同,行为性质恶劣程度也存在较大差异,因此,政府对其的惩罚程度也应该有所差异。从恶性程度上说,由于资格不符导致的"应退不退"行为的恶劣程度最轻,对其惩罚程度也是最轻的,尽量通过正向激励措施引导其顺利退出;而欺诈骗取产权型

---

① 最终退出仅指退出对象购买政府所持有的产权份额或政府回购退出对象所持产权份额两类退出方式。

保障性住房的行为性质最为恶劣,对其惩罚程度也应当相应地最重。

五、　优化产权型保障性住房的退出程序设计

不同类型的退出对象可以选择的退出方式不同,退出激励机制也存在很大差异,因此,需要分别对其退出程序作出安排。

(一)主动退出的程序设计

主动退出对象可以选择获取其已购住房的完全产权和出售、转让其所持产权份额两种途径实现退出,下文将分别对这两种退出途径的具体程序进行说明。

1. 主动退出对象申请获取其已购住房的完全产权

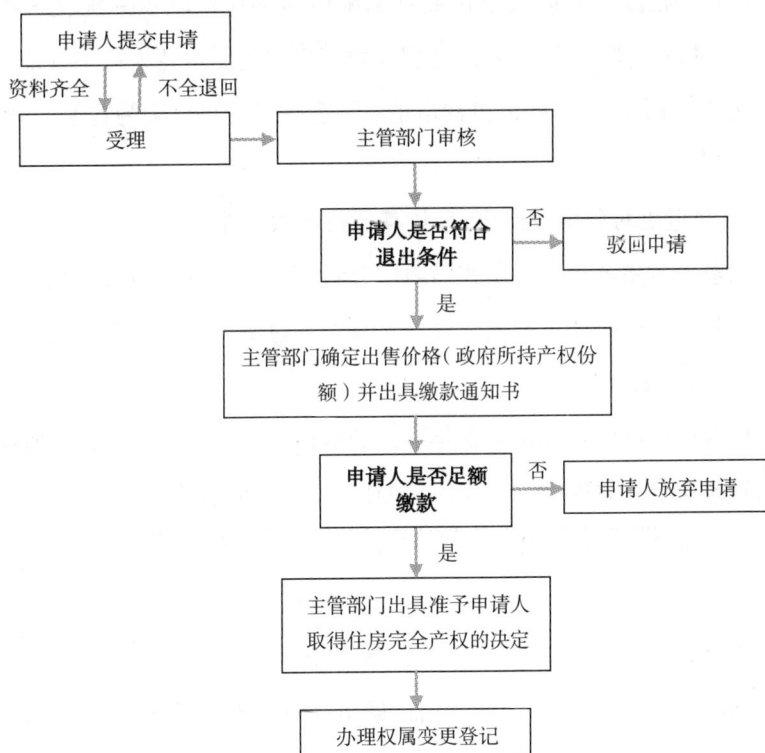

图 6.1　主动退出对象申请获得住房完全产权的流程图

如图 6.1 所示,主动退出对象若想通过获取其已购住房的完全产权的方式实现退出,应该按照以下程序办理:第一,提出申请。申请人向主管部门提出取得已购住房完全产权的申请,并提交书面材料。第二,受理审核。主管部门按规定进行审核,并将审核结果书面告知申请人。经审核不符合申请条件的,驳回其申请并书面说明理由。第三,确定申请人购买政府所持有的剩余产权的价格。经审核符合申请条件的,主管部门依据申请人及其所购住房的具体情况确定申请人购买政府所持有的剩余产权的应缴金额,并出具购买产权型保障性住房剩余产权缴款通知书,载明该套住房的应缴金额、收款银行账户和缴款期限等信息。第四,申请人缴款。申请人足额缴纳应缴款项之后,向主管部门提交缴纳凭证。主管部门在规定时间内出具准予取得产权型保障性住房完全产权的批复。申请人未在缴款期限内缴纳应缴款项并提交缴纳凭证的,视为自动放弃本申请。第五,办理权属变更登记。申请人持主管部门出具的批复文件,向房地产权登记机构申请将该套住房变更登记为普通商品住房,权利人不变。

2. 主动退出对象申请出售、转让其所持产权份额

主动退出对象若想通过出售、转让其所持产权份额的方式实现退出,退出程序受到其持有所购产权型保障性住房是否超过最低保有期限(5 年)的直接影响,详见图 6.2。

对持有产权型保障性住房 5 年以内的申请人而言,出售、转让其所持产权份额的对象只能是政府,因此,应该按照以下程序办理:第一,提出申请。申请人向规定的主管部门提出要求政府回购其所持产权份额的申请,并提交书面材料。第二,受理审核。主管部门按规定进行审核,在规定时间内将审核结果书面告知申请人。经审核若不属于政府认定的存在必须出售或转让产权份额的情况,驳回其申请并书面说明理由。经审核符合申请条件的,主管部门出具予以回购该套住房的书面决定。第三,办理政府回购手续。回购申请人持房地产所有权证、主管部门出具的予以回购住房的书面决定等要件到政府指定

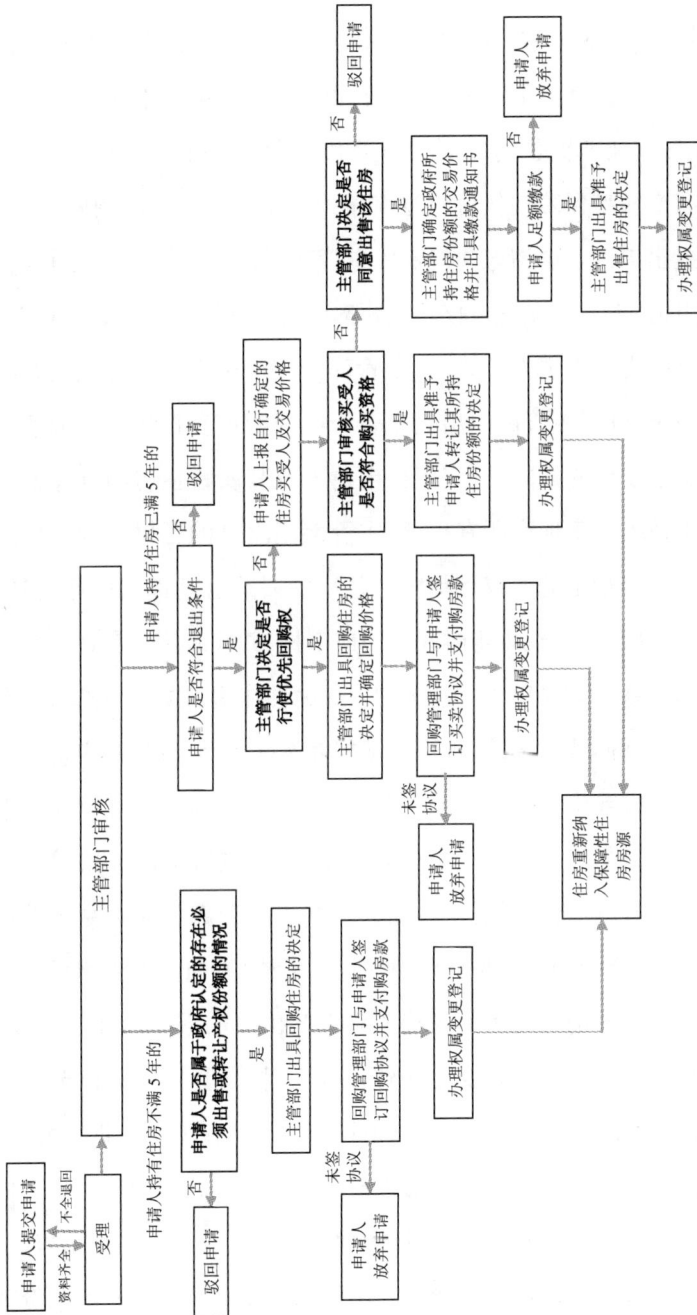

图 6.2 主动退出对象申请出售、转让其所持产权份额的流程图

的产权型保障性住房的回购管理部门办理交易手续。回购管理部门查验之后,在规定时间内完成审核,代政府与回购申请人签订买卖协议并支付购房款。申请人未在通知规定的时间内办理回购手续的,视为自动放弃本次申请。第四,办理住房权属变更登记,并将其重新纳入保障性住房房源。

对于持有产权型保障性住房超过 5 年的购房人而言,应该按照以下程序办理:第一,提出申请。申请人向规定的主管部门提出出售或转让其所持产权份额的书面申请。第二,受理审核。主管部门按规定进行审核,在规定时间内将审核结果书面告知申请人。第三,主管部门决定是否行使优先回购权。经审核符合申请条件的,主管部门出具是否予以回购该套住房的书面意见。若主管部门决定予以优先回购的,应依据申请人及其所购住房的具体情况确定回购价格。申请人持房地产所有权证、主管部门出具的予以回购住房的书面决定等要件到政府指定的产权型保障性住房的回购管理部门办理交易手续。回购管理部门查验之后,在规定时间内完成审核,并代政府与申请人签订买卖协议并支付购房款。该住房将重新被纳入保障性住房房源。申请人未在通知规定的时间内办理回购手续的,视为自动放弃本次申请。第四,申请人将所持产权转让给第三方或出售住房。若主管部门决定不予以优先回购的,申请人可以在自行确定该套住房买受人及交易价格后,向主管部门提出出售或转让申请,并如实申报已确定的买受人及交易价格。主管部门对买受人进行资格审核,若买受人符合购买产权型保障性住房的资格,则出具准予申请人转让其所持份额的决定。申请人和买受人持主管部门出具的准予转让的批复文件,向房地产权登记机构申请办理变更和转移登记,将该套住房登记至买受人名下,但住房性质不发生变更。若买受人不符合购买产权型保障性住房的资格,主管部门可以进一步决定是否同意出售该住房。若主管部门不同意出售该住房,则驳回申请人的出售申请并书面说明理由。若主管部门同意出售该住房,则依据交易价格和政府的产权比例计算出售该套住房应缴政府所持份额的交易价格,并出具缴款通知书,载明该套住房的应缴金额、收款银行账户和缴款期限等信息。申请人足额缴纳应缴款项之后,向主管部门提交缴纳凭证。主管部门在规定时间内出具准予出售该住房的决定。第五,办理权属变更登记。申请人和买受人持主管部门出具的准予出售的批复文件,向房地产权登记机构申请办理变更和转移登记,将该套住房登记至买受人名下,住房性质变更登记为普通商品住房。

(二)被动退出的程序设计

由于被动退出并非退出对象的自愿行为,政府应当强化退出程序设计。

1. 建立被动退出对象的发现识别机制

与租赁型保障性住房的被动退出一样,准确地发现识别被动退出对象也是产权型保障性住房被动退出程序的首要步骤。政府应当建立起包括个人申报、定期审核和动态审核、日常使用监管和建立保障对象信息管理系统在内的被动退出对象的发现识别机制。

首先,个人申报。保障对象在未取得产权型保障性住房的完全产权之前应该主动履行申报义务。只要其在住房、家庭收入、资产、人口等方面的状况发生变动,必须自发生变动之日起 30 日内如实向当地住房保障管理部门申报;保障对象在住房、家庭收入、资产、人口等方面的状况未发生变化的,也应当定期(一般为每年一次)向当地住房保障管理部门进行申报。

其次,定期审核和动态审核。当地住房保障管理部门根据对保障对象的住房、家庭收入、资产、人口等变化情况的定期审核和动态审核结果作出延续或取消其享受产权型保障性住房的决定。

再次,日常使用监管。当地住房保障管理部门一是要定期(一般为每年一次)对产权型保障性住房的使用情况进行监督检查;二是要建立举报平台,对群众举报各类"应退不退"行为(尤其是欺诈骗取产权型保障性住房和保障对象存在严重违反合约行为)给予奖励;三是加强物业服务公司、居民委员会对产权型保障性住房日常使用情况的监督,及时发现各类违法违规行为。

最后,建立保障性住房的信息管理系统。建立统一的产权型保障性住房信息和信用管理平台,对产权型保障性住房的保障对象的收入、人口、住房、资产、入住情况、不良行为、定期复核记录等建立数字档案。当地住房保障管理部门要根据定期复核结果对保障家庭的信息和信用管理档案进行及时调整和变更。

2. 完善被动退出对象的退出程序

(1)欺诈骗取产权型保障性住房和存在严重违反合同约定行为且拒不改正而需要退出的购房人

第一,立案调查。无论是欺诈骗取产权型保障性住房,还是存在严重违反合同约定行为,都属于违法违规行为。当地方住房保障管理部门通过定期审核、动态审核、举报或日常巡查,发现购房家庭有涉嫌违法违规行为,应予以审查,决定是否立案。地方住房保障管理部门对立案的案件,应该及时通过现场了解核实情况、搜集证据等进行调查取证。调查时应允许当事人辩解陈述。

第二,审查和听证。地方住房保障管理部门通过审理案件调查报告,对案件违法违规事实、证据、调查取证程序、法律适用、处罚类型和程度等方面进行审查,提出处理意见。地方住房保障管理部门在作出取消保障对象继续享受产权型住房保障资格和处罚的决定之前,应告知当事人,并视情况进行听证,购房家庭有权在听证环节进行质辩、反驳和证据主张,从而保护购房人的合法权益。

第三,主管部门作出取消资格和进行处罚的决定,并书面通知退出对象。既要说明取消其享受产权型住房保障资格的客观事实依据,也要说明取消其享受产权型住房保障资格和对其进行处罚的具有合法性的法律规范。

第四,退出对象若有异议,可以申请行政复议。地方住房保障管理部门根据申请人的异议申请再次核查其住房保障资格。每个申请家庭限异议复核一次。

第五,退出对象选择退出方式。若其选择以政府回购方式实现退出,则与前述主动退出对象的回购程序相似,按照以下程序办理:一是主管部门出具予以回购该套住房的书面决定,并依据退出对象的具体情况确定回购价格;二是退出对象持房地产所有权证、主管部门出具的予以回购住房的书面决定等要件到回购管理部门办理交易手续,回购管理部门查验住房之后代政府与回购申请人签订买卖协议并支付购房款;三是办理住房权属变更登记,并将其重新纳入保障性住房房源。若其选择通过购买政府持有的产权份额的方式实现退出,则与前述主动退出对象的购买程序相似,按照以下程序办理:一是提出取得已购住房完全产权的书面申请;二是主管部门受理之后按规定进行审核,经审核不符合申请条件的,驳回其申请并书面说明理由;三是经审核符合申请条件的,主管部门依据申请人及其所购住房的具体情况确定申请人购买政府所持有的剩余产权的应缴金额,并出具购买产权型保障性住房剩余产权缴款通知书,载明该套住房的应缴金额、收款银行账户和缴款期限等信息;四是退出对象足额缴款,并向主管部门提交缴纳凭证;五是主管部门在规定时间内出具准予取得产权型保障性住房完全产权的批复;六是退出对象持主管部门出具的批复文件到房地产权登记机构办理权属变更登记,将该套住房变更登记为普通商品住房,权利人不变。

第六,监督并执行退出和处罚决定。地方住房保障管理部门对取消保障资格家庭的退出情况和落实处罚的情况实施监督。原有住房和设施有损坏、遗失的,购房人需要恢复、修理和赔偿,并上缴违法所得和罚款等。涉嫌犯罪的,住房保障行政主管部门应当移送有关公安、司法机关依法处理。对拒不履行处理决定的,住房保障主管部门可向有管辖权的人民法院起诉,拒不执行的,可以依法申请人民法院强制执行。

(2)由于收入或住房困境状态消失而丧失保障资格的购房人

第一,作出取消保障资格的决定。地方住房保障管理部门在识别出丧失资格的购房人之后,作出取消保障资格的决定,并在规定日期内书面告知退出对象,并向其说明取消其继续享受产权型住房保障资格的理由,既要说明取消其享受产权型住房保障资格的客观事实依据,也要说明取消其享受产权型住房保障资格的具有合法性的法律规范。

第二,退出对象可申请行政复议。若保障对象对取消其享受产权型住房保障资格的决定存在异议,可以申请行政复议。地方住房保障管理部门根据申请人的异议申请再次核查其住房保障资格。每个申请家庭限异议复核一次。

第三,退出对象选择退出方式。若其选择以政府回购方式实现退出,则退出程序与上述第一类被动退出对象的政府回购程序一样。若其选择通过购买政府持有的产权份额的方式实现退出,则退出程序与上述第一类被动退出对象购买政府所持产权份额的程序一样。若其选择通过交纳市场租金的方式实现退出,则按照以下程序办理:一是提出对政府所持住房的产权份额交纳市场租金的书面申请;二是主管部门受理之后按规定进行审核,经审核不符合申请条件的,驳回其申请并书面说明理由;三是经审核符合申请条件的,主管部门依据申请人及其所购住房年限的具体情况确定其应交租金;四是退出对象按时足额交纳租金。

第四,监督与惩罚。地方住房保障管理部门对取消保障资格家庭的退出情况实施监督。逾期未退的,地方住房保障管理部门应当责令其限期退出,给予记入个人征信记录、通报等惩罚。退出对象仍然拒不退出的,住房保障主管部门可向有管辖权的人民法院起诉,拒不执行的,可以依法申请人民法院强制执行。

第七章　中国保障性住房退出长效机制的构想与支撑体系

第一节　中国保障性住房退出长效机制的构想

前文基于我国现行的住房保障制度分别对租赁型保障性住房和产权型保障性住房的退出机制进行了专门研究,但是,住房保障制度在未来必将不断改革和完善,而保障性住房的退出机制也应当随之而进行动态调整。从未来发展趋势看,过去的保障性住房体系将逐步向"可租可售、以租为主""可配可补、以补为主"转变。本章将基于上述对保障性住房体系发展趋势的预判提出对我国保障性住房退出长效机制的构想,以期为政府相关部门对未来保障性住房退出政策进行调整提供有益参考。

一、　未来中国保障性住房体系的发展趋势

(一)可租可售、以租为主

如本书第二章所述,自 1994 年城镇住房制度改革以来,我国先后出台了经济适用住房、廉租住房制度和公共租赁住房等一系列制度安排,逐步形成了产权型保障和租赁型保障并存、以产权型保障为主的住房保障供应体系。近

十年来,虽然政府逐步加大了租赁型保障性住房的供应,并从 2013 年开始廉租住房和公共租赁住房逐步实现了并轨运行,但是,租赁型保障性住房和产权型保障性住房的运行管理仍然是严格分离的,两种类型的保障性住房在准入标准、分配政策、退出管理等方面都是相互割裂的,而且,"重售轻租"现象也没有得到彻底改变,导致了住房保障制度运行和保障性住房管理中的诸多弊端。

第一,相互割裂的住房保障供应体系影响了住房保障资源分配的公平性。"由于不同类型的住房保障制度建立的背景、目的不同,因此在内容设计上并未从住房保障的整体需要进行考量,并没有统一的整体的设计方案,由此就造成不同的住房保障方式相互割裂,根本无法实现社会公平和利益平衡。在现有的住房保障体系中,不是经济条件越差,获得的保障待遇(福利)越多。获得经济适用住房保障的住房困难户所获得的经济利益要远远超过获得廉租住房保障的住房困难户,而后者的收入水平却比前者低。"①而且,享受租赁型保障性住房的家庭事实上失去了获得住房资产保值增值的机会,这对于他们而言都是不公平的。

第二,租售割裂的住房保障供应体系降低了住房保障资源的配置效率。一方面,由于目前租赁型保障性住房和产权型保障性住房的建设资金来源渠道各异,且在准入退出门槛、分配制度、保障标准等方面也不相同,即便在有些地区这两类保障性住房房源在满足了各自规定的保障对象需求后仍有剩余,也无法实现调剂使用,这就造成了住房保障资源的闲置和浪费。另一方面,由于住房保障对象的家庭收入会随着时间的推移发生变化,其对住房保障方式的需求也会随之产生变化。但是,目前在我国大多数城市,租赁型保障性住房只租不售,产权型保障性住房只售不租,两种类型的保障性住房缺乏对接机制,这就使得租赁型保障性住房的承租人由于收入改善而产生购买该住房的

---

① 曾国安、胡晶晶:《中国现行城镇住房保障体系的基本特征与问题》,《黑龙江社会科学》2011 年第 2 期,第 111—116 页。

意愿难以实现,而产权型保障性住房的购房人若收入下降后选择通过政府回购或出售的方式收回其购房资金后又陷入了不能再次进入住房保障体系的尴尬境地。① 这使得住房保障对象难以根据自身的情况动态优化其住房保障方式的选择,因而导致了住房保障资源错配问题突出。

第三,租售割裂的住房保障供应体系增加了保障性住房运营管理的难度和成本。虽然租赁型保障性住房和产权型保障性同为保障性住房,但两者独立运行,意味着政府需要建立两套机构和两套制度,分别对其建设、准入、分配、使用、退出等进行管理和监督,不仅提高了保障性住房的监管难度,更增加了运营管理的成本。

第四,租售割裂、重售轻租的住房保障供应体系也不利于住房保障制度的可持续发展。一方面,由于租赁型保障性住房只租不售,政府投入的保障性住房建设资金回收缓慢,提高了住房保障资源回流的难度,从长期来看保障性住房建设将难以为继。另一方面,在长时期内,我国的住房保障供应体系的建设中都存在"重售轻租"的导向,经济适用住房一直在保障性住房供应中占据统治地位,这一保障性住房供应结构只到近十年才逐渐发生变化。经济适用住房一旦出售,政府就不再拥有其完全产权,这就决定了在这种保障方式下"政府始终无法掌握实现住房保障所需要的合理规模的保障性住房"②,政府必须还要在经济适用住房之外大力新建其他形式的保障性住房以解决广泛存在的中低收入家庭住房困难问题,从而极大地增加了财政负担,不利于住房保障制度的可持续发展。

为了摆脱上述困境,从长远来看,过去的"租售割裂""重售轻租"的保障

---

① 2010 年出台的《关于加快发展公共租赁住房的指导意见》(建保〔2010〕87 号)规定:"已享受廉租住房实物配租和经济适用住房政策的家庭,不得承租公共租赁住房。"这意味着对于那些由于经济状况恶化急需货币资金而出售了经济适用住房的家庭而言,也是无法再次享受租赁型住房保障的。

② 曾国安等:《中国现行城镇住房保障体系的基本特征与问题》,《黑龙江社会科学》2011年第 2 期,第 111—116 页。

性住房体系应当逐步向"可租可售、以租为主"转变。显然,出租与出售都不可能、也不应该成为住房保障的唯一形式,"在任何阶段都会既有以提供实物配租或者提供货币补贴的需要,也有以出售方式提供住房保障的需要"①。"可租可售、以租为主"意味着保障性住房将不再区分租赁型和产权型,所有的保障性住房都既可以向保障对象出租,也可以向保障对象出售;而在住房保障资源短缺的情况下,为了促进保障性住房的顺利退出和住房保障制度的可持续发展,应当以向保障对象出租为主。

(二)可配可补、以补为主

当前,中国租赁型保障性住房的配租方式主要有实物配租和货币补贴两大类型。② "可配可补、以补为主"意味着住房保障既可采取实物配租的形式,也可采取货币补贴的形式,既需要有实物配租,也需要有货币补贴;但从有利于住房保障的退出来看,应该以货币补贴的配租方式为主。

采取不同的配租方式带来的保障性住房退出问题的解决难度是不一样的。在实物配租形式下,现有退出方式主要有两种:一是收回已配租的住房;二是租金市场化。对于前者而言,由于对住房保障家庭是直接提供资金量大的住房,收回住房不论从利益诱惑上还是从操作上看都比较困难,尤其是在中国目前对于腾退住户缺少后续支持政策的情况下,住房保障家庭会千方百计拒绝腾退,与货币补贴方式相比,其腾退难度和管理成本相对较高。对于后者而言,收取市场化租金意味着增加不再符合住房保障条件的家庭的住房消费支出。由于这些家庭收入刚刚得到改善,经济实力有限,想让其增加住房消费支出比较困难,一旦这些家庭由于经济困难拒缴,腾退程序必将陷入僵局。可

---

① 曾国安等:《论中国城镇住房保障体系改革和发展的基本思路与目标构架》,《江汉论坛》2011 年第 2 期,第 15—20 页。

② 目前租赁型保障性住房除了上述两种主要的配租方式之外,在还有一定公房存量的地区还存在着租金核减的配租方式,属于中国廉租房制度发展初期的过渡性措施。

见,对于实物配租而言,无论在腾退时采取收回已配租的保障性住房的方式,还是采取收取市场化租金的办法,都会遭遇很多阻碍,操作难度大,管理成本高。相比而言,采用货币补贴这种方式是更有利于退出的。首先,中低收入家庭在获得货币补贴后可以根据自身的情况和需求偏好到市场上租赁合适的住房,"租户从被动的社会福利的接受者转变为理性选择的住房者(可以在各种住房中选择最接近于自己需要和购买能力的住房)"①,这就使市场机制在住房保障领域发挥了积极作用,提高了住房保障资源的配租效率,有利于退出机制的形成。其次,一旦发现领取货币补贴的家庭已经不符合或不再符合保障条件,即使不能追回已经发放的补贴,也可以马上停止发放补贴,这就能够有效地避免"腾退难"和收租被动的种种麻烦,大大简化退出操作程序和管理难度。再次,与实物配租相比,领取货币补贴的保障对象获得的住房福利较少,从利益驱动上也更易于退出。因此,单从腾退的难易程度考量,采取货币补贴方式更具优势。

当然,实物配租的存在还是十分有必要和有意义的。实物配租不仅能够直接地快速地改善中低收入家庭的住房状况,而且能够有效保证国家保障性住房的建设实施力度,促进住房福利水平提高。尤其是在房源短缺的地区,实物配租方式仍然是无可取代的。因此,不同的地区应该从各地住房供求情况的实际出发,选择不同的配租方式,但是,基本原则应该是:以货币补贴形式为主,以实物配租形式为辅,严格控制实物配租的对象,尽量减少实物配租的比重。具体来讲,在住房供应充裕的地区或情况下,尽量避免实物配租,而主要采取货币补贴和租金核减形式。在住房供应短缺的地区或情况下,要严格控制实物配租的对象,主要限定于那些由于年龄、健康原因导致的基本无收入增长潜力、需要长期稳定的住房保障的人群,例如,孤寡老人、长期丧失劳动能力

---

① UK Department of the Environment, Transport and the Regions, *Quality and Choice: A Decent Home for All - The Housing Green Paper*, 2000, available from British Library Document Supply Centre-DSC: m00/27698.

的病残人员、部分低退休金的普通职工、生活来源较少的单亲家庭和少量社会优抚对象等。这类人群今后腾退的概率不大,可以在相当程度上防止日后陷入腾退难题的困扰。

总之,建立统一的"可租可售、以租为主""可配可补、以补为主"的保障性住房体系将成为未来中国住房保障制度改革的发展方向。

二、 建立适应未来发展趋势的保障性住房退出长效机制的基本构想

为适应未来中国保障性住房体系发展的新方向,应该逐步建立保障性住房退出的长效机制。如前所述,任何申请人一旦进入住房保障体系之后即面临着退出问题。合理的保障性住房分配制度本身应该能够有效激励住房保障对象的梯度退出,这是退出机制的重要组成部分。因此,保障性住房退出的长效机制着重于强调在以住房保障对象的准入为起点、以其真正实现退出为终点的期间内政府引导或强制原保障对象退出住房保障体系的一系列政策制度。保障性住房退出的长效机制应该由"内部转换机制"和"外部退出机制"两个部分组成,具体参见图7.1。①

(一)保障性住房的内部转换

所谓"内部转换机制"是指所有符合住房保障准入标准的申请人都可以按照其家庭支付能力享受相应的住房保障待遇,若其收入、资产、家庭结构等方面发生变化但仍然没有达到退出标准的,可以在住房保障体系内部转变保障待遇或保障方式的机制。

如前所述,从长期来看,保障性住房将不再区分租赁型和产权型,都是可

---

① 此处的外部退出机制设计仅针对由于收入困境消失而需要退出的保障对象而言,对于那些骗租、骗购、骗取货币补贴的退出对象、存在违法违规违约行为的退出对象以及由于住房困境消失而需要退出的保障对象而言,退出机制与本书第五章和第六章所述一致,在此不再赘述。

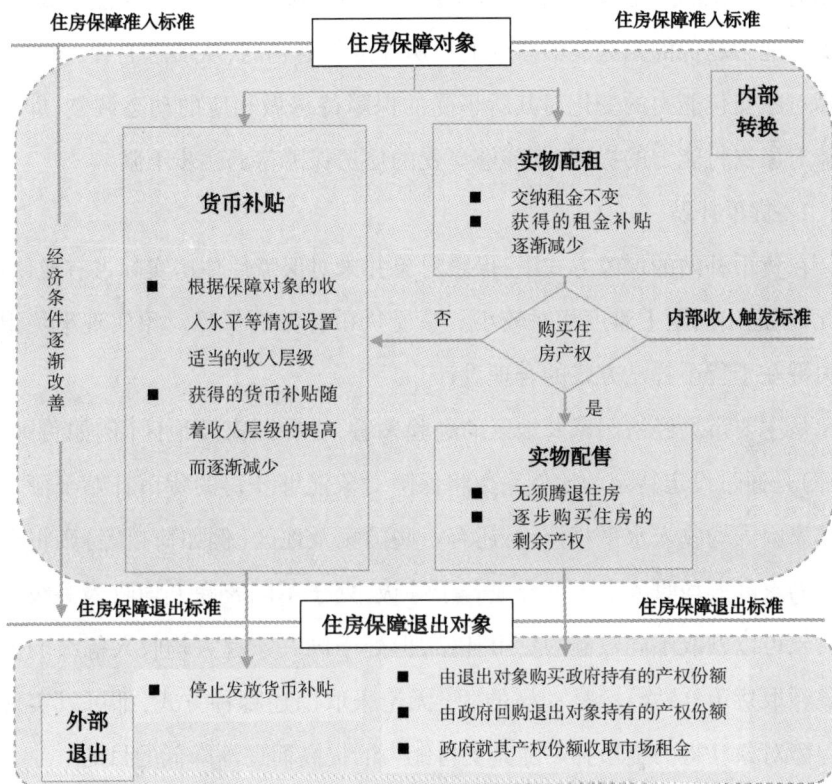

图 7.1　未来中国保障性住房退出机制构想图

租可售的,只在保障方式上存在实物配租(配售)和货币补贴的差异。住房保障申请人一旦符合保障性住房的准入标准,就可以享受住房保障待遇。具体的保障方式既可以是货币补贴,也可以是实物配租(配售)。政府应当对这两种保障方式的适用对象进行一些限定。一般而言,在政府掌握的保障性住房数量有限的情况下,针对长期来看收入改善可能性不大的人群(如孤寡老人、长期丧失劳动能力的病残人员、部分低退休金的普通职工、生活来源较少的单亲家庭和少量社会优抚对象等)可以给予实物配租,而针对其他未来收入改善可能性较大的保障对象建议都采取货币补贴或实物配售的保障方式。无论采取哪种住房保障方式,都应该使住房保障对象享受的保障待遇与其支付能力相对应。从静态上看,住房保障对象享受的保障待遇与其支付能力成反比,即支付能力越低的家庭能够享受的住房保障待遇越高;从动态上看,应当根据保障对象支付能力的变化对其所享受的保障待遇做相应的动态调整,即随着保障对象支付能力的提高,其能够享受的住房保障待遇逐步下降。

1. 货币补贴

在货币补贴的保障方式下,保障对象并未对保障性住房实际占有或使用,因此,在退出问题上难度相对较小。享受货币补贴的保障对象实现平稳退出的关键在于货币补贴方式的合理设计。

从主要市场经济国家及地区的经验来看,一些国家及地区(例如美国、英国等)是通过设定特定的比例系数将保障对象能够获得的货币补贴金额直接与其家庭人均收入水平相挂钩;还有一些国家及地区(例如荷兰等)则将保障对象的家庭人均收入水平划分成若干等级,处于不同家庭人均收入等级的保障对象可以领取不同数额的货币补贴,但处于同一家庭人均收入等级的保障对象领取货币补贴数额是一样的。[①] 无论采取上述哪种方式,都可以实现住房保障对象获得的货币补贴随其支付能力的提高而逐渐降低的目的。

我国也可以借鉴上述做法,改变长期存在的货币补贴"一刀切"现象[②],遵循"逆向梯度补贴"原则来设计住房货币补贴制度,即根据保障对象的收入水平等情况设置适当的收入层级,分别对不同层级的保障对象给予不同额度的货币补贴,使其领取的货币补贴随着支付能力的提高而逐渐降低,直至其收入超过退出的收入标准,货币补贴停止发放,从而避免在退出过程中出现住房福利享受的"悬崖效应",促使保障对象最终从住房保障体系中平稳退出。

2. 实物配租(配售)

在实物配租(配售)的保障方式下,保障对象涉及保障性住房实际占有或使用,退出难度较大。应当允许住房保障对象随着其经济条件变化在住房保

---

① 参见胡晶晶:《公共租赁住房配租机制研究》,人民出版社 2017 年版,第 27—111 页。

② 货币补贴"一刀切"是指对所有符合条件的保障对象采用同一种货币补贴标准。

障体系内部实现保障方式的转化,以满足其不同的住房保障需求,从而降低其最终退出住房保障体系的难度。具体制度设计如下:

实物配租应该采取"租补分离,收支两条线;租金对房,差别化定价;补贴对人,梯度逆向发放"的配租制度。所谓"租补分离,收支两条线"是指租金收取与补贴发放分离,实行收支两条线,它体现了租金设定中市场运作和政策保障的结合;所谓"租金对房,差别化定价"是指保障性住房的租金只与住房本身有关,体现不同区位、质量保障性住房的个体差异;所谓"补贴对人,梯度逆向发放"是指根据保障对象的收入水平等情况,分别对其给予不同额度的货币补贴,使保障性住房能够适应不同收入家庭的支付能力。最终,保障对象选择与其支付能力和住房偏好相匹配的保障性住房,所承租保障性住房的租金扣除该保障对象获得的货币补贴数额即为每个保障对象所需要支付的实际租金。①

实物配售则可以采取"共有产权"的配售模式,即政府与保障对象按出资比例共同拥有住房的产权份额,未来保障对象经济条件改善后,可以逐步购买政府所持剩余产权,最终获得住房的完全产权;在符合相关条件的情况下,保障对象也可以将自己拥有的产权份额出售给政府或其他购房者,并依据"谁投资谁享有权益"的原则,政府与保障对象按照持有产权比例收回投资并分享房产的增值收益,从而有效防止政府住房保障资源的流失。

住房保障管理部门应当在实物配租和实物配售两类住房保障方式中间设置内部收入触发标准。② 住房保障申请人一旦符合享受住房保障的条件即可以进入住房保障体系之中,在收入触发标准以下的较低收入家庭获得实物配租,而在收入触发标准以上的较高收入家庭则获得实物配售。

---

① 参见胡晶晶:《论中国的公共住房租金》,《福建论坛·人文社会科学版》2013年第11期,第22—27页。

② 收入触发标准应该由各地区住房保障主管部门根据当地的人均可支配收入、保障性住房供求情况等自行确定,并每年进行调整。

当家庭经济状况一直保持不变时,住房保障对象可以保持住房保障方式和保障待遇不发生变化。当享受实物配租的保障对象的家庭经济状况不断改善但并未达到内部收入触发标准时,保障对象在交纳租金不变的情况下获得的货币补贴逐渐减少。当享受实物配租的保障对象的家庭经济状况不断改善且达到了内部收入触发标准,则保障对象能够享受的住房保障方式应该由实物配租转化为实物配售,即不搬离原保障性住房,但停止交纳租金和领取货币补贴,并购买该保障性住房的(部分)产权。① 此时,政府可以通过实施"梯度价格制度"、购买的税收、金融优惠政策等②对保障对象购买住房产权给予支持和激励,从而确保保障对象实现保障方式的平稳转变。当然,保障对象也可以选择放弃购买保障性住房的(部分)产权,此时其保障方式必须由实物配租转变为货币补贴,即保障对象必须搬离原保障性住房,并依据其收入水平领取相应的货币补贴到住房租赁市场自行租赁住房。当享受实物配售的保障对象的家庭经济状况不断改善但并未达到外部退出标准时,保障对象应当根据承受能力逐步购买政府所持剩余产权。一旦保障对象购买了政府所持全部的剩余产权,则可以获得该住房的完全产权,该住房的性质由保障性住房转变为商品住房,该保障对象也顺利退出了住房保障体系。在此过程中,保障对象也可以主动要求政府回购其产权份额,回购价格依据保障对象持有保障性住房的时间而定③,这也意味着保障对象也自愿放弃了享受住房保障的资格,主动实现保障性住房的外部退出。当享受实物配售的保障对象的家庭经济状况不断改善且达到外部退出标准时,则保障对象必须实现外部退出。

当然,在现实生活中,也经常会出现住房保障对象的经济状况恶化的情况。当享受实物配售的保障对象经济状况恶化且低于了内部收入触发标准时,保障对象也可以在住房保障体系内部实现保障方式的转化,即由实物配售

---

① 应当对保障对象购买初始产权比例有最低规定。
② 具体参见本书第六章第二节。
③ 具体参见本书第六章第二节。

转化为实物配租。此时,保障对象可以向住房保障住房部门申请回购该住房产权,经审核批准后,政府退还其原购房款(适当考虑利息成本),保障对象可以仍然居住于该住房,并按照其收入水平交纳租金并获取相应的货币补贴。

(二)保障性住房的外部退出

所谓"外部退出机制"是指住房保障对象的收入、资产、家庭结构等方面发生变化且达到了外部退出标准而退出住房保障体系的一系列制度安排。如前所述,无论保障对象享受的是哪一种住房保障方式,其面对的退出标准应当是一致的。

1. 货币补贴

对于享受货币补贴的保障对象而言,一旦其家庭收入、资产等达到退出标准,就成为住房保障退出对象,政府可以通过停止发放货币补贴来使其退出住房保障体系。退出对象一旦停止领取住房租赁补贴,则意味着其完全脱离了住房保障体系,实现了保障性住房的外部退出。为了确保退出对象在脱离住房保障体系之后能够很好地解决自身的住房问题,政府还应该为其提供一系列购房优惠政策①帮助其尽早拥有自有住房。

2. 实物配租(配售)

对实物配租家庭而言,若其家庭收入、资产等达到内部收入触发标准但又不愿意购买该保障性住房的(部分)产权时,其保障方式可以由实物配租转变为货币补贴,直至其收入超过退出的收入标准,货币补贴停止发放,实现保障性住房的外部退出。

对实物配售家庭而言,若其在享受保障期间主动申请退出住房保障体系,退出安排与本书第六章第二节中产权型保障性住房的主动退出对象一致;若其家庭收入、资产等达到了外部退出标准,则必须退出住房保障体系,亦可参

---

① 具体参见本书第五章第二节。

照前述第六章第二节,通过以下列三种方式实现保障性住房的外部退出:一是由保障对象购买政府持有的产权份额;二是由政府回购保障对象持有的产权份额;三是政府就其产权份额收取市场租金。

上述保障性住房退出机制具有以下优点:第一,可以有差别地帮助保障对象解决住房的负担能力问题,使收入、人口和类型不同的家庭比较公平地获得公共福利;第二,梯度性的退出安排能够对正在享受住房保障的"局内人"产生积极的退出激励,这既可缓解未来的退出阻力,也能有效防止"福利依赖";第三,根据不同保障对象的需求及其需求层次的变化来制定相对应的策略,并通过住房保障方式的内部转化机制实现了两类保障性住房在退出上的衔接,使得退出过程较为平稳,有利于引导住房保障对象有序退出,为最终实现外部退出奠定坚实基础。

第二节　中国保障性住房退出机制的支撑体系

建立保障性住房退出机制的支撑体系是解决保障性住房退出实践中面临的诸多问题的需要,对于提高住房保障资源的利用效率、完善住房保障制度、实现社会公平具有重要意义。加强保障性住房退出机制的支撑体系的建设应该成为保障性住房退出制度和住房保障制度建设的重要任务。保障性住房的退出涉及多方面的复杂的权益关系,仅仅依靠完善保障性住房退出机制设计是不可能达到退出管理的有效性的目标的。应该从立法、行政、司法、信息、社会监管等多方面构建综合性的保障性住房退出机制的支持体系。

一、　中国保障性住房退出机制的立法支撑体系

法律具有国家强制性和普遍约束力的特征,是各项制度能够得以有效执行的基本保障。保障性住房退出机制的立法支撑体系可以为保障性住房退出工作提供法律依据,是保障性住房退出机制能够有效运行的基础。主要市场

经济国家及地区都非常重视住房保障法律制度的建设,例如,美国的《全国住宅法》(*National Housing Act*,1934年)、《1937年美国住宅法》(*Wagner Housing Act*,1937年)和《住房和社区发展法》(*Housing and Community Development*,1974年)都对公共住房的退出问题进行了明确规定。但我国国家层面关于住房保障的法规基本都是由住建部联合其他部委出台的,例如,《经济适用住房管理办法》《廉租住房保障办法》《公共租赁住房管理办法》等,法律位阶太低,而且在保障性住房的退出规定上也存在很多不合理之处。国家应当尽早出台《住宅法》或《住房保障法》,对保障性住房的退出机制(退出对象、退出方式、退出程序等)作出明确规定。基于本书前述对保障性住房退出机制的设计,未来保障性住房制度的立法应该明确以下内容:

(一)保障性住房退出管理机构及其主要职责

保障性住房退出管理需要有专门机构负责。政府住房保障管理部门应当成为保障性住房退出管理的专门机构,由其承担保障性住房退出管理的主要责任。

在保障性住房退出工作中,住房保障管理机构应当承担的主要职责包括:第一,调查和核实退出对象的家庭收入、资产、人口、户籍和住房等方面的信息;第二,作出取消保障资格的决定;第三,审核并决定退出对象的最终退出方式;第四,以行政手段或经济手段实施住房保障的退出工作;第五,对不按时退出或拒不退出的退出对象进行行政处罚和经济处罚;第六,对不按时退出或拒不退出的退出对象提起诉讼,请求依法行使相关权利;等等。

保障性住房的退出工作必须有财政、物价、民政、公安、司法等其他相关政府部门的配合,因此,保障性住房的立法中还应当明确其他相关部门的职责。

(二)保障性住房的退出对象

虽然保障性住房的立法中无法制定出全国统一的、具体的退出标准,但应该对退出对象的基本类型以及一般性或者原则性规定加以明确。依据第五章和第六章的论述,保障性住房的退出对象包括主动退出对象和被动退出对象两大类型,除了主动申请退出住房保障的家庭之外,具有下列情况之一者,也应成为退出对象:由于收入或住房困境状态消失而丧失保障资格的承租人或购房人、欺诈骗取租赁型保障性住房或货币补贴的承租人、欺诈骗取产权型保障性住房的购房人、存在违反租赁合同约定行为①的承租人、在取得所购产权型保障性住房的完全产权之前存在严重违反合约行为②且拒不改正的购房人。

(三)退出对象的权利与义务

保障性住房的立法既要赋予退出对象应有的权利,也要明确规定退出对象应该履行的义务。保障性住房退出对象可以享受的权利主要包括:第一,获得保障性住房退出信息(包括退出条件、退出时间、退出方式、退出激励等)的权利;第二,一定程度的退出方式选择权,即在符合既定要求的情况下,退出对象可以有依据自身情况选择合适的退出方式的权利;第三,申诉权,即退出对象在限定的期限内有对主管部门作出的取消资格的决定、退出方式安排、处罚决定等进行申诉的权利;第四,获得法律救济的权利,即当退出对象认为自己的合法权益受到侵害时有获得恢复和补救的权利,如提起行政复议、行政诉讼等。保障性住房退出对象应该履行的义务主要包括:第一,如实申报家庭收入、资产、人口、户籍和住房等方面的信息,且当上述信息发生变化时保障对象应及时告知主管部门;第二,积极配合主管部门对相关信息进行调查和审核;第三,按照主管部门的要求按时退出所租或所购保障性住房;等等。

---

① 具体需要退出的违约行为参见本书第五章第二节。
② 具体需要退出的违约行为参见本书第六章第二节。

（四）退出方式和退出激励措施

由于退出原因及退出对象的具体情况存在很大差异，退出方式和退出激励措施都应进行具有针对性的安排。① 保障性住房的立法中应该对不同的退出方式及其适用条件、退出激励措施及其适用条件等作出明确说明，以便退出对象根据自身情况作出退出决定并选择合适的退出方式。

（五）保障性住房物权变动的法律规则

如前所述，从长期来看，租赁型保障性住房和产权型保障性住房将打通运行，建立"可租可售，租售并举"的保障性住房供应体系，这就需要在保障性住房立法中对于保障性住房物权变动规则加以明确，主要包括以下几个方面：第一，明确租赁型保障性住房的承租人在符合相关条件下享有该住房的部分或完全购买权。第二，明确政府的强制回购权。在保障对象并未取得保障性住房的完全产权时，政府作为保障性住房的共有权人，与保障对象的地位是平等的，此时其身份是民事主体；但是，当保障对象失去了继续获得住房保障资格时②，政府有权从公共利益出发以合理价格强制回购退出对象所持的住房产权份额，此时其身份是行政主体。第三，明确政府的优先购买权。由于保障对象将其所持住房产权份额转让给第三人可能导致保障性住房的性质发生改变，政府有权从公共利益出发设定优先购买权，即只有当政府主动放弃优先购买权时，保障对象才可以将其所持产权份额转让给第三人。

（六）违反保障性住房退出管理制度的法律责任

明确的法律责任是保证保障性住房退出制度的顺利实施的前提条件，因此，在保障性住房的立法中应该明确退出过程中各主体的法律责任。

---

① 具体退出方式和退出激励措施参见本书第五章第二节和第六章第二节。

② 具体参见本书第六章第一节。

对于保障性住房退出管理机构而言,由于玩忽职守、徇私舞弊或者收受贿赂让不(再)符合条件的住户(继续)享受住房保障的,发现违法行为不予查处的,或不按照法律规定进行处罚的,都应该追究其行政责任,给予行政处分;对于徇私舞弊、玩忽职守情节严重,致使公共财产、国家和人民利益遭受重大损失的,对主要责任人员还应该追究刑事责任。

对于退出对象而言,保障对象若未如实申报家庭收入(资产)、人口、户籍和住房等状况骗租、骗购保障性住房或领取住房货币补贴,应当根据主观恶性程度不同承担相应的民事责任和刑事责任;若存在将保障性住房转租、转售、擅自改变用途等违反合约等行为,应当根据行为的影响恶劣程度承担一定的民事违约责任;若不按期退出或拒不退出,应当承担一定的民事责任,对于情节恶劣的(如长期占用应退的保障性住房且拒交租金等),还应该追究其刑事责任。

此外,建立适应未来保障性住房体系新发展的退出机制除了要完善保障性住房自身的立法之外,还要注意与其他法律(如《物权法》等)的衔接问题。

二、 中国保障性住房退出机制的行政支撑体系

保障性住房退出机制的行政支撑体系是指政府行政管理机构运用行政手段确保保障性住房退出工作顺利进行的机制。

(一)保障性住房退出工作的行政管理体系

保障性住房退出工作的行政管理体系应该是以保障性住房管理机构为主体,其他政府行政机构提供支持的相互配合、相互补充的行政机构体系。作为政府专门管理保障性住房的职能机构,保障性住房管理机构应作为主导力量全面负责住房保障的退出工作;其他政府行政机构应按照立法要求按照各自的权限范围运用其所掌握的行政权力对保障性住房的退出工作给予积极支持。

（二）保障性住房退出管理的基本行政手段

保障性住房退出管理的行政手段很多,基本手段主要包括:

1. 行政强制

保障性住房管理机构及其他行政机构可以依法对违反行政法规、尚未构成犯罪的住房保障退出对象采取行政强制,主要包括:第一,行政强制措施,即保障性住房管理机构为预防、制止或者控制退出对象正在发生或可能发生的违法、违规、违约行为而对其财产等进行暂时性控制的行政行为,既包括对退出对象的财产进行查封、扣押、冻结等,也包括对退出对象的消费、借款等行为予以强制限制。第二,行政强制执行,即当退出对象拒不履行退出义务时,保障性住房管理机构及其他行政机构依法采取必要的强制性手段迫使其履行退出义务的行政行为,包括强制搬迁、强制扣缴或抵缴、强制回购、强制退还等。

2. 行政处罚

保障性住房管理机构及其他行政机构可以依法对违反行政法规、尚未构成犯罪的住房保障退出对象给予行政制裁,主要包括:警告;通报批评;责令退出;责令改正并恢复原状;罚款;没收违法所得;没收非法财物;取消住房保障资格;行政拘留;等等。

3. 行政征收

保障性住房管理机构及其他行政机构有权依法对违反行政法规、尚未构成犯罪的住房保障退出对象以强制方式取得其财产所有权,主要包括:对逾期拒不退出者收取惩罚性累进租金;对逾期拒不退出者收取逾期管理费;对逾期拒不退出且不缴付租金者征收滞纳金;等等。

4. 行政确认和行政决定

行政确认是指保障性住房管理机构依法对住房保障对象是否具备继续享受保障资格进行甄别,给予确定、认定、证明并予以宣告的具体行政行为。行政决定是指保障性住房管理机构依法对住房保障退出对象的权利义务作单方面处分的行为,具体包括:作出取消享受住房保障资格的决定;作出对住房保障退出对象的行政处罚决定;作出回购保障性住房的决定;等等。

5. 行政监督检查

保障性住房管理机构及其他行政机构可以依法对住房保障退出情况进行了解、监督和检查,既包括对退出对象的退出情况进行监督检查,也包括对退出执行机构和相关职能机构的执法情况进行监督检查,从而确保退出工作的公平、提高退出工作的效率。

三、 中国保障性住房退出机制的司法支撑体系

保障性住房退出机制的司法支撑体系是指司法机构对保障性住房退出工作中的各类违法行为进行制裁的各项司法手段的总和。一旦保障性住房退出管理的行政手段执行受阻,司法支撑体系就成为保障性住房退出机制顺利运行的最后保障。确保保障性住房退出机制顺利进行的司法手段主要包括:

(一)向人民法院提起司法诉讼

对拒不退出的退出对象,保障性住房管理机构或具体运营单位可以向人民法院提起司法诉讼,这既可以对其产生威慑作用,也是确保保障性住房退出工作顺利进行的必经程序。由于法院诉讼周期长,效率低,在保障性住房的退出问题上,应该遵循先调解,再仲裁,最后司法诉讼的矛盾解决顺序。在司法诉讼过程中,应该将拒不退出的退出对象及其共同居住的全部家庭成员都作为共同被告提起诉讼,共同列为被申请人申请强制执行。

(二)申请人民法院强制执行

如前所述,实践中存在保障性住房腾退难度大,经常出现退出对象拒绝履行行政处罚决定的情况,影响行政执法的权威性和威慑力。应当在保障性住房退出工作中引入司法手段,对拒不履行行政处罚决定的退出对象向法院申

请强制执行,既包括针对逾期不退的退出对象依法向人民法院申请强制搬离,也包括对逾期不退的退出对象依法向人民法院申请强制执行其他行政处罚,如罚款、没收违法所得等。

(三)采取刑事处罚

人民法院可以依法对保障性住房退出过程中的违反刑法的行为进行刑法制裁。一般而言,在保障性住房退出管理中要慎用刑事处罚,但是,对于违反刑法、性质恶劣、情节严重的行为,仍然应该采取刑事处罚,刑事处罚对象主要包括:以"骗租""骗购"方式获得住房保障而长期拒绝退出的退出对象;占用保障性住房从事非法活动的退出对象;长期占用保障性住房,但拒绝缴付各种费用(租金、罚金等)的退出对象;徇私舞弊或者收受贿赂让不(再)符合条件的住户(继续)享受住房保障的,致使公共财产、国家和人民利益遭受重大损失的保障性住房退出管理机构工作人员;等等。

四、 中国保障性住房退出机制的信息支撑体系

保障性住房退出机制的有效运行有赖于建立完善的保障性住房信息系统。完善的保障性住房信息系统可以为保障性住房的建设、分配、使用、退出等管理工作提供重要依据。保障性住房退出机制的信息支撑体系应该包含以下几个方面:

(一)个人信息核查系统

建立和健全个人信息核查体系是对住房保障申请人进行信息甄别、对保障对象的经济状况进行动态观察的重要保证,对于建立公平合理的保障性住房退出制度至关重要。可以在入户调查等传统调查方式的基础上,通过网络系统从民政、人保、税务、房管、人行等相关部门获取相应的要素信息,如家庭的存款账户、纳税记录、股市账户、房产登记、公积金缴纳等信息,并及时对信息系统中保障对象的信息予以更新。建立和健全这一系统有助于改变现行制

度安排下相关部门在掌握住户相关信息时所处的弱势地位,有助于解决居民收入来源多样化、资产形式多元化条件下信息不全面和不真实的问题,不仅可以有效避免"骗租""骗购"现象的发生,也便于管理部门在日常监管工作中及时发现不再符合条件的保障家庭并启动相应的退出程序,从而促进保障性住房退出机制的顺利运行。

(二)保障性住房的房源信息系统

地方住房保障管理部门应当将本地区各种类型的保障性住房都纳入保障性住房房源信息系统。完善的保障性住房房源信息系统必须包括保障性住房的基本信息、配租或配售的结果信息、住户(租户)的基本信息、年度复核信息等数据。建立完善的保障性住房房源信息系统能够保证及时和全面地掌握当地保障性住房占用和住户信息,这是确保保障性住房公平分配、规范运营与使用、健全退出机制的重要保障。

(三)住房保障对象的个人信用档案

为了严格保障性住房的退出管理,地方住房保障管理部门还应当建立住房保障对象的个人信用档案,对不如实申报家庭收入(资产)、人口、户籍和住房等状况骗租、骗购保障性住房或领取住房货币补贴以及将保障性住房转租、转售、擅自改变用途等违反合约的不良行为都应当记入保障对象的个人信用档案,并告知征信机构,影响其未来的信用考核和贷款考核。这有助于增加住房保障对象的违法成本和违法压力,从而确保保障性住房退出工作的顺利进行。

五、 中国保障性住房退出机制的社会监督体系

保障性住房退出机制的社会监督体系是指约束各种违法行为促进保障性住房退出工作顺利进行的各种社会力量的总和。由于社会力量在信息获取、执法监督等方面具有其独特的作用,可以说在现代社会,社会力量已经构筑起

信息和监督网络,保障性住房退出机制的社会监督体系不仅是克服制度失灵①的重要手段,也是解决制度不完备问题②的重要手段,更是促进腾退工作的公正和公平不可或缺的力量。

(一)保障性住房退出管理的主要社会监督力量

对保障性住房退出管理进行监督的社会力量非常广泛,主要包括:第一,符合享受住房保障条件的家庭。保障性住房的退出涉及保障性住房的分配公平问题,会对这些家庭的切身利益产生直接影响,因此,他们有动力搜集、传递或者发布有关信息。第二,不再符合享受住房保障条件的退出对象。由于"骗租""赖租"等行为具有明显的学习和模仿效应,部分不再符合享受住房保障条件的退出对象之间也会关注彼此的退出行为和退出进度,当发现存在退出不公问题时,他们也会有动力进行检举揭发。第三,住房保障体系以外的人民群众。保障性住房退出问题涉及社会公平正义,因此,只要调动起人民群众的积极性,他们能够为及时有效发现各类"应退不退"现象提供强大的线索支持。第四,大众传播媒体。维护社会公平正义、监督政府行政行为是大众传媒的社会责任,因此,会有一些大众传媒通过各种传播媒体搜集和发布相关信息,从而对保障性住房的退出工作进行监督。

(二)完善保障性住房退出机制的社会监督体系的主要途径

1. 健全公示制度

由于住房保障对象与住房保障管理机构之间存在着严重的信息不对称,

---

① 保障性住房退出工作可能出现的制度失灵包括:保障性住房退出的立法没有遵循公正和公平的原则,导致规则不公平,或者立法制度不科学,导致规则不合理;行政机构不作为或者不依法行政,而导致保障性住房退出不规范、不公正、不公平;经济奖惩制度不公正、不公平,或者执行不严格,而导致保障性住房退出不规范、不公正、不公平;司法机构不作为或者随意作为或者不依法行事,导致保障性住房退出不规范、不公正、不公平;等等。

② 解决制度失灵自然需要体系内的力量的作用,但仅仅依靠体系内的力量肯定是不够的。无论是解决系统性的制度失灵,还是解决非系统性的制度失灵,都必须利用社会力量的作用。

而目前我国的个人信息核查系统并不健全,住房保障管理机构很难做到对保障对象的信息进行准确核实和动态跟踪。因此,要充分发挥公示制度的社会监督作用,弥补个人信息核查系统不健全的缺憾。在住房保障制度中,至少要做到以下三个方面的公示:一是审核公示,即对符合准入条件的申请人进行公示;二是轮候排序公示,即对进入轮候名单的家庭的排序进行公示;三是分配结果公示,即在保障性住房分配完成后对获得保障性住房的家庭进行公示;四是退出公示,即对保障性住房的"应退未退"家庭进行公示。在公示时,要注意公开和隐私之间的平衡。身份证号和电话号码涉及个人隐私,不应公布,但其经济、住房、人口结构状况关系到住房保障的准入资格、轮候排序、享受住房保障待遇、退出条件等问题,这些信息则应当公布。

2. 健全公开听证制度

住房保障管理机构作出取消保障资格的决定意味着对住房保障对象保障权益的剥夺,因此,当退出对象对退出决定存在异议时需要给予其必要的救济途径。"听证权利必须定位于解决那些会导致福利被错误剥夺的问题……对政策的不当解释和对事实问题的错误认定,都是错误剥夺发生的原因。"[1]在保障性住房的退出过程中,由住房保障管理机构、社区居委会工作人员、街坊邻里组成听证小组,引入公开听证制度。这既可以让退出对象获得一种公正感,凸显对退出对象主体性的尊重,也能够加大退出对象瞒报收入、财产等个人信息的难度,还可以让社会公众了解保障性住房退出的政策内容、执行过程和执行结果,加强社会力量对住房保障管理机构工作人员的退出管理工作进行监督。

3. 拓宽社会沟通渠道

一方面,住房保障管理机构应当在官方网站和公告栏中公布举报电话、监督热线,并采取一定的激励手段鼓励社会大众对身边不符合享受条件的住房

---

[1] [美]杰瑞·马肖:《行政国的正当程序》,沈岿译,高等教育出版社 2005 年版,第 37 页。

保障对象、存在"骗租""骗购"行为、违法违规违约使用保障性住房的保障对象以及在退出管理中存在违法违规行为的工作人员进行举报。另一方面,要充分利用网络、报纸、杂志等新闻媒体的力量,对保障性住房退出过程中所出现的问题进行广泛宣传和报道,鼓励社会大众通过网络、报纸、杂志等发布信息或者向媒体举报,这会给住房保障退出管理的工作人员和退出对象都形成强大的舆论压力,从而促进退出工作的顺利进行。

附　　录

附录1　国内典型城市租赁型保障性住房的退出制度

城市	退出对象	退出方式	过渡期及安排	激励措施	相关文件
北京	对象Ⅰ:租赁合同到期(最长不超过5年)且未提出续租申请的承租家庭;或租赁合同到期且不再符合公租房申请条件的承租家庭 对象Ⅱ:不如实申报家庭住房等情况骗租公租房的 对象Ⅲ:承租家庭有下列行为之一:将房屋转租、转借或者擅自调换承租住房的;改变承租住房用途或房屋结构;破坏或者擅自装修承租住房,拒不恢复原状的;连续3个月以上在承租住房内居住不满30日的;累计3个月未按约交纳租金的;其他违反法律、法规规定及租赁合同行为的	对象Ⅰ:家庭成员在本市均无他处住房的,可继续承租,收取市场化租金;家庭成员在本市他处有住房的,收回住房 对象Ⅱ和Ⅲ:收回住房	对象Ⅰ和Ⅲ:给予2个月的过渡期,过渡期内收取市场租金	对象Ⅰ:过渡期内收取市场租金,过渡期后仍不退出则按规定标准收取租金;记入信用档案 对象Ⅱ:补交租金;记入信用档案,5年内不得再次申请保障性住房 对象Ⅲ:过渡期内收取市场租金;逾期拒不腾退,可向人民法院起诉,腾退期间房屋使用费按公租房租金标准两倍收取;记入信用档案,5年内不得再次申请保障性住房	《北京市公共租赁住房管理办法(试行)》,2011年4月11日发布;《北京市公共租赁住房后期管理暂行办法》,2013年7月25日发布
天津	对象Ⅰ:承租人在租赁合同期限届满前未按规定申请续租或者所提申请经审核不再符合承租条件的;租赁合同解除的;在租赁期限内,购买保障性住房,或者通过购买、受赠、继承等方式获得其他住房的;租期内经核查不再符合公租房承租条件的 对象Ⅱ:承租家庭有下列行为之一:将住房转借、转租、空置的;擅自改变承租住房使用用途、结构和配套设施的;欠缴租金累计满6个月的;无正当理由3个月内未搬入所承租住房或未实际居住的;利用房屋从事违法活动的;法律、法规的其他情况 对象Ⅲ:弄虚作假,隐瞒家庭户籍、人口、收入、住房状况或者伪造相关证明骗取房屋承租权的	收回住房	对象Ⅰ:给予1年过渡期;过渡期内租金按照届时租金标准确定	对象Ⅰ:逾期拒不腾退的,可向人民法院起诉,腾退期间房屋使用费按届时租金标准的1.3倍收取,记入不良信用记录 对象Ⅱ:造成损失的,赔偿损失;记入不良信用记录;停发租房补贴,不再受理其住房保障申请 对象Ⅲ:5年内不再受理其住房保障申请。实物配租的可处1000元罚款;租赁补贴的责令退还领取的租赁补贴,可处3000元罚款。拒不执行的,可向人民法院申请强制执行	《天津市基本住房保障管理办法》,2012年9月1日发布;《天津市公共租赁住房管理实施细则》,2016年9月19日发布

城市	退出对象		退出方式	过渡期及安排	激励措施	相关文件
上海	廉租住房	对象Ⅰ:人均收入连续一年超出享受廉租住房收入认定标准的;由于家庭人数减少或住房面积增加,家庭人均居住面积超出本市享受廉租住房居住标准的 对象Ⅱ:虚报、隐瞒有关情况或者伪造有关证明而获得配租住房或者租金补贴的 对象Ⅲ:违反租赁合同约定,拖欠租金、改变房屋用途且拒不改正、转租或者转让承租权的	对象Ⅰ和Ⅱ:停发租赁住房补贴,或者收回廉租住房 对象Ⅲ:收回住房	对象Ⅰ:收入超标的,过渡期3个月;居住超标的,过渡期6个月,租赁补贴家庭仍按原补贴标准发放	对象Ⅱ和Ⅲ:取消其在3年内申请廉租房的资格	《上海市城镇廉租住房试行办法》,2000年9月3日发布
	公共租赁住房	对象Ⅰ:承租人发生将所承租的公租房出借、转租或闲置的,擅自改变承租住房居住用途的,享受其他住房保障政策的,违反物业管理公约拒不整改的,以及其他违反租赁合同约定情况的 对象Ⅱ:在本市公租房累计承租或居住满6年	收回住房	对象Ⅱ:在满足一定条件基础上,可给予最长2年的过渡期,第1年内支付市场化租金;第2年租金水平进一步提高	对象Ⅰ:必要时可通过司法途径解决,并可采取在适当范围公告通报、纳入本市个人信用联合征信系统,5年内不得享受本市住房保障政策等措施 对象Ⅱ:必要时可通过司法途径解决,5年内不得享受本市住房保障政策等措施,作为严重失信行为记入信用信息	《本市发展公共租赁住房的实施意见》,2010年9月4日发布;《关于公共租赁住房租赁总年限期满退出相关政策口径的通知》,2018年3月16日发布
重庆		对象Ⅰ:租赁合同期满未提出续租的 对象Ⅱ:承租人通过购买、获赠、继承等方式在主城区获得住房,且达到政府公布的人均住房建筑面积标准的,或在租赁期内超过政府规定收入标准的 对象Ⅲ:承租人有下列行为之一:转租、出借的;改变公租房结构或使用性质的;无正当理由连续空置6个月以上的;拖欠租金累计6个月以上的;在公租房中从事违法活动的 对象Ⅳ:欺骗方式取得公租房的	收回住房。承租人在租赁5年期满后,可选择申请购买居住的公租房	给予3个月过渡期,过渡期内按公租房租金标准的1.5倍计收租金	对象Ⅱ和Ⅲ:逾期拒不腾退,按公租房租金标准的2倍计收租金。必要时申请人民法院强制执行。原有住房和设施有损坏、遗失的,承租人应恢复、修理和赔偿 对象Ⅳ:承租人隐瞒或伪造住房、收入等情况,骗取公租房的,5年内不得再次申请。承租期间按公租房租金标准的3倍计收租金,并依法依纪追究责任	《重庆市公共租赁住房管理实施细则》,2011年2月11日发布

续表

城市	退出对象	退出方式	过渡期及安排	激励措施	相关文件
深圳	公共租赁住房：租赁期满后，承租人不再符合届时公租房申请条件的。因结婚等原因而拥有两套及以上公租房的，应保留一套，并退租其余公租房。承租人有下列行为之一：因户籍迁出本市、违反国家计划生育政策超生子女等原因不再符合公租房申请条件的；因购买、继承、赠予等原因拥有任何形式自有住房的；租赁合同期届满后未按本办法规定退房的；因违规违约行为应当解除租赁合同的；其他依法依约应当解除租赁合同、收回住房的情形	收回住房	无	逾期未退租的，收回住房，不予退还租赁保证金	《深圳市公共租赁住房轮候与配租暂行办法》，2013年4月25日发布
	其他类型的租赁型保障住房：对象Ⅰ：租赁合同期满后，承租人未申请续租或不再符合条件的。对象Ⅱ：承租人有下列行为之一：无正当理由连续6个月以上未在住房内居住的；无正当理由连续两个月或者累计6个月以上未缴纳租金的；擅自转租住房的；擅自互换、出借住房的；擅自转让、抵押、出租住房的；将住房用于经营性用途的；擅自改变住房使用功能的；因故意或者重大过失造成租赁的住房严重毁损的；其他违法或者违约情形。对象Ⅲ：以弄虚作假、贿赂等不正当手段获取保障性住房或者货币补贴的	收回住房。停止发放货币补贴	有正当理由无法按期搬迁的，可给予60天延长期，期内缴纳市场租金	对象Ⅰ：逾期不搬迁的，主管部门应当责令其搬迁，并按市场化租金收取逾期的租金；拒不执行的，可以依法申请人民法院强制搬迁。对象Ⅱ：按照合约要求支付违约金。对象Ⅲ：以弄虚作假、贿赂等不正当手段获取保障性住房或者货币补贴的，应当解除租赁合同、补贴协议，收回保障性住房或者补贴资金，处3万元罚款，十年内不予受理其住房保障申请。补交入住期间的市场租金	《深圳市保障性住房条例》，2010年6月8日发布
广州	家庭收入、资产超过规定标准的。购买、受赠、继承或通过其他途径获得住房，不再符合本办法规定的住房困难标准的。出现其他不符合公租房保障条件的情形的	收回住房。停止发放住房租赁补贴	给予6个月的过渡期。货币补贴，期内发放住房补贴的50%。实物配租，期内按本租金标准的50%计租	过渡期满无法腾退的，可申请续租1年，并按照同类公租房租金标准计租，不给予租金减免；1年期满后必须腾退公租房，逾期拒不腾退的，按照市场租金的2倍计租，可依法申请人民法院强制执行，并可将其行为载入本市个人信用联合征信系统	《广州市公共租赁住房保障办法》，2016年7月18日发布

城市	退出对象	退出方式	过渡期及安排	激励措施	相关文件
杭州	廉租住房	对象Ⅰ:因家庭经济收入情况或房产情况发生变化,已不再符合廉租住房保障条件的家庭 对象Ⅱ:承租人有下列行为之一:无正当理由累计6个月以上未交纳廉租房租金的;无正当理由连续6个月以上未在所承租的廉租房居住的;将廉租房转让、转租、出借或者用于违法活动的;擅自装修或者改变房屋结构,影响房屋使用安全的;违反廉租房使用规定且情节严重的其他行为 对象Ⅲ:采取虚报、隐瞒、伪造等不正当手段获得廉租住房保障的	收回住房。停止发放租金补贴	无	对象Ⅲ:由住房保障管理部门给予警告;责令其退出廉租住房并按市场价格补交以前租金	《杭州市城镇廉租住房保障管理办法》,2008年1月22日发布
	公共租赁住房	对象Ⅰ:租赁期满后经重新申请审核不符合条件的承租人(租赁期限为3年,除城镇户籍中等偏下收入住房困难家庭外,承租人的承租期累计不得超过两个租赁期限) 对象Ⅱ:承租人有下列行为之一:采取隐瞒事实、提供虚假资料、伪造证明材料等手段骗租公租房的;无正当理由,累计6个月以上未实际居住的;累计6个月以上未缴纳租金的;擅自将公租房转租、出借给其他人员居住的;擅自改变房屋结构或装修现状的;不再符合本办法规定的申请条件,未按要求及时办理退出手续的;存在违反公租房使用规定和合同约定其他行为的	收回住房	无	对象Ⅱ:按照合同约定收回公共租赁住房,承租人不配合的,可申请法院强制执行。可将其行为记入相应的征信系统;将承租人相关违规信息进行通报,或在有关媒体上曝光;承租人属于监察对象的,应将其行为通报工作单位监察部门,并由监察部门按照有关规定予以处理。自取消其租赁资格之日起至实际退房之日,按标准租金的3倍收取租金。对无正当理由,累计6个月以上未实际居住的和累计6个月以上未缴纳租金的承租人,自取消其租赁资格之日起2年内,不再具有保障性住房的申请资格;对有其他规定情形的承租人,自取消其租赁资格之日起5年内,不再具有保障性住房的申请资格	《杭州市公共租赁住房建设租赁管理暂行办法》,2011年10月25日发布

续表

城市	退出对象		退出方式	过渡期及安排	激励措施	相关文件
武汉	廉租住房	对象Ⅰ:连续一年超过低保、低收入标准或者住房困难标准的家庭 对象Ⅱ:承租人有下列行为之一:将房屋擅自转租的;将房屋擅自转借他人或者擅自调换使用的;拖欠租金累计6个月以上的;无正当理由由闲置6个月以上的;将房屋擅自拆改结构或者改变用途的;利用房屋进行违法活动的;故意损坏房屋的 对象Ⅲ:故意隐瞒家庭收入及住房状况获得廉租住房保障的	对象Ⅰ:收回住房;停止发放租金补贴;因特殊原因暂时不能退出的,收取市场租金 对象Ⅱ和Ⅲ:收回住房	无	对象Ⅰ:对经济收入、住房面积发生变化,但仍在低收入住房困难范围内的原低保家庭,提高租金标准,按公有住房标准收取租金。因特殊原因暂时不能退出的,收取市场租金 对象Ⅱ:因违规行为造成损失的,由承租人赔偿 对象Ⅲ:责令其限期退出廉租住房并按市场价格补交租金,逾期不退出的,依法申请人民法院强制执行	《武汉市廉租住房保障办法》,2009年11月27日发布
	公共租赁住房	对象Ⅰ:租赁合同期满后,承租人未申请续租或不再符合条件的 对象Ⅱ:承租人通过购买、获赠、继承等方式在市区获得住房,且超出公租房申请住房面积标准的,或在租赁期内超过政府规定收入标准的 对象Ⅲ:承租人有下列行为之一的:提供虚假证明材料等欺骗方式取得公租房的;转租、出借的;改变公租房结构或使用性质的;承租人无正当理由连续空置6个月以上的;拖欠租金累计6个月以上的;在公共租赁房中从事违法活动的;发生其他违约行为的	收回住房	给予3个月过渡期,过渡期内不予发放住房补贴	对象Ⅰ:逾期未退租的,按公租房租金标准的2倍计收租金。必要时可向人民法院申请强制执行,承租人今后不得申请住房保障资格 对象Ⅲ:5年内不得再次申请。其中,承租人隐瞒或伪造住房、收入等情况,骗取公共租赁住房的,承租期间按公共租赁住房租金标准的2倍计收租金,并依法依纪追究责任	《武汉市公共租赁住房租赁管理暂行规定》,2011年8月31日发布

城市	退出对象	退出方式	过渡期及安排	激励措施	相关文件
厦门	对象Ⅰ:租赁合同期满后,承租人未申请续租或不符合续租条件的(申请家庭成员都不具有本市户籍的;申请家庭已取得社会保障性住房后又拥有其他住房的;申请家庭收入为中等偏下收入家庭年收入控制标准2倍以上的;申请家庭信用档案中有不诚信记载且情节严重的) 对象Ⅱ:承租人有下列行为之一:弄虚作假、隐瞒家庭收入(资产)和住房条件骗取社会保障性住房的;出租、转租、转借、调换、经营、转让社会保障性住房,且拒不改正的;社会保障性住房住户改变房屋用途、擅自装修,损毁、破坏、改变房屋结构和配套设施的,且拒不改正的;承租户在接到办理入住手续通知后2个月内未办理手续并入住的,或承租的保障性住房无故连续空置超过6个月的;不按期缴纳租金,情节严重的	收回住房	可以给予一定期限的过渡期	对象Ⅰ:收入超过中等偏下收入家庭年收入控制标准,但为中等偏下收入家庭年收入控制标准的2倍以内(含2倍),收取市场租金。 对象Ⅱ:对弄虚作假、隐瞒家庭收入(资产)和住房条件骗取保障性住房的,收回房屋、没收违法所得,并处1万元以上3万元以下罚款;出租、转租、转借、调换、经营、转让保障性住房的,责令限期改正,没收违法所得,并对相关责任人处0.2万元以上1万元以下罚款;住户改变房屋用途、擅自装修,损毁、破坏、改变房屋结构和配套设施的,责令限期改正,没收违法所得,并对相关责任人处0.2万以上1万元以下罚款,对其中损毁、破坏房屋承重结构的,处5万元罚款	《厦门市社会保障性住房管理条例实施办法》,2015年10月12日发布

附录 2　国内典型城市经济适用住房的退出制度

城市	退出对象	退出方式	激励措施	相关文件
北京	购经适房不满 5 年但确需转让的	政府回购(价格按照原价格并考虑折旧和物价水平等因素确定)	无	《北京市经济适用住房管理办法(试行)》,2011 年 4 月 11 日发布
	购经适房满 5 年且自愿退出的	上市交易(交纳土地收益等价款),政府优先回购 购房人取得住房完全产权(补缴政府应得收益)	无	
	已购经适房后又购买其他住房的	政府回购	无	
	因弄虚作假,隐瞒及伪造相关证明而骗购经适房的	政府收回住房 购房人取得住房完全产权	取得住房完全产权的,须按同地段商品住房价格补足购房款;取消其申请资格,5 年内不得再次申请;构成犯罪的,移交司法机关依法追究刑事责任	
	擅自转租或转借他人居住的		取得住房完全产权的,须按同地段商品住房价格补足购房款;构成犯罪的,移交司法机关依法追究刑事责任	
天津	购经适房不满 5 年但确需转让的	政府回购(原价)	无	《天津市经济适用住房管理办法》,2008 年 4 月 14 日发布
	购经适房满 5 年且自愿退出的	上市交易(交纳土地收益等价款) 购房人取得住房完全产权(补缴政府土地收益综合价款)	无	
	骗取购买资格或逃避应缴政府收益的	购房人取得住房完全产权(房价按市场价格补足)	提请购房人所在单位给予行政处分;对拒不补缴的,可向人民法院提起诉讼	
重庆	购经适房不满 5 年但确需转让的	政府回购(原价)	无	《重庆市经济适用住房管理暂行办法》,2007 年 11 月 8 日发布
	购经适房满 5 年且自愿退出的	上市交易(补交土地收益等价款),政府优先回购 购房人取得住房完全产权(补交土地收益等价款)	无	
	通过弄虚作假骗购经适房的	政府收回住房 购房人取得住房完全产权	造成的损失由购房人承担;购房人取得住房完全产权的,须按同地段商品住房价格补足购房款	

城市	退出对象	退出方式	激励措施	相关文件
深圳	购经适房满5年且自愿退出的	上市交易(补缴增值收益),政府优先回购 购房人取得住房完全产权(补缴增值收益)	无	《深圳市保障性住房条例》,2010年6月8日发布;《深圳市经济适用住房取得完全产权和上市交易暂行办法》,2015年6月30日发布
	在取得完全产权前有以下情形之一的:已另行购买拥有住房的;全部家庭成员户籍均迁出本市的;因银行实现抵押权而处置保障性住房的;需要转让所购保障性住房的	政府回购(价格按照原价格并考虑折旧和物价水平等因素确定)	购买家庭在30日内搬迁;有正当理由无法按期搬迁的,给予不超过60日的延长期,在延长的限期内缴纳市场租金;无正当理由逾期不搬迁的,收取市场租金;拒不执行的,可依法申请人民法院强制搬迁	
	以弄虚作假、贿赂等不正当手段获取经适房的	购房人退回已购住房	对购房人处20万元罚款;终身不再受理其购买保障性住房或购房补贴申请;补交入住期间市场租金或按银行同期贷款利率补收补贴资金利息;有关当事人涉嫌伪造、变造或者使用伪造、变造的国家机关、人民团体、企业、事业单位或者其他组织的公文、证件、证明文件的,移送公安机关依法处理;有关当事人涉嫌诈骗、伪造公文印章、贿赂等犯罪的,移送司法机关依法处理	
	在取得完全产权前有以下情形之一的:①无正当理由连续六个月以上未在住房内居住的;②擅自转租住房的;③擅自互换、出借住房的;④擅自转让、抵押、出租住房的;⑤将住房用于经营性用途的;⑥擅自改变住房使用功能的;等等	政府收回住房 购房人取得住房完全产权(价格按照原价格并考虑折旧和物价水平等因素确定)	情形③④⑤⑥:不得受理其取得保障性住房完全产权的申请 情形②③④⑤⑥⑦:责令改正,没收违法所得,并处五万元罚款;五年内不予受理其住房保障申请	

319

续表

城市	退出对象	退出方式	激励措施	相关文件
广州	购经适房不满5年但确需转让的	政府回购(价格按原购房价格每年扣减1%)购房人出售给其他符合资格的家庭	无	《广州市经济适用住房制度实施办法(试行)》,2007年12月18日发布
	购经适房满5年且自愿退出的	上市交易(缴纳土地收益等价款),政府优先回购购房人取得住房完全产权(缴纳土地收益等价款)	无	
	逾期不退原租赁型保障性住房的	政府回购(原价)	无	
	购得经适房后又购买其他住房的	政府回购(价格按原购房价格每年扣减1%)	无	
	提供虚假的家庭收入、资产或住房情况等资料骗购经适房的	政府收回住房购房人取得住房完全产权(该住房属购房人唯一住房,须按同地段商品住房价格补足购房款)	补交入住期间的市场租金;按照购房合同约定承担民事赔偿责任;5年内不再接受其购买经适房申请;构成犯罪的,移送司法机关追究刑事责任	
	在取得完全产权前将经适房出租、出借或无正当理由连续空置6个月以上的;隐瞒发生不符合经适房继续享受条件的	政府收回住房(价格按原房价每年扣减1%计算)	追回出租、出借所得租金,并承担其他民事赔偿责任;5年内不再接受其购买经适房申请	
杭州	购经适房不满5年但确需转让的	政府回购(价格按照原价格并考虑折旧和物价水平等因素确定)购房人出售给其他符合资格的家庭(购房满3年)	对于转让给其他符合条件的购买家庭,买受人无房产的,交易时可减免相关税费	《杭州市区经济适用住房管理办法》,2007年9月7日发布;《浙江省经济适用住房管理办法》,2005年6月1日发布
	购经适房满5年且自愿退出的	上市交易(缴纳土地收益等价款)购房人取得住房完全产权(缴纳土地收益等价款)	对于未满规定的限制年限和未补交收益擅自转让的,处以5000元以上3万元以下的罚款	
	通过弄虚作假,隐瞒家庭收入、住房及其他相关情况骗购经适房的	政府收回住房	对购房人处以1万元以上5万元以下的罚款;拒不退回住房的,可申请人民法院强制执行	
	通过购置、继承、受赠等方式获得其他住房的购房人;不再符合经适房保障条件的	政府回购(价格按照原价格并考虑折旧和物价水平等因素确定)购房人取得住房完全产权(购房满5年)	已购经适房未按规定回购或取得完全产权,且拒不执行政府退出管理决定的,可依法申请人民法院强制执行	《关于规范杭州市区经济适用住房上市交易和回购管理的实施意见(试行)》,2013年8月15日发布

城市	退出对象	退出方式	激励措施	相关文件
武汉	购经适房不满 5 年但确需转让的	政府回购(价格按照原价格并考虑折旧和物价水平等因素确定)	无	《武汉市经济适用住房管理办法》,2017 年 5 月 11 日发布
	购经适房满 5 年且自愿退出的	上市交易(缴纳土地收益等价款),政府优先回购购房人取得住房完全产权(缴纳土地收益等价款)	无	
	已购经适房后又购买其他住房的	政府回购	无	
	在取得完全产权前违反规定出租或者转让经适房且拒不整改的	政府收回住房	取消其再次申请购买经适房的资格	
	通过弄虚作假、隐瞒家庭收入和住房条件,骗购经适房的	政府收回住房(价格按原价格并考虑折旧等因素作价回购)	违反治安管理有关规定的,由公安机关予以查处;涉嫌犯罪的,由司法机关依法追究刑事责任	
厦门	购经适房不满 5 年但确需转让的	政府回购(价格按照原价格并考虑折旧和物价水平等因素确定)	无	《厦门市保障性商品房管理办法》,2017 年 3 月 2 日发布
	购经适房满 5 年且自愿退出的	上市交易(缴纳土地收益等价款),政府优先回购购房人取得住房完全产权(缴纳土地收益等价款)	无	
	已购经适房后购买、继承或受赠其他住房的;住房因权属个人原因被依法进行司法强制处置的	政府回购(价格按照原价格并考虑折旧和物价水平等因素确定)	无	
	由于不如实申报家庭人口、户籍、住房等情况,在取得完全产权前将经适房用于出租、经营、违规转让,改变房屋用途、擅自装修、损毁、破坏、改变房屋结构和配套设施的	政府收回住房	自应当退出之日起缴交市场租金;给予一定期限过渡期,过渡期满仍拒不退出的,依法申请强制执行;应按不诚信行为在申请家庭信用档案中予以记载;情节严重的,5 年内不得再申请具有保障性质的政策性住房	

附录3 公共租赁住房退出意愿调查问卷

尊敬的女士、先生：

您好！非常感谢您在百忙中抽出时间填写这份调查问卷。本次调研是由国家社会科学基金资助、武汉大学中国住房保障研究中心所进行的一项专题研究的重要组成部分。本次调查大致会占用您10分钟时间，旨在更好地了解公共租赁住房租户对公共租赁住房退出的真实态度和意愿，从而为完善公共租赁住房的退出机制提出合理化政策建议。本问卷调查纯属学术研究之用，采用匿名方式进行，我们承诺不将所获取的任何信息用于商业目的，并对您所填内容予以严格保密，您无须有任何顾虑。您的看法将对我们的研究结论具有非常重要的意义，请您客观真实地填写问卷（请在您同意的选项前打"√"以及在横线上填写适当的内容），感谢您的支持与配合！

一、 个人及家庭的基本情况

1. 您的性别是什么？　A.男　B.女

2. 您的年龄：_____。

3. 您的婚姻状况是什么？　A.未婚　B.已婚

4. 您的受教育程度是什么？

A.初中及以下　B.高中（中专）　C.大专　D.本科　E.硕士及以上

5. 您的就业状态是什么？

A.党政机关工作人员/企事业单位员工　B.个体工商户/自由职业者

C.离退休人员　D.无业及其他

6. 您的家庭每月人均可支配收入大约是多少？

A.600元及以下　B.601—1000元　C.1001—2000元

D.2001—3000元　E.3001元及以上

二、 现居住情况

7. 您承租的公共租赁住房目前居住人数(含本人)为:_____。

8. 您已在公共租赁住房(含原廉租住房)内居住多长时间?

A.2 年以内　B.2—5 年　C.5—10 年　D.10 年以上

9. 您对目前承租的公共租赁住房的居住条件(主要包括住房的地理位置、房屋质量、装修情况、居住环境及邻里交往感受)是否满意?

A.非常不满意　B.不满意　C.一般　D.满意　E.非常满意

三、 对公共租赁住房及其退出政策的认知情况

10. 您认为公共租赁住房的性质是什么?

A.政府给予中低收入住房困难居民的永久性福利住房

B.政府给予中低收入住房困难居民的有租赁期限的过渡性保障住房

C.不清楚

11. 您了解公共租赁住房的退出政策吗?

A.非常不了解　B.不了解　C.一般　D.了解　E.非常了解

12. 如果公共租赁住房管理部门对租户下达了取消公共租赁住房承租资格的决定书,您认为该政策能够顺利执行吗?

A.不能　B.不确定　C.能够

13. 据您所知,您身边是否有租户虽然已经不再符合继续租住公共租赁住房的条件却不按要求及时办理退出手续的情况?

A.没有　B.有少量　C.有很多　D.不清楚

14. 据您所知,您身边是否有公共租赁住房租户违法、违规使用房屋(主要指转租、转借、长期空置公租房、擅自拆改房屋结构、故意损坏住房及其附属设备、未按时交纳房租或提交复核材料等)的情况?

A.没有　B.有少量　C.有很多　D.不清楚

15. 据您所知,您身边是否有租户通过提供不实材料获取公共租赁住房继续租住资格的情况?

A.没有　B.有少量　C.有很多　D.不清楚

16. 您对不符合继续租住公共租赁住房的条件却拒不退出这种行为的看法是什么?

A.这种现象很正常,公共资源不占白不占

B.这种现象不应该,但是如果租户确有退出困难还是可以理解的

C.鄙视这种侵占公共资源的行为

D.不能容忍这种行为,会向相关部门举报

17. 如果您不再符合继续租住公共租赁住房的条件,您认为您需要多久的腾退过渡期?

A.小于 3 个月 B.3—6 个月 C.6 个月—1 年 D.1 年及以上

18. 如果政府实施公共租赁住房实行"梯度租金补贴政策"(家庭经济条件越好所获得的租金补贴额度越少),您的态度是?

A.不赞成　B.无所谓　C.赞成

19. 如果政府加大对违法违规使用公共租赁住房、骗取公共租赁住房、不再符合租住条件却拒不退出等行为的严惩力度,您的态度是?

A.不赞成　B.无所谓　C.赞成

20. 如果政府对主动退出且信用良好的承租人给予优惠政策(例如,给予现金奖励;给予精神奖励;退还部分租金;限价商品住房的优先购买权;降低购买商品住宅的首付比例、贷款利率;减免购买商品住宅的契税等),您的态度是?

A.不赞成　B.无所谓　C.赞成

21. 如果您不再符合继续租住公共租赁住房条件,您会选择按时退出公共租赁住房吗?

A.不会　B.视政府采取的措施而定　C.会

四、 对未来改善居住条件的信心及意愿

22. 您如果选择退出公共租赁住房,您对未来依靠自己的能力解决住房问题有信心吗?

A.没有信心　B.一般　C.有信心

23. 您计划在几年内购买自有住房?

A.2 年以内　B.2—5 年　C.5—10 年　D.10 年以上或不打算购买

24. 您对公共租赁住房退出管理有何建议或意见?

_____

本调查到此结束,再次感谢您的热情参与!

附录4 本书主要涉及的国内保障性 住房退出政策文件

1.《城镇经济适用住房建设管理办法》(建房〔1994〕761号),1994年12月15日发布。

2.《城镇廉租住房管理办法》(建设部令第70号),1999年4月19日发布。

3.《已购公有住房和经济适用住房上市出售土地出让金和收益分配管理的若干规定》(财综字〔1999〕113号),1999年7月15日发布。

4.《经济适用住房管理办法》(建住房〔2004〕77号),2004年5月13日发布。

5.《城镇最低收入家庭廉租住房申请、审核及退出管理办法》(建住房〔2005〕122号),2005年7月7日发布。

6.《廉租住房保障办法》(建设部、国家发展和改革委员会、监察部、民政部、财政部、国土资源部、中国人民银行、国家税务总局、国家统计局令第162号),2007年11月8日发布。

7.《经济适用住房管理办法》(建住房〔2007〕258号),2007年11月19日发布。

8.《公共租赁住房管理办法》(中华人民共和国住房和城乡建设部令第11号),2012年5月28日发布。

9.《住房城乡建设部、财政部、国家发展改革委关于公共租赁住房和廉租住房并轨运行的通知》,2013年12月2日发布。

10.《北京市经济适用住房管理办法(试行)》,2011年4月11日发布。

11.《北京市公共租赁住房管理办法(试行)》,2011年4月11日发布。

12.《北京市公共租赁住房后期管理暂行办法》,2013年7月25日发布。

13.《北京市共有产权住房管理暂行办法》,2017 年 12 月 29 日发布。

14.《天津市基本住房保障管理办法》,2012 年 9 月 1 日发布;《天津市公共租赁住房管理实施细则》,2016 年 9 月 19 日发布。

15.《天津市经济适用住房管理办法》,2008 年 4 月 14 日发布。

16.《上海市城镇廉租住房试行办法》,2000 年 9 月 3 日发布。

17.《上海市发展公共租赁住房的实施意见》,2010 年 9 月 4 日发布。

18.《上海市关于公共租赁住房租赁总年限期满退出相关政策口径的通知》,2018 年 3 月 16 日发布。

19.《上海共有产权保障住房管理办法》,2016 年 3 月 16 日发布。

20.《重庆市公共租赁住房管理实施细则》,2011 年 2 月 11 日发布。

21.《重庆市经济适用住房管理暂行办法》,2007 年 11 月 8 日发布。

22.《深圳市保障性住房条例》,2010 年 6 月 8 日发布。

23.《深圳市公共租赁住房轮候与配租暂行办法》,2013 年 4 月 25 日发布。

24.《深圳市经济适用住房取得完全产权和上市交易暂行办法》,2015 年 6 月 30 日发布。

25.《广州市经济适用住房制度实施办法(试行)》,2007 年 12 月 18 日发布。

26.《广州市公共租赁住房保障办法》,2016 年 7 月 18 日发布。

27.《浙江省经济适用住房管理办法》,2005 年 6 月 1 日发布。

28.《杭州市区经济适用住房管理办法》,2007 年 9 月 7 日发布。

29.《杭州市城镇廉租住房保障管理办法》,2008 年 1 月 22 日发布。

30.《杭州市公共租赁住房建设租赁管理暂行办法》,2011 年 10 月 25 日发布。

31.《关于规范杭州市区经济适用住房上市交易和回购管理的实施意见(试行)》,2013 年 8 月 15 日发布。

32.《武汉市廉租住房保障办法》,2009 年 11 月 27 日发布。

33.《武汉市公共租赁住房租赁管理暂行规定》,2011 年 8 月 31 日发布。

34.《武汉市经济适用住房管理办法》,2017 年 5 月 11 日发布。

35.《厦门市社会保障性住房管理条例实施办法》,2015 年 10 月 12 日发布。

36.《厦门市保障性商品房管理办法》,2017 年 3 月 2 日发布。

37.《厦门市关于进一步完善社会保障性住房管理工作的说明》,2017 年 6 月 19 日发布。

38.《南京市保障性住房共有产权管理办法(试行)》,2015 年 4 月 29 日发布。

39.《淮安市共有产权经济适用住房管理办法(试行)》,2010 年 11 月 1 日发布。

参 考 文 献

一、中文文献

（一） 文件文献

1.胡锦涛:《高举中国特色社会主义伟大旗帜 为夺取全面建设小康社会新胜利而奋斗——在中国共产党第十七次全国代表大会上的报告》,人民出版社 2007 年版。

2.胡锦涛:《坚定不移沿着中国特色社会主义道路前进 为全面建成小康社会而奋斗——在中国共产党第十八次全国代表大会上的报告》,人民出版社 2012 年版。

3.习近平:《决胜全面建成小康社会 夺取新时代中国特色社会主义伟大胜利——在中国共产党第十九次全国代表大会上的报告》,人民出版社 2017 年版。

（二） 著作

1.陈海航等主编:《中国保障性住房政策与法律实物应用工具箱》,法律出版社 2010 年版。

2.郭士征主编:《社会保障学》,上海财经大学出版社 2009 年版。

3.胡晶晶:《公共租赁住房配租机制研究》,人民出版社 2017 年版。

4.许尚豪等:《优先购买权制度研究》,中国法制出版社 2006 年版。

5.杨立新:《共有权研究》,高等教育出版社 2003 年版。

6.姚玲珍:《中国公共住房模式研究》,上海财经大学出版社 2003 年版。

7.姚玲珍:《中国公共住房政策》,上海财经大学出版社 2009 年版。

8.[美]杰瑞·马肖:《行政国的正当程序》,沈岿译,高等教育出版社 2005 年版。

9.[澳]休·史卓顿等:《公共物品、公共企业和公共选择》,费昭辉等译,经济科学出版社 2000 年版。

10.[美]约翰·罗尔斯:《正义论》,何怀宏等译,中国社会科学出版社 1988 年版。

11.[美]詹姆斯·M.布坎南:《民主过程中的财政》,穆怀朋译,商务印书馆 2002 年版。

（三） 期刊论文

1.艾建国等:《保障房退出机制研究》,《城市问题》2012 年第 2 期。

2.巴曙松:《中国保障性住房进入与退出机制研究》,《金融理论与实践》2012 年第 11 期。

3.常志朋等:《廉租房柔性退出机制研究》,《华南理工大学学报（社会科学版）》2014 年第 2 期。

4.陈杰等:《韩国的公共租赁住房体系》,《城市问题》2010 年第 6 期。

5.陈俊华等:《公租房准入与退出的政策匹配:北京例证》,《改革》2012 年第 1 期。

6.陈淑云等:《经济适用房共享式产权比例的确定及退出》,《商业研究》2010 年第 10 期。

7.陈淑云等:《公租房的后期管理问题及其解决方略——以武汉市为例》,《城市问题》2014 年第 9 期。

8.陈淑云:《典型城市公租房退出机制比较研究》,《当代经济》2017 年第 34 期。

9.陈耀东等:《我国保障房退出机制的法律检视——以产权型保障房与租赁型保障房界分为标准》,《天津法学》2014 年第 1 期。

10.陈婴虹:《论我国公共租赁住房的退出制度——以城市中等偏低收入住房困难家庭为视角》,《河北法学》2014 年第 4 期。

11.崔光灿:《香港公共住房的退出管理》,《上海房地》2008 年第 2 期。

12.崔建远:《住房有限产权论纲》,《吉林大学社会科学学报》1994 年第 1 期。

13.邓宏乾等:《我国保障住房供给体系并轨问题研究》,《华中师范大学学报（人文社会科学版）》2012 年第 5 期。

14.邓宏乾等:《租赁型保障住房退出机制研究——基于进化博弈论的视角》,《贵州社会科学》2015 年第 3 期。

15.丁晓欣等:《吉林省保障性住房准入退出制度研究》,《吉林建筑大学学报》2015 年第 4 期。

16.方永恒等：《保障房退出机制存在的问题及其解决途径》，《城市问题》2013 年第 11 期。

17.冯俏彬等：《权益—伦理型公共产品：关于扩展的公共产品定义及其阐释》，《经济学动态》2010 年第 7 期。

18.辜胜阻等：《住房双轨制改革与住宅市场启动》，《社会学研究》1998 年第 6 期。

19.郭伟明：《保障家庭再取得其他住房后的监管和退出问题研究》，《上海房地》2015 年第 7 期。

20.郭伟明：《经济适用住房以租代退方式初探住房保障》，《上海房地》2017 年第 6 期。

21.何灵：《经济适用住房制度：改革路径探析——以退出管理为分析视角》，《经济体制改革》2010 年第 1 期。

22.何灵等：《廉租住房保障退出机制：现状、问题与对策——以上海市为例》，《华东经济管理》2010 年第 2 期。

23.胡晶晶：《论中国的公共住房租金》，《福建论坛·人文社会科学版》2013 年第 11 期。

24.胡晶晶：《美国公共住房配租政策及其对中国的启示》，《中国房地产》2015 年第 18 期。

25.胡晶晶等：《公共租赁房租户退出意愿的影响因素研究——以武汉市为例》，《南宁师范大学学报(哲学社会科学版)》2019 年第 6 期。

26.胡琳琳：《保障性住房公平分配的国际经验与启示》，《党政论坛》2013 年第 8 期。

27.黄辉玲等：《浙江省保障性住房"内循环"制度实施现状调查、评价、原因及对策》，《现代城市研究》2010 年第 10 期。

28.黄修民：《韩国公共住房供应模式探析和启示》，《兰州学刊》2010 年第 1 期。

29.惠晓曦：《寻求社会公正与融合的可持续途径：荷兰社会住宅的发展与现状》，《国际城市规划》2012 年第 4 期。

30.贾春梅：《保障房"转换"式退出机制研究——腾退方式的有益补充》，《会计与经济研究》2013 年第 1 期。

31.贾康等：《优化与强化政府职能建立和完善分层次住房保障体系》，《财贸经济》2008 年第 1 期。

32.焦怡雪：《荷兰社会住房"租转售"机制探索的借鉴与启示》，《国际城市规划》2020 年第 3 期。

33.金钟范:《韩国国民租赁住宅政策内涵与特点》,《上海房地》2005 年第 4 期。

34.李宝龙:《博弈视角下公租房退出机制研究》,《建筑经济》2016 年第 1 期。

35.李光:《保障性住房"退出难"的破解之道——以"杭州市廉租住房为样本"》,《中国房地产》2012 年第 2 期。

36.李进涛等:《计划行为视角的公共租赁住房退出意愿研究——以武汉市为例》,《社会保障研究》2016 年第 5 期。

37.李进涛等:《公共住房退出的影响因素、决策与阻滞治理——文献的视角》,《中国房地产:学术版》2016 年第 11 期。

38.李素贞:《完善退出机制,实现保障性住房的动态管理》,《经济研究参考》2010 年第 6 期。

39.李维哲等:《完善的住房保障——澳大利亚的住房资助计划》,《城市问题》2003 年第 3 期。

40.刘黎辉等:《城市廉租住房保障的退出机制》,《中国房地产》2008 年第 6 期。

41.刘云:《节能与防止骗购骗租》,《现代物业》2010 年第 5 期。

42.卢金锋等:《借鉴日本公营住宅经验建立我国低收入家庭住房租金模型》,《土木工程学报》2005 年第 12 期。

43.陆志斌:《澳大利亚、新西兰住房制度考察报告》,《广西城镇建设》2006 年第 1 期。

44.罗婷:《公租房退出机制的地方立法分析——以北京等 11 省市的政府规章为分析样本》,《西南政法大学学报》2012 年第 4 期。

45.潘雨红等:《公共租赁房腾退意愿研究及政策建议——以重庆为例》,《建筑经济》2015 年第 1 期。

46.秦虹等:《经济适用房产权与收益问题研究》,《城市开发》2006 年第 11 期。

47.任容庆:《产权型保障房退出机制论——基于"有限产权"向"共有产权"理论变迁的分析》,《政法学刊》2015 年第 3 期。

48.申卫星:《经济适用房共有产权论——基本住房保障制度的物权法之维》,《政治与法律》2013 年第 1 期。

49.唐旭君等:《城镇廉租住房退出机制的重新构建——以上海为例》,《经济与管理研究》2014 年第 3 期。

50.王宏新等:《经济适用房"内循环"制度探析》,《北京房地产》2007 年第 3 期。

51.韦海民等:《共有产权保障房退出模式比较分析——以我国试点城市为例》,《建筑经济》2015 年第 11 期。

52.魏杰等:《我国住房制度的改革路径:基于住房商品的特殊性质》,《经济体制改革》2007年第2期。

53.魏丽艳:《保障性住房公平分配的准入退出机制研究》,《东南学术》2012年第3期。

54.谢凯佳等:《保障性住房退出机制研究——以宁波为例》,《改革与战略》2012年第11期。

55.邢瑞磊:《理解理性选择理论:历史、发展与论争》,《武汉大学学报(哲学社会科学版)》2015年第3期。

56.许飞琼:《降低住房空置率与实现住有所居的合理政策取向——来自澳大利亚住房租赁补贴计划的启示》,《财政研究》2013年第3期。

57.徐菊芬等:《英德公共租赁住房供给模式及其特征对比》,《中国房地产》2016年第24期。

58.杨继瑞:《和谐社会廉租房制度重构的思考与对策》,《高校理论战线》2007年第5期。

59.杨玲:《我国保障性住房管理现状与完善》,《西部论坛》2011年第5期。

60.袁凯:《新加坡组屋制度及对完善我国保障房体系的启示》,《新金融》2014年第9期。

61.曾国安等:《论建立廉租住房家庭腾退住房保障机制的必要性及基本构想》,《山东经济》2010年第1期。

62.曾国安等:《关于建立廉租住房腾退五大保障机制的构想》,《湖北行政学院学报》2010年第1期。

63.曾国安等:《论廉租住房腾退方式与激励机制存在的问题及解决思路》,《开发研究》2010年第3期。

64.曾国安等:《论建立廉租住房保障家庭腾退住房保障机制的必要性及基本构想》,《山东经济》2010年第6期。

65.曾国安:《论中国城镇住房保障体系改革和发展的基本思路与目标构架》,《江汉论坛》2011年第2期。

66.曾辉等:《美国公共住房退出管理中的两难抉择及启示》,《中国房地产》2016年第27期。

67.张波等:《经济适用住房退出机制的构建》,《经济理论与经济管理》2008年第7期。

68.张津君等:《城市廉租住房退出机制的博弈分析》,《工程管理学报》2013年第

1 期。

69.张琪:《保障房的准入与退出制度研究:一个国际比较的视角》,《社会科学战线》2015 年第 6 期。

70.赵凤:《公共租赁住房退出机制分析——以杭州市公共租赁住房为例》,《中国乡镇企业会计》2015 年第 2 期。

71.赵伟等:《我国住房保障体系的症结与改革思路》,《甘肃社会科学》2010 年第 4 期。

72.周建高:《日本公共住宅政策刍论》,《南开日本研究》2013 年第 9 期。

（四） 报纸文章

1.陈杰:《经适房应并入廉租房和公共租房体系》,《消费日报》2009 年 5 月 28 日。

2.房泓等:《住建部将研究保障房退出机制》,《光明日报》2011 年 10 月 26 日。

3.胡晶晶等:《关于租赁式保障性住房退出问题的思考》,《光明日报》2012 年 11 月 4 日。

4.刘浩远:《日本向中低收入者租售低价房》,《中国社会报》2007 年 6 月 4 日。

5.刘洪玉:《保障房怎样能进也能出》,《人民日报》2009 年 12 月 15 日。

6.李文云:《英国将立法严惩公共租赁住房欺诈行为》,《人民日报》2012 年 1 月 3 日。

7.王岚:《江东区取消 66 户廉租房家庭保障资格》,《宁波日报》2012 年 5 月 6 日。

8.王丽新:《财政部补助公租房 660 亿元公租房占保障房比重增至逾三成》,《证券日报》2012 年 5 月 25 日。

9.徐日丹:《保障房立法:守住公平分配生命线》,《检察日报》2012 年 3 月 11 日。

（五） 会议论文及学位论文

1.焦怡雪:《荷兰社会住房的租赁管理经验借鉴》,《新常态:传承与变革——2015 中国城市规划年会论文集》,2015 年。

2.廖希飞:《我国公共住房保障法律制度研究》,博士学位论文,中国政法大学宪法学与行政法学专业,2011 年。

3.曾辉:《基于演化博弈与委托代理理论的公共租赁住房退出问题研究》,博士学位论文,浙江工业大学工商管理专业,2016 年。

（六） 网络文献

1.《关于加快发展公共租赁住房的指导意见》（建保〔2010〕87号），2010年6月13日，中国政府网，见 http://www.gov.cn/gzdt/2010-06/13/content_1627138.htm。

2.《国家安居工程实施方案》，1995年1月20日，中国政府网，见 http://www.gov.cn/zhengce/content/2016-10/18/content_5120850.htm。

3.《国务院办公厅关于加快培育和发展住房租赁市场的若干意见》（国办发〔2016〕39号），2016年5月17日，中国政府网，见 http://www.gov.cn/zhengce/content/2016-06/03/content_5079330.htm。

4.《国务院关于城镇保障性住房建设和管理工作情况的报告》，2011年10月25日，中国人大网，见 http://www.npc.gov.cn/wxzl/gongbao/2011-12/30/content_1686369.htm。

5.《国务院关于促进房地产市场持续健康发展的通知》（国发〔2003〕18号），2003年8月12日，中国政府网，见 http://www.gov.cn/zwgk/2005-08/13/content_22259.htm。

6.《国务院关于解决城市低收入家庭住房困难的若干意见》（国发〔2007〕24号），2007年8月7日，中国政府网，见 http://www.gov.cn/zwgk/2007-08/13/content_714481.htm。

7.《国务院关于进一步深化城镇住房制度改革加快住房建设的通知》（国发〔1998〕23号），1998年7月3日，中国网，见 http://www.china.com.cn/law/flfg/txt/2006-08/08/content_7058347.htm。

8.《国务院关于深化城镇住房制度改革的决定》（国发〔1994〕43号），1994年7月18日，中国政府网，见 http://www.gov.cn/zhuanti/2015-06/13/content_2878960.htm。

9.《李克强主持保障性住房公平分配工作座谈会并讲话》，2012年2月7日，中国政府网，见 http://www.gov.cn/ldhd/2012-02/07/content_2060768.htm。

10.《李克强在北京市考察保障性安居工程建设情况》，2012年8月22日，中国政府网，见 http://www.gov.cn/ldhd/2012-08/22/content_2208723.htm。

11.《温家宝：保障房建设以后着手制定管理和退出机制》，2011年3月14日，中国网，见 http://www.china.com.cn/2011/2011-03/14/content_22133728.htm。

12.《习近平：要为困难群众提供基本住房保障》，2013年10月31日，中国网，见 http://finance.china.com.cn/news/gnjj/20131031/1928729.shtml。

13.中华人民共和国审计署办公厅：《66个市县2011年城镇保障性安居工程审计结果》，2012年7月18日，中华人民共和国审计署网站，见 http://www.audit.gov.cn/

n5/n25/c63606/content.html。

14.中华人民共和国审计署办公厅：《2012 年城镇保障性安居工程跟踪审计结果》，2013 年 8 月 9 日，中国政府网，见 http://www. gov. cn/zwgk/2013 – 08/09/content_2464030.htm。

15.中华人民共和国审计署办公厅：《2013 年城镇保障性安居工程跟踪审计结果》，2014 年 7 月 18 日，中华人民共和国审计署网站，见 http://www. audit. gov. cn/n5/n25/c63664/content.html。

16.中华人民共和国审计署办公厅：《2014 年城镇保障性安居工程跟踪审计结果》，2015 年 8 月 17 日，中华人民共和国审计署网站，见 http://www. audit. gov. cn/n5/n25/c73922/content.html。

17.中华人民共和国审计署办公厅：《2015 年保障性安居工程跟踪审计结果》，2016 年 6 月 29 日，中华人民共和国审计署网站，见 http://www. audit. gov. cn/n5/n25/c84952/content.html。

18.中华人民共和国审计署办公厅：《2016 年保障性安居工程跟踪审计结果》，2017 年 6 月 23 日，中华人民共和国审计署网站，见 http://www. audit. gov. cn/n5/n25/c96999/content.html。

19.《中华人民共和国物权法》（中华人民共和国主席令第 62 号），2007 年 3 月 16 日，中国政府网，见 http://www.gov.cn/ziliao/flfg/2007–03/19/content_554452.htm。

二、外文文献

（一） 著作

1.Burnham, R., *Housing Ourselves: Creating Affordable, Sustainable Shelter*, McGraw-Hill Professional, 1998.

2.Glennerster, H., Hills, J., Travers, T., *Paying for Health, Education, and Housing: How does the Centre Pull the Purse Strings?* New York: Oxford University Press, 2000.

3.Glynn, S., *Where the Other Half Lives: Lower Income Housing in a Neoliberal World*, New York: Pluto Press, 2009.

4.Harloe, M., *The People's Home? Social Rented Housing in Europe and America*, New Jersey: Wiley-Blackwell, 1995.

5.Lund, B., *Understanding Housing Policy*, Bristol: Policy Press, 2006.

6.Scanlon, K.J., Whitehead, C., Arrigoitia, Melissa Fernández, *Social Housing in Europe*,

Oxford:Wiley Blackwell,2014.

（二） 期刊论文、工作论文及析出文献

1.Anas,A.,Arnott,R.J.,"The Chicago Prototype Housing Market Model with Tenure Choice and Its Policy Applications",*Journal of Housing Research*,Vol.5,No.1(1994),pp. 23-89.

2.Autry,C.J.,"'HOPE' for Home Ownership", *Journal of Housing*,No.9(1994),pp. 36-38.

3.Bramley,G.,"Public Sector Housing Rents and Subsidies:Alternative Approaches and Their Applications to Selected Localities",School for Advanced Urban Studies,University of Bristol Working Paper No.92,1991.

4.Blumenthal,S.H.,"Housing the Poor under the Section 8 New Construction Program",*Journal of Urban and Contemporary Law*,Vol.15,No.1(1978),pp.281-307.

5.Boelhouwer,P.,"International Comparison of Social Housing Management in Western Europe",*Netherlands Journal of Housing & the Built Environment*,Vol.14,No.3(1999),pp. 225-240.

6.Bogdon,A.S.,Can,A.,"Indicators of Local Housing Affordability:Comparative and Spatial Approaches",*Real Estate Economics*,Vol.25,No.1(1997),pp.43-80.

7.Bramley,G.,Dunmore,K.,"Shared Ownership:Short-term Expedient or Long-term Major Tenure?", *Housing Studies*,Vol.11,No.1(1996),pp.105-131.

8.Bramley,G.,Karley,N.K.,"How Much Extra Affordable Housing is Needed in England?", *Housing Studies*,Vol.20,No.5(2005),pp.685-715.

9.Clay,W.L.,"Don't Sell Public Housing!", *Journal of Housing*,No.7(1990),pp. 189-194.

10.Cowan,D.,Morgan,K.,"Trust,Distrust and Betrayal:A Social Housing Case Study",*The Modern Law Review*,Vol.72,No.12(2009),pp.157-181.

11.Deng,Y.,Sing,T.F.,Ren,C.,"The Story of Singapore's Public Housing:from a Nation of Home-seekers to a Nation of Homeowners", *Springer Berlin Heidelberg*,Vol.100, No.6(2013),pp.607-608.

12.Friedman,L.M.,"Public Housing and the Poor:An Overview",*California Law Review*,Vol.54,No.2(1966),pp.642-669.

13.Gallent,N.,Hall,P.,"The Production of Affordable Housing in the UK",*Kyushu*

Journal of Medical Science, Vol.15, No.15(1964), pp.11-20.

14. Grange, A.L., "Privatising Public Housing in Hong Kong: Its Impact on Equity", *Housing Studies*, Vol.13, No.4(1998), pp.507-525.

15. Hancock, K.E., "'Can Pay? Won't Pay?' or Economic Principles of 'Affordability'", *Urban Studies*, Vol.30, No.1(1993), pp.127-145.

16. Hellegers, A.P., "Reforming Hud's One-Strike Public Housing Evictions through Tenant Participation", *Journal of Criminal Law & Criminology*, Vol.90, No.1(1999), p.323.

17. Hirayama, Y., "Neoliberal Policy and the Housing Safety Net in Japan", *City Culture & Society*, Vol.1, No.3(2010), pp.119-126.

18. Howard, M., "Subsidized Housing Policy: Defining the Family", *Berkeley Journal of Gender Law & Justice*, Vol.22, No.1(2007), pp.97-134.

19. Hulchanski, J.D., "The Concept of Housing Affordability: Six Contemporary Uses of the Housing Expenditure-to-Income Ratio", *Housing Studies*, Vol. 10, No. 4 (1995), pp. 471-491.

20. Kamete, A.Y., "The Quest for Affordable Urban Housing: A Study of Approaches and Results in Harare, Zimbabwe", *Development Southern Africa*, Vol. 18, No. 1 (2001), pp. 31-44.

21. Kempen, R. Van, Priemus, H., "Revolution of Social Housing in the Netherlands: Possible Effects of New Housing Policies", *Urban Studies*, Vol.39, No.2(2002), pp.237-253.

22. Kimenyi, M.S., "Rational Choice, Culture of Poverty, and the Intergenerational Transmission of Welfare Dependency", Southern Economic Journal, Vol. 57, No. 4, (1991), pp. 947-960.

23. Lawrence, J.V., "Public Housing and the American Dream: Residents' Views on Buying into 'the Projects'", *Housing Policy Debate*, Vol.9, No.2(1998), pp.267-298.

24. Lee, H., Hong, H., "An Examination of Housing Policy for Low-income Households in Korea", in paper presented at the Asia-Pacific network for housing research(APNHR) conference-Transformation in housing, urban life, and public policy, August, Seoul National University, South Korea, 2007.

25. Leigh, W.A., Mitchell, M.O., "Public housing and the black community", *The Review of Black Political Economy*, Vol.11, No.1(1980), pp.53-75.

26. Lidstone, P. "Rationing Housing to the Homeless Applicant", *Housing Studies*, Vol.9, No.4(1994), pp.459-472.

27.Lowry,I.S.,"Filtering and Housing Standards: A Conceptual Analysis",*Land Economics*,Vol.36,No.4(1960),pp.362-370.

28.Malkin,J.,Wildavsky,A.,"Why the Traditional Distinction between Public and Private Goods Should be Abandoned",*Journal of Theoretical Politics*,Vol.3,No.4,(1991),pp.355-378.

29.Maslow,A.H.,"A Theory of Human Motivation",*Psychological Review*,Vol.50,No.4 (1943),pp.370-396.

30.Miles, M. C., " Development and Change: Issues of Housing for Women in Post-Colonial Swaziland", in *Issues in the Economy and Politics of Swaziland Since* 1968,Kanduza, Ackson M. and Mkhonza, Sarah T. (eds.), Kwaluseni, Swaziland: University of Swaziland, 2003,pp.30-42.

31.Moore, E., Skaburskis, A., " Canada's Increasing Housing Affordability Burdens", *Housing Studies*,Vol.19,No.3(2004),pp.395-413.

32.O'Flaherty, B., " An Economic Theory of Homelessness and Housing", *Journal of Housing Economics*,Vol.4,No.1(2012),pp.13-49.

33.Ohls,J.C.,"Public Policy toward Low Income Housing and Filtering in Housing Markets",*Journal of Urban Economics*,Vol.2,No.2(1975),pp.144-171.

34.Ong,S.E.,"Housing Affordability and Upward Mobility from Public to Private Housing in Singapore",*International Real Estate Review*,Vol.3,No.1(2000),pp.49-64.

35. Plotnick, R., " Turnover in the AFDC population: An Event History Analysis", *Journal of Human Resources*,Vol.18,No.1,(1983),pp.65-81.

36.Rakodi,C.,"Housing Finance for Lower-income Urban Households in Zimbabwe", *Housing Studies*,Vol.10,No.2(1995),pp.199-227.

37.Rex,J.,Walton,J.,Moore,R.,Shuttleworth,A.,Williams,J.,"Race,Community and Conflict:a Study of Sparkbrook",*American Sociological Review*,Vol.32,No.6(1967),p.1029.

38.Sahlin, I. "Strategies for Exclusion from Social Housing",*Housing Studies*, Vol.10, No.4(1995),pp.381-401.

39.Samuelson,P.A.,"The Pure Theory of Public Expenditures",*Review of Economics and Statistics*,Vol.36,No.4,(1954),pp.387-389.

40.Samuelson,P.A.,"Diagrammatic Exposition of a Theory of Public Expenditures",*Review of Economics and Statistics*,Vol.37,No.4,(1955),pp.350-356.

41.Schill,M.H.,"Distressed Public Housing:Where Do We Go from Here?",*University of Chicago Law Review*, Vol.60, No.2(1993), pp.497−554.

42.Sillars, R., "The Department of the Right to Buy and the Sale of Council Houses", *Economic Affairs*, Vol.27, No.1(2007), pp.52−57.

43.Silver, H., McDonald, J., Ortiz, R.J., "Selling Public Housing: the Methods and Motivations", *Journal of Housing*, No.11(1985), pp.213−221.

44.Stone, M.E., "What is Housing Affordability? The Case for the Residual Income Approach", *Housing Policy Debate*, Vol.17, No.1(2006), pp.151−184.

45.Sweeney, J., "Quality Commodity Hierarchies and Housing Markets", *Econometrica*, Vol.42, No.1(1974), pp.147−167.

46.Whitehead, C.M.E., "From Need to Affordability: An Analysis of UK Housing Objectives", *Urban Studies*, Vol.28, No.6(1991), pp.871−887.

47.Whitehead, C.M.E., "Planning Policies and Affordable Housing: England as a Successful Case Study?", *Housing Studies*, Vol.22, No.1(2007), pp.25−44.

48.Whitehead, C., Yates, J., "Is there a Role for Shared Equity Products in Twenty-First Century Housing? Experience in Australia and the UK", in *The Blackwell Companion to the Economics of Housing: the Housing Wealth of Nations*, Susan J.Smith and Beverley A.Searle (eds.), 2010, pp.481−498.

（三） 研究报告及网络文献

1.Australian Department of Social Services, *National Rental Affordability Scheme: Information for Tenants*, 2017, https://www.dss.gov.au/sites/default/files/documents/04_2017/information_for_tenants_1.pdf.

2.Housing New Zealand, *2018/2019 Housing New Zealand Corporation Annual Report*, 2019, https://kaingaora.govt.nz/assets/Publications/Annual−report/HNZ16284−Annual−Report−2019−v22b.pdf.

3.Kahan, M., "An Economic Analysis of Rights of First Refusal", New York University Center for Law and Business Working Paper CLB−99−009, 1999.

4.McNelis, S., *Rental Systems in Australia and Overseas Final Report*, Melbourne: Australian Housing and Urban Research Institute, 2006.

5.New Zealand Centre for Housing Research, *Affordable Housing in New Zealand*, 2006.

6.New Zealand Department of Building and Housing, *Briefing for the Minister of Housing*, 2011.

7. New Zealand Legislation, *Public and Community Housing Management Act* 1992, 1992, http://www.legislation.govt.nz/act/public/1992/0076/latest/096be8ed81972b8b.pdf.

8. New Zealand Legislation, *Housing Restructuring(Income-Related Rents)Amendment Act 2000*, 2000, http://www. legislation. govt. nz/act/public/2000/0022/latest/whole. html #DLM572.

9. Singapore Housing & Development Board, *Housing & Development Board Annual Report 2013/2014*, 2014, http://www. hdb. gov. sg/cs/infoweb/about – us/news – and – publications/annual–reports.

10. Singapore Largest Real Estate Agency, *Consumer Guide:Selling a HDB Flat in the Resale Market*, 2016, http://www. era. com. sg/wp – content/uploads/2016/02/Answers – Guide–Selling–HDB.pdf.

11. Susin S., *Durations in Subsidized Housing*, New York:Center for Real Estate and Urban Policy of New York University,1999.

12. UK Department for Communities and Local Government, *Affordable Housing Supply: April 2013 to March 2014 England*, 2014, http://www. gov. uk/government/collections/affordable–housing–supply.

13. UK Department for Communities and Local Government, *National Planning Policy Framework*, 2012 – 3 – 27, https://www.gov.uk/government/uploads/system/uploads/attachment_data/file/6077/2116950.pdf.

14. UK Department for Communities and Local Government, *English Housing Survey Households 2013 – 14*, 2015, https://www. gov. uk/government/statistics/english – housing – survey–2013–to–2014–household–report.

15. UK Department of the Environment,Transport and the Regions, *Quality and Choice:A Decent Home for All – The Housing Green Paper*, 2000,available from British Library Document Supply Centre–DSC:m00/27698.

16. UK Legislation, *Housing Act 1980*, 1980, http://www. legislation. gov. uk/ukpga/1980/51/pdfs/ukpga_19800051_en.pdf.

17. UK Legislation, *Housing and Building Control Act 1984*, 1984, http://www. legislation.gov.uk/ukpga/1984/29/contents.

18. UK Legislation, *Housing Act 1985*, 1985, http://www. legislation. gov. uk/ukpga/1985/68/pdfs/ukpga_19850068_en.pdf.

19. UK Legislation, *Prevention of Social Housing Fraud Act 2013*,2013,http://www.leg-

islation.gov.uk/ukpga/2013/3/contents.

20.U.S.Department of Housing and Urban Development, Office of Public and Indian Housing, Office of Public Housing and Voucher Programs, Public Housing Management and Occupancy Division, *Public Housing Occupancy Guidebook*, 2003, https://portal. hud. gov/hudportal/HUD? src=/program_offices/public_indian_housing/programs/.

21.U.S.Department of Housing and Urban Development, *Strengthening Oversight of Over-Income Tenancy in Public Housing*; *Advance Notice of Proposed Rulemaking*, 2016, https://www. federalregister. gov/documents/2016/02/03/2016 - 01921/strengthening - oversight-of-over-income-tenancy-in-public-housing-advance-notice-of-proposed.

22.U.S.Government, *H.R.3700 - Housing Opportunity Through Modernization Act of 2016*, 2016, https://congress.gov/bill/114th-congress/house-bill/3700.

23.Verma, N. , "Staying or Leaving: Lessons from Jobs-Plus about the Mobility of Public Housing Residents and Implications for Place-Based Initiatives", Manpower Demonstration Research Corporation, New York City, 2003, http://www. mdrc. org/sites/default/files/full_512.pdf.

24.东京都城市开发局:《東京都優良民間賃貸住宅等利子補給助成制度要綱》, 2009, https://www.toshiseibi.metro.tokyo.lg.jp/jouhou/pdf/hojyoshisyutsu_05_16.pdf。

25.日本国土交通省住宅局:《公的賃貸住宅等をめぐる現状と課題について》, 2006—6—29, http://www. mlit. go. jp/jutakukentiku/house/singi/syakaishihon/kotekibukai/1bukai/1bukaisan-1.pdf。

26.日本都市再生机构:《UR 都市機構による強制退去の法的措置とその不当性について》, 2011, http://princesscomet.net/pigeons/futounakyouseitaikyo.htm。

责任编辑:陈　登
封面设计:石笑梦
封面制作:姚　菲
版式设计:胡欣欣
责任校对:白　玥

图书在版编目(CIP)数据

中国保障性住房的退出机制研究/胡晶晶 著. —北京:人民出版社,2020.11
ISBN 978 - 7 - 01 - 022585 - 2

Ⅰ.①中…　Ⅱ.①胡…　Ⅲ.①保障性住房-住房制度-研究-中国
　Ⅳ.①F299.233.1

中国版本图书馆 CIP 数据核字(2020)第 211010 号

中国保障性住房的退出机制研究
ZHONGGUO BAOZHANGXING ZHUFANG DE TUICHU JIZHI YANJIU

胡晶晶　著

人民出版社 出版发行
(100706　北京市东城区隆福寺街 99 号)

中煤(北京)印务有限公司印刷　新华书店经销

2020 年 11 月第 1 版　2020 年 11 月北京第 1 次印刷
开本:710 毫米×1000 毫米 1/16　印张:21.75
字数:298 千字

ISBN 978 - 7 - 01 - 022585 - 2　定价:65.00 元

邮购地址 100706　北京市东城区隆福寺街 99 号
人民东方图书销售中心　电话 (010)65250042　65289539